国语译注

（春秋）左丘明 著

张永祥 译注

北京联合出版公司
Beijing United Publishing Co.,Ltd.

目录

前　言

《国语》是记录中国先秦历史的一部重要文化典籍。书中记载的史实上起西周穆王（公元前976—前922年在位）西征犬戎，下至东周定王十六年（公元前453年）智伯灭亡，前后约五百年的时间跨度。全书共二十一卷，以“国”为单位，分别记录了周、鲁、齐、晋、郑、楚、吴、越八国不同时段的历史，以其早出，故学界称之为“中国第一部国别体史书”。“语”是从“言”发展而来的一种历史记录方式。《礼记·玉藻》云：“动则左史书之，言则右史书之。”《汉书·艺文志》亦云：“左史记言，右史记事，事为《春秋》，言为《尚书》。”可见“言”以记录天子、诸侯具有重要历史意义的言论为主，而《尚书》实质上是一种具有国家宪法性质的政治历史文件汇编。等而下之，天子、诸侯那些非正式的重要谈话、上层贵族具有重要价值或深刻教育意义的言论，也以“语”或“志”的形式记录了下来。据《国语·楚语》上篇记载，申叔时在论及如何教导太子时说：“教之令，使访物官。教之语，使明其德，而知先王之务用明德于民也。教之故志，使知废兴者而戒惧焉。教之训典，使知族类，行比义焉。”《史记·十二诸侯年表序》亦云：“谱十二诸侯，自共和讫孔子，表现《春秋》《国语》学者所讥盛衰大旨，著于篇。”故《国语》者，记录各国“嘉言善语”以见“邦国成败”所由来之谓也。其中的教育和鉴戒意义是显而易见的。

关于《国语》的作者，古今学者看法不一。司马迁认为：“左丘失明，厥有《国语》。”（《太史公自序》）如果说司马迁的说法还有含糊其辞的地方的话，班固则明确指出：“《国语》二十一篇，左丘明著。”（《汉书·艺文志》）不仅如此，汉人还把《国语》与《左传》联系起来，认为两书风格虽异，但都是左丘明为传述《春秋》而作，故称《左传》为“春秋内传”，称《国语》为“春秋外传”。但是，汉人的这种说法受到了来自不同历史时期学者的质疑，晋代傅玄，隋代刘炫，唐代陆淳，宋代叶梦得、朱熹、郑樵，清代尤侗、崔述、刘逢禄、皮锡瑞、康有为等学者，皆不认可这种观点，并从各种角度考证并试图修正这种说法。学术的发展是一个踵事增华的过程，在前人研究的基础上，现代学者逐渐达成一种共识：《国语》与其说是一部史书，毋宁说是一部史料汇编，而编者也不是或者说最后不是左丘明。

与《左传》相比，《国语》在历史的连续性、思想的统一性、体例的完备性和文风的一致性等方面都有着明显的不足之处。首先，在历史的连续性方面，《国语》的二百余则材料分国排列，每国大致按照时间顺序罗列，但材料与材料之间不仅有明显的时间间隔，而且缺乏必然的因果联系。其次，在思想的统一性方面，不同于《左传》一以贯之的儒家价值取向，《国语》一书的思想倾向显得复杂得多，其中不仅有儒家的道德观念，也有道家、兵家、法家、名家、农家、阴阳家等各家学说的痕迹。在我看来，这种情况更像是“百家”混沦未分前的原生学术状态，思想和价值取向虽然驳杂，但这种原生态的史料更具学术研究价值，因而也更显得弥足珍贵。再次，体例的完备性方面，《国语》既没有《春秋》那样严格而自觉的评价标准和道德使命感，也没有《左传》那样整齐划一的编年史体例，只是按照以类相从的原则把各国史料集中在一起；在历史连续性和思想统一性缺位的情况下，体例的完备性自然无从谈起。最后，正如前辈学人早已指出的那样，《国语》的内部文风存在着明显的差异。这种差异不仅表现在横向的国与国之间，还表现在纵向的材料产生的时间上。一般而言，周、晋、郑、楚四国的材料来源较早，文风比较一致；鲁、齐、吴、越四国的材料相对较晚，文风颇为不同。这就再次印证了我们前面提到的看法：《国语》中的史料处于未经提炼和加工的原生状态。鉴于上述原因，我们有理由认为，《国语》的编辑成书当非成于一人之手，而是经过不同时代学者的共同努力才最终成型。至于历史上盛传《国语》作者为左丘明的说法，我们认为也绝非空穴来风，只是缺乏必要的辨析。如果把左丘明看作第一个注意收集整理各国“事语”，并把这些材料编辑成书的人，再经过后来学者的不断增益，才最终形成《国语》一书，则为近真矣。

《国语》的内容以收录不同国家、不同历史时期社会精英的精辟言论为主，通过这些人物言论，我们不仅能够对当时重要历史人物的精神风貌有一个直观的认识，还可以从中窥测西周中期到春秋末期五百年间广阔的社会风貌和思想文化发展动向。这些社会精英们的言论有的以分析军国大事、鞭辟入里见长，有的以对历史走向的精准预测著称，有的是在某种具体社会问题上表现出非同凡响的深刻见解，有的则是以严格的道德自律和高尚的思想情操备受世人称赏，有的是以慧眼识人和知人善任而广受赞誉，还有些则是以惨痛的历史经验和个人教训警醒世人。这些凝聚着历史智慧的言论不仅在当时具有深刻的现实意义，对后世也具有重要的教育和启发意义。

除了深刻的思想性之外，《国语》的文采也相当出色，就连唐代文章大家柳宗元都为其“深闳杰异”（《非国语》）的艺术成就惊叹不已。但是，《国语》毕竟出自不同时代、不同诸侯国的众多史官之手，所以从整体上来看，《国语》的艺术成就显得参差不齐，缺乏《左传》那种由精心的谋篇布局和统一的文章风格形成的大手笔。然而随着阅读的深入，你就会发现，读《国语》如入玉山寻矿，奇石美玉，层见叠出，却又神采各异。如果说《左传》在整体上呈现出一种雄深雅健的美学形态的话，《国语》呈现出的是一种姿态横生的原生态美感，虽说少了几许《左传》那种精雕细琢的温润，却因此而平添了几分未经雕琢的质朴。也正是因为这种与《左传》相辅相成的美学特征和史学价值，才奠定了《国语》在中国传统文化中仅次于“十三经”的准经典地位。

鉴于《国语》的“出身”和自身价值，为之作注者不乏其人，如东汉的郑众、贾逵，三国的王肃、虞翻、唐固等人，都曾注过《国语》，只可惜没有流传下来。现存最早的《国语》注本是三国时期吴国学者韦昭的《国语解》，其中保存了不少古训，是阅读《国语》的必读书目。韦注本有两个版本系统，一个是公序本，一个是明道本，两者皆为宋本。后世学者研究《国语》较重要的著作有：清代学者刘台拱的《国语校补》，汪中的《国语校文》，陈瑑的《国语翼解》，董增龄的《国语正义》等；民国学者吴曾祺的《国语韦解补正》，沈镕的《国语详注》，徐元诰的《国语集解》等。新中国成立以来，先后有不少学者为《国语》的推广和普及做出了辛勤的努力，译者本人也从中受益良多。

本书文字上主要是以上海古籍出版社 1978 年版《国语》校点本为底本，标点上则参照中华书局 2002 年版《国语集解》（修订本），疑难处往往爬梳剔抉，多方求证并择善而从，意有未安处则以己意断之。限于整体规模，本书为《国语》的节译本，在材料的选择取舍上颇费一番踌躇。总体而言，本书取舍的指导原则是史料的历史连贯性、思想性、文学性和教育性，兼顾各国史料之间的整体平衡。小子后学，躬逢其会，思疏漏之难免，常忧惧以惶恐。不当之处，恳请广大读者批评指正！

张永祥

2013 年 11 月

卷一　周语上

1. 穆王将征犬戎，祭公谋父谏曰："不可。先王耀德不观兵①。夫兵戢而时动②，动则威，观则玩③，玩则无震。是故周文公之《颂》曰：'载戢干戈，载櫜弓矢。我求懿德，肆于时夏，允王保之。'④先王之于民也，懋正其德而厚其性⑤，阜其财求而利其器用⑥，明利害之乡，以文修之，使务利而避害，怀德而畏威，故能保世以滋大⑦。

注释

①耀德：宣扬道德教化。耀，明。观兵：检阅部队。这里有炫耀武力的意思。观，展示。

②戢 jí：敛，收藏。

③玩：黩，滥用，这里有轻慢的意思。

④引文出自《诗经·周颂·时迈》。载：语气词，无实义。櫜 gāo：装东西的袋子，这里用作动词，指用袋子装东西。肆：宣示。时：是，此。夏：中国，指当时西周直接统治下的中原诸侯国。允：信，确实。

⑤懋 mào：勤勉的样子。性：生，生活，民生。

⑥阜：增大。

⑦保世：保全王权世袭。保，守。滋：益，更加。

译文

周穆王将要讨伐犬戎，祭公谋父进谏道："不可以。先王主张宣扬道德教化而不是炫耀武力。平时收敛锋芒，遇到紧急情况才出动的军队必定威武；经常炫耀武力的军队则会因为滥用武力而失去震慑力。正因为如此，周公才会作诗说：'收起盾和戟，藏好弓和矢。我用美德，教化中国，我王定能保有之。'先王教化百姓，努力使他们品德端正，生活殷厚，财用丰饶，器物便利合用，懂得利害之道，用礼法教导他们，使他们能趋利避害，感念王者之德而畏惧其威严，所以能够长保社稷并日益强大。

"昔我先王世后稷[①]，以服事虞、夏。及夏之衰也，弃稷不务，我先王不窋用失其官，而自窜于戎、狄之间[②]，不敢怠业，时序其德，纂修其绪[③]，修其训典，朝夕恪勤，守以敦笃，奉以忠信，奕世载德[④]，不忝前人[⑤]。至于武王，昭前之光明而加之以慈和，事神保民，莫弗欣喜。商王帝辛，大恶于民。

庶民不忍，欣戴武王，以致戎于商牧[⑥]。是先王非务武也，勤恤民隐而除其害也。

注释

①后：君王。稷：上古时代掌管农业的官职。

②窜：隐匿。

③纂：继承。绪：统绪，事业。

④奕世：累世。

⑤忝：辱没。

⑥致戎：出兵。商牧：地名，指殷商郊外的牧野，在今河南省淇县南部。

译文

“从前我们先王世代掌管农业，服侍虞舜和历代夏后。夏朝衰败的时候，废除了农官，我先王不窋因此失去官职，从此便隐匿于戎人和狄人之间，但从不荒废旧业，时时修德，继续奉行先祖的事业，讲论先祖训诰典册，朝夕恭敬勤勉，行事敦厚诚笃，为人讲求忠信，累世修德，不辱先人。到武王之时，发扬先人光明之德而更增添几分慈爱和善，又能敬事神灵、庇佑生民，天下无不欢欣鼓舞。商纣王帝辛荼毒万民，庶民百姓不堪忍受他的暴虐统治，欣然拥戴武王，这才有了牧野之战。

也就是说，先王并非穷兵黩武，而是勤于政事，体恤民生疾苦，才为民除害的。

“夫先王之制：邦内甸服[①]，邦外侯服[②]，侯、卫宾服[③]，蛮、夷要服[④]，戎、狄荒服[⑤]。甸服者祭[⑥]，侯服者祀[⑦]，宾服者享[⑧]，要服者贡[⑨]，荒服者王。日祭、月祀、时享、岁贡、终王[⑩]，先王之训也。有不祭则修意，有不祀则修言，有不享则修文，有不贡则修名，有不王则修德，序成而有不至则修刑。于是乎有刑不祭，伐不祀，征不享，让不贡，告不王。于是乎有刑罚之辟，有攻伐之兵，有征讨之备，有威让之令，有文告之辞。布令陈辞而又不至，则增修于德而无勤民于远，是以近无不听，远无不服。

注释

① 邦内：以天子都城为中心方圆千里之内的土地。甸：王田。服：从事其职业。

② 邦外：邦畿之外的地方。侯服：指靠近王畿方圆五百里之地的诸侯国。

③ 卫：卫圻。宾服：指从诸侯国到边疆之间的地区。

④ 要服：距王畿两千里之外的地区。

⑤ 荒服：距王畿四千五百里以外的地区。

⑥祭：指供应王室每天祭祀用的物品。

⑦祀：指供应王室每月祭祀用的物品。

⑧享：指供应王室每季祭祀用的物品。

⑨贡：指供应王室每年祭祀用的物品。

⑩终王：戎、狄之人首领即位时的觐见之礼。

译文

“先王的制度规定，王畿之内的诸侯封地称为甸服，甸服之外的地方称为侯服，侯服之外的中国疆域称为宾服，宾服之外的蛮夷之地称为要服，要服之外的戎狄之地称为荒服。甸服地方的诸侯要供应王室每日用的祭品，侯服地方的诸侯要供应王室每月用的祭品，宾服地方的诸侯要供应王室每季用的祭品，要服地方的蛮夷之人要每年缴纳贡品，荒服地方的戎狄之人即位时需要觐见天子。每日之祭，每月之祀，每季之享，每年之贡，每一个戎狄之君即位时的觐见之礼，都是先王订下的制度。有甸服不供应每日需要的祭品，天子就要反省自己的思想；有侯服不供应每月需要的祭品，天子就要反思自己的言行；有宾服不供应每季的祭品，天子就要检查自己的政令；有要服不供应每年的贡品，天子就要审视尊卑名号；有荒服者即位不来觐见，天子就要内省自己的德行；天子做到德行无亏而仍有不来者，就可以考虑动用刑罚。因此，有刑罚不祭者，有攻伐不祀者，有征讨不享者，有责备不贡者，有正告不觐见者。于是，就有了刑罚之法，有了攻伐之兵，有了兴师的武备，有了问罪的辞令，有了晓谕的公文。发布政令、文告之后诸侯仍然不到，天子就会进一步增修自己的德行而不是劳民远征。正因为如此，近处诸侯没有不听从王命的，远方诸侯没有不归服王化的。

“今自大毕、伯士之终也[①]，犬戎氏以其职来王，天子曰：‘予必以不享征之，且观之兵。’其无乃废先王之训而王几顿乎[②]！吾闻夫犬戎树惇[③]，帅旧德而守终纯固[④]，其有以御我矣！”王不听，遂征之，得四白狼、四白鹿以归。自是荒服者不至。

注释

① 大毕、伯士：犬戎族的两位君主。

② 顿：危殆。

③ 树：立。惇：指犬戎族生性淳朴。

④ 帅：遵循。纯固：专一。

译文

“如今自从大毕、伯士死后，犬戎各族按照原来的职分前来朝贡，您却说：‘我一定要以不来享献的罪名征讨他们，向他们炫耀武力。’这不是废除先王遗训而自陷于危险境地吗？我听说犬戎各族生性淳朴，遵循先人之德并恪守职分，他们有充足的理由抗拒天朝啊。”周穆王不听劝谏，于是发兵征讨犬戎。最终只得到犬戎进贡的四只白狼、四只野鹿，不得不灰溜溜地回来。从此以后，荒服地区的犬戎之人就不再来觐见天子了。

3. 厉王虐①，国人谤王。邵公告曰②：“民不堪命矣！”王怒，得卫巫，使监谤者，以告，则杀之。国人莫敢言，道路以目。王喜，告邵公曰：“吾能弭谤矣③，乃不敢言。”邵公曰：“是障之也④。防民之口，甚于防川。川壅而溃⑤，伤人必多，民亦如之。是故为川者决之使导，为民者宣之使言。故天子听政，使公卿至于列士献诗，瞽献曲⑥，史献书，师箴⑦，瞍赋⑧，矇诵⑨，百工谏，庶人传语，近臣尽规，亲戚补察，瞽、史教诲，耆、艾修之⑩，而后王斟酌焉，是以事行而不悖。民之有口，犹土之有山川也，财用于是乎出；犹其有原隰衍沃也⑪，衣食于是乎生。口之宣言也，善败于是乎兴，行善而备败，其所以阜财用、衣食者也。夫民虑之于心而宣之于口，成而行之，胡可壅也？若壅其口，其与能几何？”王不听，于是国莫敢出言，三年，乃流王于彘⑫。

注释

①厉王：周恭王曾孙，周夷王之子姬胡。

②邵公：西周初召公奭的后人，名虎，为周厉王的高级官僚。

③弭：平息，消除。

④障：堤坝，此处用为动词，堵塞，阻挡。

⑤壅：堵塞。

⑥瞽：盲人乐官。

⑦师：据《周礼·师氏》，师为掌管教育国子弟的官员。

⑧瞍：眼睛没有瞳仁的盲人。

⑨矇：眼睛有瞳仁却看不见东西的盲人。

⑩耆：六十岁以上的老年人。艾：五十岁以上的老年人。耆、艾多用作对老年人的敬称。

⑪原：高而平坦的土地。隰 xí：低洼潮湿的土地。衍：低而平坦的土地。沃：可以引河流之水灌溉的土地。

⑫彘 zhì：地名，在今山西省霍州市。

译文

周厉王暴虐无道，国人私下议论纷纷。邵公对厉王说：“百姓已经不堪忍受您的政令了。”厉王大怒，找来一名卫国巫师，让他监视那些非议自己的人，凡有禀报，立刻杀掉。国人大为惶恐，连话都不敢说，路上见面也只是交换一下眼色。厉王非常高兴，对邵公说：“我已经平息了流言，他们再不敢妄自非议了。”邵公说：“您这是堵上了他们的嘴巴。堵上百姓的嘴巴比堵塞河流还要严重。河流堵塞就会决堤，决堤之水伤人必多，这和堵塞百姓的嘴巴是一样的道理。所以说治理河流者注重疏通河道，治理百姓者注重疏导民众意见。因此，天子治理天下，使公卿到列士各级官吏积极上奏反映民意的诗歌，盲人乐官献反映民风的乐曲，史官献古代文献，师氏献针砭时弊的箴言，瞍者朗诵，矇者吟咏，百官诤谏，平民意见得以辗转上达，左右近臣尽心规劝，宗室亲戚查漏补偏，乐师、史官时时教诲，德高望重的老臣处处提点，而后天子斟酌各方意见，万事因此得以顺利实施，而不违背情理。百姓有口，如同土地有高山河流，钱财用度从这里产生；如同土地有高低肥瘠，衣服饮食从这里产生。百姓能够自由发表意见，民心向背才能得以呈现，行民心之所向，戒民心之所背，这才是增加国家财用、丰富人民衣食的王道。百姓心有所思则口有所言，如水到渠成，怎么能够堵塞呢？如果堵塞百姓之口，又如何能够长治久安呢？”厉王不听邵公劝告，国人从此更加无人敢于讲话。三年之后，国人把厉王流放到彘地。

4. 厉王说荣夷公[①]，芮良夫曰[②]："王室其将卑乎！夫荣公好专利而不知大难[③]。夫利，百物之所生也，天地之所载也[④]，而或专之，其害多矣。天地百物，皆将取焉，胡可专也？所怒甚多，而不备大难，以是教王，王能久乎？夫王人者，将导利而布之上下者也[⑤]，使神人百物无不得其极，犹日怵惕[⑥]，惧怨之来也。故《颂》曰：'思文后稷，克配彼天。立我蒸民，莫匪尔极。'[⑦]《大雅》曰：'陈锡载周。'[⑧]是不布利而惧难乎？故能载周，以至于今。今王学专利，其可乎？匹夫专利，犹谓之盗，王而行之，其归鲜矣。荣公若用，周必败。"既，荣公为卿士，诸侯不享，王流于彘。

注释

① 说：通"悦"，喜欢。荣夷公：荣是国名，夷是谥号。

② 芮良夫：西周大夫，又称芮伯。

③ 专：独占。

④ 载：生成。

⑤ 导：开启。布：赋予。

⑥怵惕：恐惧。

⑦出自《诗经·周颂·思文》。克：能。蒸：众。极：中。

⑧出自《诗经·大雅·文王》第二章。陈：申，反复，一再。锡：通“赐”。（说见马瑞辰《毛诗传笺通释》）

译文

周厉王宠信荣夷公，芮良夫说道：“王室怕是要衰微了啊！荣公喜欢独占利益，却不知道独占利益背后的大患。利由万物所产生，由天地而形成，如果有人独占，后患无穷。天地万物，都需要互相取利，怎可独占？独占会激怒很多人，却又不知道防患于未然，以这种思想教导天子，天子的统治能长久吗？统治天下的人，应开辟财利以惠及天下，使神祇、百姓、万物无不各得其宜，即使这样尚且日日警惕，唯恐天下万民产生怨怼之心。因此，《周颂》说：‘后稷文德，能配上天。使我万民，无不得中。’《大雅》说：‘一再赐予我大周。’这不是广施恩泽而戒惧祸患吗？所以能成就周王朝兴旺发达的局面，直到如今。今天周王学荣公独占利益，能行吗？普通百姓独占利益，尚且被称之为盗贼，天子独占，天下归附的人就会越来越少。荣公如果得到重用，周朝必定败亡。”不久之后，荣公执政，诸侯于是都不来进献祭品，厉王被流放到彘地。

6. 宣王即位，不籍千亩[①]。虢文公谏曰[②]：“不可。夫民之大事在农，上帝之粢盛于是乎出[③]，民之蕃庶于是乎生[④]，事之供给于是乎在，和协辑睦于是乎兴[⑤]，财用蕃殖于是乎始，敦庬纯固于是乎成[⑥]，是故稷为大官。古者，太史顺时覛土[⑦]，阳瘅愤盈[⑧]，土气震发[⑨]，农祥晨正[⑩]，日月底于天庙[⑪]，土乃脉发[⑫]。

注释

① 籍：籍田。古时帝王、诸侯每年春耕前的籍田礼，有躬耕劝农的意思。按照礼制，天子躬耕的籍田为千亩，诸侯百亩。

② 虢文公：周文王母弟虢仲之后，西虢国国君，为周宣王卿士。

③ 粢 zī 盛：盛在器皿中供祭祀用的谷物。

④ 蕃庶：繁殖。蕃，生长。庶，众多。

⑤ 辑：聚集。睦：亲近。

⑥ 敦：厚。庬 máng：大。

⑦ 覛 mì：巡视，察看。

⑧瘅 dàn：厚，指阳气盛。愤：积累。盈：满。

⑨震：动。发：起。

⑩农祥：指二十八宿之一的房星。晨正：指二十四节气之一的立春。

⑪底 zhǐ：至。天庙：指二十八宿之一的营室。

⑫脉：有条理。

译文

周宣王即位之后，废除了每年一度的籍田之礼。虢文公劝谏说："不能这样。农业是人民安居乐业的根本，祭祀上帝的谷物靠它出产，人民靠它繁衍生息，世间万事的供给都要靠它，和睦的局面靠它才能形成，一切财物用度都源出于它，敦厚淳朴的民风靠它才能成就。正因为如此，主管农业的官职才特别重要。古时候，太史按照季节察看地气变动情形。阳气升腾，土气震动，天上应房星，人间正立春，日月行至营室，地气便开始依次发动。

"先时九日[①]，太史告稷曰：'自今至于初吉[②]，阳气俱蒸[③]，土膏其动[④]。弗震弗渝[⑤]，脉其满眚[⑥]，谷乃不殖。'稷以告王曰：'史帅阳官以命我司事曰[⑦]："距今九日，土其俱动，王其祇袚[⑧]，监农不易。"'

王乃使司徒咸戒公卿、百吏、庶民[9]，司空除坛于籍[10]，命农大夫咸戒农用[11]。

注释

①时：指立春举行籍田礼那天。

②初吉：每月初一至初七、八那段时间，这里指二月初一。

③蒸：升腾。

④膏：湿润。

⑤渝：变。

⑥眚 shěng：灾异。

⑦史：太史。阳官：《周礼》称春官，也称宗伯。司事：主农事的官员。

⑧祗 zhī：敬。祓 fú：斋戒并举行除灾祈福的仪式。

⑨司徒：西周时期开始设置的掌管土地和人民的高级官员。百吏：百官。庶民：甸师氏管辖下的普通百姓，主要从事周王籍田的生产劳动。

⑩司空：西周时期开始设置的掌管土木工程的高级官员。

⑪农大夫：田官。

译文

“举行籍田礼的前九天，太史告诉主管农业的长官说：‘从今天到二月初一，阳气开始全面升腾，地气润泽流动。如果不及时翻动，就会地脉郁结而形成灾异，谷物也就不能播种。’农官据此报告天子说：‘太史率领一干春官命令我们主管农事的官员说：“距今九日之后，地气全面发动，大王将会斋戒并举行籍田之礼，你们监管农事，不要误了农时。”’天子便会派遣司徒遍告公卿、百官以及耕种籍田的百姓们，司空会在举行籍田之礼的地方除草布坛，命令田官全部准备好农具。

“先时五日，瞽告有协风至①，王即斋宫，百官御事，各即其斋三日。王乃淳濯飨醴②，及期，郁人荐鬯③，牺人荐醴④，王祼鬯⑤，飨醴乃行，百吏、庶民毕从。及籍，后稷监之，膳夫、农正陈籍礼⑥，太史赞王⑦，王敬从之。王耕一墢⑧，班三之⑨，庶民终于千亩。其后稷省功，太史监之；司徒省民，太师监之；毕，宰夫陈飨⑩，膳宰监之⑪。膳夫赞王，王歆大牢⑫，班尝之，庶人终食。

注释

① 协风：和风，立春日的暖风。

②淳：浇。濯：洗。飨：饮。

③郁人：掌管酒器的官员。鬯 chàng：用郁金香草调和而成的一种祭祀用酒。

④牺人：掌管酿酒的官员。醴：甜酒。

⑤祼 guàn：灌，古代帝王祭祀时以酒灌地或以酒敬宾客的礼节。

⑥膳夫：掌管天子饮食的官员。农正：主管农事的田大夫。

⑦赞：引导。

⑧坺 fá：耕地翻土。

⑨班：次第。三之：依次三倍叠加。天子一翻之后，公三翻，卿九翻，大夫二十七翻。

⑩宰夫：同“膳夫”。

⑪膳宰：膳夫之长。

⑫歆：飨。大牢：古代帝王祭祀时，猪牛羊三牲全备称“太牢”。大，通“太”。

译文

“举行籍田礼的前五天，乐官报告有和风东来，天子进入斋宫开始斋戒，参加籍田礼的官员也分别斋戒三天。天子沐浴饮醴酒。典礼当天，郁人献上芳香扑鼻的鬯酒，牺人献上甘甜的醴酒，天子洒酒于地，宴飨开始进行，百官、庶民都随从参加。到籍田时，农官负责监察，膳夫、农正负责安排籍礼，太史引导天子，天子恭敬地履行仪式。天子翻耕籍田一次，各级官员依次以三倍的工作量翻耕土地，庶民最后翻耕完千亩籍田。然后，农官检查土地翻耕情况，太史负责监督；司徒省视庶民出工情况，太师负责监督；诸事完毕之后，宰夫摆设宴席，膳宰负责监督。膳夫引导天子，天子享用太牢之后，百官依次享用，庶民最后进食。

“是日也，瞽帅音官以风土①。稷则遍诫百姓，纪农协功②，曰：‘阴阳分布③，震雷出滞④。’土不备垦，辟在司寇⑤。乃命其旅曰：‘徇⑥。’农师一之⑦，农正再之，后稷三之，司空四之，司徒五之，太保六之⑧，太师七之⑨，太史八之，宗伯九之，王则大徇。耨获亦如之。廪于籍东南⑩，钟而藏之⑪，而时布之于农⑫。民用莫不震动，恪恭于农，修其疆畔，日服其镈⑬，不解于时，财用不乏，民用和同。

注释

① 风土：即土风。古人认为音乐与民风、水土地气之间存在某种玄妙的联系。

② 纪：治理。协：协同。

③阴阳：日夜。

④滞：蛰虫。

⑤辟：罪。

⑥徇：行动。

⑦农师：下级农官。

⑧太保：西周初年开始设置的官职，负责监护与辅弼天子，为三公之一。

⑨太师：西周初设立的官职，为三公之首。

⑩廪：粮仓。

⑪钟：聚集，收藏。

⑫布：赋，分发。

⑬镈 bó：锄头一类的农具。

译文

“举行籍田礼这天，乐师率领乐官用音律审听土风。主管农业的长官则会训诫天下百姓要同心协力种好庄稼，说：‘日夜长短相同，震雷响而蛰虫出。’土地没有全部翻耕，罪责在于司寇。然后，他会命令他的下属说：‘行动吧。’农师最先行动，农正其次，后稷第三，司空第四，司徒第五，太保第六，太师第七，太史第八，宗伯第九，天子则率百官大行籍田之礼。收获时也是这样。粮仓在籍田东南方，收获的谷物集中在一起，到耕种时再拿出一部分做种子。百姓手中的农业生产工具无不挥动，虔诚地从事农业劳动，整修田界，天天手持锄具劳作，农忙时节毫不懈怠，财物因此而充足，百姓因此而和睦。

“是时也，王事唯农是务，无有求利于其官①，以干农功②，三时务农而一时讲武③，故征则有威，守则有财。若是，乃能媚于神而和于民矣，则享祀时至而布施优裕也。

注释

①求利：谋求其他便利条件。

②干：犯，扰乱。

③讲：习。

译文

“这种季节，天子之事以农事为重，百官没有人试图谋求其他便利条件而扰乱农业生产。一年之中三个季节务农，一个季节习武，所以征伐时有战斗力，守成时财物充足。只有这样，才会上能取悦神灵，下能亲睦百姓，才会在宴飨、祭祀的时候供应充足。

“今天子欲修先王之绪而弃其大功，匮神乏祀而困民之财，将何以求福用民？”王不听。三十九年，战于千亩[1]，王师败绩于姜氏之戎[2]。

注释

①千亩：周宣王籍田所在地，后来成为地名，在今山西省介休市南。

②姜氏之戎：西戎的一支。

译文

“如今天子想要继承先王的统绪却废弃籍田之功，神灵祭品匮乏，百姓财物短缺，该拿什么向神灵祈福，又该拿什么征用百姓之力呢？”宣王不听劝告。周宣王三十九年，王师与姜氏之戎在千亩开战，大败而回。

9. 宣王既丧南国之师[1]，乃料民于太原[2]。仲山父谏曰：“民不可料也！夫古者不料民而知其少多，司民协孤终[3]，司商协民姓[4]，司徒协旅，司寇协奸[5]，牧协职[6]，工协革[7]，场协入[8]，廪协出[9]，是则少多、死生、出入、往来者皆可知也。于是乎又审之以事，王治农于籍，蒐于农隙[10]，耨获亦于籍，狝于既烝[11]，狩于毕时[12]，是皆习民数者也，又何料焉？不谓其少而大料之，是示少而恶事也。临政示少，诸侯避之。治民恶事，无以赋令。且无故而料民，天之所恶也，害于政而妨于后嗣。”王卒料之，及幽王乃废灭⑬。

注释

①丧：亡，指千亩之战时败于西戎。南国：江汉平原一带。

②料：计数，统计。太原：地名，今山西省太原市。

③司民：官名，掌管人口统计工作。协：合。孤：无父曰孤。终：死亡。

④司商：官名，掌管赐族授姓的工作。

⑤司寇：官名，掌管司法工作。

⑥牧：指牧人，官名，掌管饲养、供应牺牲。

⑦工：指掌管百工之事的官员。

⑧场：指场人，官名，掌管农场苗圃事宜。

⑨廪：指廪人，官名，掌管粮仓工作。

⑩蒐 sōu：春季田猎。

⑪狝 xiǎn：秋季田猎。既烝：指仲秋时节。

⑫狩：冬季田猎。毕时：指各项农事完毕之后。

⑬幽王：周宣王之子，名宫涅。

译文

周宣王在千亩之战中丧失了江汉之地的南国军队，就打算派人统计太原地方的人口。仲山父劝谏说：“不能在这种情况下统计人口啊！古时候不统计也随时可以知道人口多少，司民之官根据生老病死的情况随时掌握动态的人口数量，司商之官按照族姓掌握分类的人口数量，司徒之官掌握军队适龄人口数量，司寇之官掌握受刑犯的数量，牧人掌握从事畜牧业的人口数量，百工之官掌握从事各种手工业的人口数量，场人掌握收获窖藏的谷物数量，廪人掌握支出的粮食数量。这样，人口的多少、生死、财物的收入支出、往来账目都一目了然，清清楚楚。同时，还需要从具体事务中加以核实了解，天子立春时举行籍田之礼，春季农闲时田猎，收获时亲至籍田，仲秋时节田猎，冬季农事全部完成之后田猎，这些场合都是粗略掌握人口数量的时机，又何必刻意去统计呢？不说自己的百姓少，反而大张旗鼓地加以统计，这分明是在展示自己的弱小和政事败坏。执政者示人以弱，诸侯们会纷纷避之不及。身负治理百姓之责却政事败坏，就无法推行自己的政令。何况无缘无故就统计人口，上天都会厌弃。这样做不但有害政事，更不利于后代的统治。”宣王最终还是进行了人口统计，到幽王时西周被灭。

10. 幽王二年，西周三川皆震[1]。伯阳父曰[2]：“周将亡矣！夫天地之气，不失其序；若过其序，民乱之也。阳伏而不能出，阴迫而不能烝，于是有地震。今三川实震，是阳失其所而镇阴也。阳失而在阴，川源必塞；源塞，国必亡。夫水土演而民用也[3]。水土无所演，民乏财用，不亡何待？昔伊、洛竭而夏亡[4]，河竭而商亡。今周德若二代之季矣，其川源又塞，塞必竭。夫国必依山川，山崩川竭，亡之征也。川竭，山必崩。若国亡不过十年，数之纪也。夫天之所弃，不过其纪[5]。”是岁也，三川竭，岐山崩。十一年，幽王乃灭，周乃东迁。

注释

①西周：指都城镐京。三川：指泾水、渭水、洛水，三者皆源出岐山，是西周京畿地区三条重要的水道。

②伯阳父：西周大夫。

③演：同“润”，指水土之气通畅。

④伊、洛：指河南境内的伊河与洛河。夏都在阳城（今河南登封），在这两条河流附近。

⑤纪：十二年。古人认为，岁星绕太阳一周约需十二年，故古代称十二年为一纪。

译文

周幽王二年，都城镐京周围的泾水、渭水、洛水地区同时发生地震。伯阳父说：“周朝快要灭亡了啊！天地之气不能乱了特定的次序，如果乱了次序，国家就会出乱子。阳气潜伏地下不能出来，阴气压迫导致阳气不能上升，就会发生地震。如今三川同时发生地震，就是阳气受阴气压迫不在正常的位置导致的结果。阳气处于阴气的位置，河流的源头必然堵塞。源头堵塞，国家必定灭亡。水土之气通畅润泽而民得其利。水土之气不通，民用匮乏，国家又怎能不亡？从前伊、洛二水枯竭，夏朝灭亡；黄河枯竭，商朝灭亡。如今周朝的国运与夏、商二代的末世相仿，河流的源头又被堵塞，源头堵塞，河流必然枯竭。国都必须依山傍水，山崩水竭，这是灭亡的前兆啊。河流枯竭，山必然崩塌。这样一来，国家灭亡不会超过十年，这是运数使然。上天所厌弃的事物，灭亡不会超过一纪。”这一年，泾水、渭水、洛水全部枯竭，岐山崩塌。周幽王十一年，西周灭亡，国都东迁。

卷二　周语中

1. 襄王十三年，郑人伐滑[①]。王使游孙伯请滑[②]，郑人执之。王怒，将以狄伐郑[③]。富辰谏曰："不可。古人有言曰：'兄弟谗阋[④]、侮人百里。'周文公之诗曰：'兄弟阋于墙，外御其侮。'[⑤]若是则阋乃内侮，而虽阋不败亲也。郑在天子，兄弟也。郑武、庄有大勋力于平、桓[⑥]；我周之东迁，晋、郑是依；子颓之乱[⑦]，又郑之繇定[⑧]。今以小忿弃之，是以小怨置大德也，无乃不可乎！且夫兄弟之怨，不征于他，征于他，利乃外矣。章怨外利，不义；弃亲即狄，不祥；以怨报德，不仁。夫义所以生利也，祥所以事神也，仁所以保民也。不义则利不阜，不祥则福不降，不仁则民不至。古之明王不失此三德者，故能光有天下，而和宁百姓，令闻不忘。王其不可以弃之。"王不听。十七年，王降狄师以伐郑。

注释

① 滑：姬姓小国，在今河南省滑县境内。

② 游孙伯：东周大夫。

③狄：狄族，这里所说的狄人指当时活动于陕西东北部一带的赤狄别种。

④阋 xì：争吵。

⑤诗出《诗经·小雅·常棣》，相传为周公所作。

⑥郑武、庄：指郑武公姬滑突、郑庄公姬寤生。平、桓：指周平王姬宜白、周桓王姬林。

⑦子颓：周庄王的儿子，周惠王的叔父。子颓不服侄儿当国，赶走惠王。周惠王出奔郑国，在郑厉公的帮助下杀了子颓并成功复位。

⑧繇：古同“由”。

译文

周襄王十三年，郑国攻打滑国。襄王派游孙伯为滑国求情，郑国人扣留了他。襄王大怒，打算借助狄人的力量攻打郑国。富辰劝谏道：“千万不可。古人有句话说：‘兄弟就算争吵，也要共同把敌人赶出百里之外。’周公赋诗说：‘兄弟家里争吵，国外共同杀敌。’如此看来，则兄弟争吵属于内部矛盾，争吵不会改变血缘关系。郑君和天子是兄弟关系，郑武公、郑庄公又对周平王、周桓王有大功。王室东迁，依靠的也是晋国和郑国的力量，子颓之乱又是郑国帮助平定。如今因为一点小小的不满就弃之不顾，这是因小怨而舍大德，恐怕不合适吧！况且兄弟之间的矛盾不应借助外力，借助外力就会平白便宜了外人。暴露内部矛盾而白白便宜外人，是不义；抛弃血亲而亲近狄人，是不祥；以怨报德，是不仁。符合道义才能有利可图，吉祥方能敬事神明，仁爱才能保护人民。不义则利益不丰厚，不祥则神灵不降福，不仁则人民不来亲附。古代明达的帝王不违背这三种美德，所以能拥有天下，安定百姓，流芳千古。大王千万不可抛弃这三种美德。”周襄王不听劝告。十七年，襄王派狄人攻打郑国。

王德狄人，将以其女为后，富辰谏曰：“不可。夫婚姻，祸福之阶也。由之利内则福，利外则取祸。今王外利矣，其无乃阶祸乎？昔挚、畴之国也由大任①，杞、缯由大姒②，齐、许、申、吕由大姜③，陈由大姬④，是皆能内利亲亲者也。昔鄢之亡也由仲任⑤，密须由伯姞⑥，郐由叔妘⑦，聃由郑姬⑧，息由陈妫⑨，邓由楚曼⑩，罗由季姬⑪，卢由荆妫⑫，是皆外利离亲者也。”

注释

① 挚、畴：任姓小国。大任：周文王的母亲。大，同“太”，下同。

②杞、缯：姒姓小国。大姒：周文王的妻子。

③齐、许、申、吕：皆姜姓诸侯国。大姜：周文王的祖母。

④陈：舜后人所建诸侯国。大姬：周武王的长女。

⑤隔yàn：妘姓小国。仲任：任氏之女，为隔国国君夫人。

⑥密须：姞姓小国。伯姞：密须国的女子。

⑦郐：妘姓小国。叔妘：同姓之女，为郐国国君夫人。

⑧聃：周文王儿子聃季的封国。郑姬：聃公夫人。

⑨息：姬姓小国。陈妫：息侯夫人。

⑩邓：曼姓小国。楚曼：邓女，为楚武王的夫人。

⑪罗：熊姓小国。季姬：罗国国君夫人。

⑫卢：妫姓小国。荆妫：卢女，为楚国夫人。

译文

周襄王很感激狄人，打算立狄君女儿为王后。富辰劝谏说："这样不行。婚姻既能招福，也可以引祸。婚姻有利于自己人就能招福，有利于外人则是引祸。如今大王的行为对外人有利，难道不是在引祸上身吗？从前挚、畴两国因大任而得利，杞、缯两国因大姒而得利，齐、许、申、吕四国因大姜而得利，陈国因大姬而得利，这些都是通过婚姻而为自己人带来好处的例子。从前隞国因仲任而亡国，密须因伯姞而亡国，郐因叔妘而亡国，聃因郑姬亡国，息因陈妫亡国，邓因楚曼亡国，罗因季姬亡国，卢因荆妫亡国，这些都是通过婚姻为外人带去好处而离弃亲族的例子”。

王曰：“利何如而内，何如而外？”对曰：“尊贵、明贤、庸勋①、长老、爱亲、礼新、亲旧。然则民莫不审固其心力以役上令，官不易方，而财不匮竭，求无不至，动无不济。百姓兆民，夫人奉利而归诸上，是利之内也。若七德离判，民乃携贰，各以利退，上求不暨②，是其外利也。夫狄无列于王室，郑，伯南也③，王而卑之，是不尊贵也。狄，豺狼之德也，郑未失周典，王而蔑之，是不明贤也。平、桓、庄、惠皆受郑劳，王而弃之，是不庸勋也。郑伯捷之齿长矣④，王而弱之，是不长老也。狄，隗姓也，郑出自宣王⑤，王而虐之，是不爱亲也。夫礼，新不间旧，王以狄女间姜、任，非礼且弃旧也。王一举而弃七德，臣故曰利外矣。《书》有之曰：‘必有忍也，若能有济也⑥。’王不忍小忿而弃郑，又登叔隗以阶狄。狄，封豕豺狼也，不可猒也。”王不听。十八年，王黜狄后。狄人来诛杀谭伯。富辰曰：“昔吾骤谏王，王弗从，以及此难。若我不出，王其以我为怼乎！”乃以其属死之。

注释

①庸：用。勋：功绩，这里指有功勋的人。

②暨：至，来。

③南：为“男”之误。《左传·昭公十三年》孔颖达《疏》引《国语》此句正作“男”。“伯男”连用，重心在“伯”，“男”字只是起到音节上的衬托作用。

④捷：郑文公名捷。

⑤郑出自宣王：郑桓公姬友是周宣王的同母弟，后被宣王封为公爵，封国在郑。

⑥济：成功，达到目的。

译文

周襄王说：“利益的内与外该如何区分呢？”富辰回答说：“尊重贵人，彰显贤者，重用功臣，敬事年长者，爱护亲人，礼敬新人，亲抚故旧。如果真正做到这些，百姓无不尽心竭力听从指挥，官府不必改弦更张，财用就不会匮乏，所求无不应，所向无不达。百姓万民，人人都把利益主动献给国家，这就是利内。如果背离上述七德，人民离心离德，人人损公肥私，国家的利益无人关心，这就是利外。狄人不受王室册封，郑国却是王室亲命的公爵，大王却轻贱他，这是不尊重贵者。狄人德行如豺狼，郑国奉行周礼，大王却轻视他，这是不赞赏贤者。平王、桓王、庄王、惠王都受过郑国的好处，大王却遗弃他，这是不重用功臣。郑伯年长于你，大王待他如同晚辈，这是不尊敬老人。狄人姓隗，郑国为宣王所封，大王却苛待他，这是不爱护亲人。礼的原则是新人不能代替故旧之人，大王以狄人之女代替姜氏、任氏之后，这不合礼制而且是抛弃故旧之人的行为。大王一个决定就放弃了七种美德，微臣才会说大王利外啊。《尚书》中有这样的话：‘必须忍耐，才会有所成功。’大王不能忍耐一时之愤而抛弃郑国，又娶叔隗为王后以引祸。狄人如同野猪豺狼，难以满足他们的贪欲啊。”襄王不听劝告。周襄王十八年，襄王废黜叔隗。狄人出兵，杀了谭伯。富辰说：“从前我多次劝谏大王，大王听不进我的意见，才有今日之难。我如果不出兵御敌，大王恐怕会认为我心怀怨恨吧！”于是率领自己的人马迎敌，最后死于狄人之手。

初，惠后欲立王子带，故以其党启狄人。狄人遂入，周王乃出居于郑，晋文公纳之。

译文

当初，惠后打算立王子带为世子，所以才让她的同党勾结狄人。狄人攻入洛阳，周襄王出奔郑国，晋文公杀退狄人，拥立襄王复位。

7. 定王使单襄公聘于宋[①]。遂假道于陈[②]，以聘于楚。火朝觌矣[③]，道茀不可行[④]，候不在疆[⑤]，司空不视涂[⑥]，泽不陂[⑦]，川不梁，野有庾积[⑧]，场功未毕，道无列树，垦田若蓺着[⑨]，膳宰不致饩[⑩]，司里不授馆[⑪]，国无寄寓[⑫]，县无施舍[⑬]，民将筑台于夏氏。及陈，陈灵公与孔宁、仪行父南冠以如夏氏[⑭]，留宾不见。

注释

① 单襄公：周定王卿士单朝。聘：问，周王定期派使者前往诸侯国巡视，以宣示王权，安抚诸侯。

② 假道：借道。东周王室式微，不得不像诸侯国那样借道出访。

③ 火：星名，也叫大火，是二十八宿中心宿的主星。觌 dí：出现。

④ 茀 fú：野草阻塞道路。

⑤ 候：候人，掌管迎送宾客出入境的司仪官。

⑥ 司空：掌管土木建筑、水利工程的官长。涂：同“途”。

⑦ 陂：围泽的堤障。

⑧ 庾积：这里指露天堆积谷物。

⑨ 蓺 yì：种植。这里指庄稼稀疏。

⑩ 饩 xì：食物。

⑪ 司里：掌管宾客馆舍的官员。

⑫ 寄寓：指客馆。

⑬ 施舍：宾客休息补给之处。

⑭ 孔宁、仪行父：陈国卿士。南冠：楚服。夏氏：陈国大夫夏征舒。

译文

周定王派单襄公前往宋国聘问。聘问完毕后，又借道陈国，前往楚国聘问。这个时节大火星已经在早晨出现，陈国的道路却仍然野草塞道、难以行走，候人不在边境迎送宾客，司空也不视察路况，水泽边不修土堤，河流上没有桥梁，田野中有露天堆放的谷物，打谷场里的农活儿还没完工，道路两旁没有成行的树木，新开垦的土地庄稼稀稀疏疏，膳夫不提供饮食，司里不安排住宿，国都没有客馆，县城没有客舍，百姓都要去给夏氏家里修观台。单襄公到了陈国都城，陈灵公却和孔宁、仪行父两位大臣头戴楚国样式的帽子去了夏氏家中，丢下客人不管。

单子归，告王曰："陈侯不有大咎，国必亡。"王曰："何故？"对曰："夫辰角见而雨毕[①]，天根见而水涸[②]，本见而草木节解[③]，驷见而陨霜[④]，火见而清风戒寒。故先王之教曰[⑤]：'雨毕而除道，水涸而成梁，草木节解而备藏，陨霜而冬裘具，清风至而修城郭宫室。'故《夏令》曰[⑥]：'九月除道，十月成梁。'其时儆曰[⑦]：'收而场功，偫而畚梮[⑧]，营室之中[⑨]，土功其始。火之初见，期于司里。'此先王所以不用财贿，而广施德于天下者也。今陈国火朝觌矣，而道路若塞，野场若弃，泽不陂障，川无舟梁，是废先王之教也。

注释

① 角：二十八宿中的角星。见：通"现"。

② 天根：星名，在亢宿和氐宿之间。

③ 本：二十八宿中氐宿的别名。

④ 驷：二十八宿中房宿的别名。

⑤ 先王之教：指《月令》之类的历书。

⑥《夏令》：夏代的《月令》，夏历以建子之月为岁首，最符合中国农业生产习惯，故周人多称夏历。

⑦ 儆：同“警”。

⑧ 偫 zhì：备办。畚：装土的笼子。梮 jú：铲土的农具。

⑨ 营室：二十八宿中的室宿。此星夏历十月黄昏位于天空正中，古人认为这时适合营造房子，故名。

译文

单襄公回国后，报告周定王说：“陈侯即使不遭遇大祸，也必定会亡国。”定王问道：“什么缘故？”回答道：“角星早晨出现的时候，雨季就过去了；天根星早晨出现，河流就会干涸；氐星早晨出现，草木开始凋落；房星早晨出现，地上开始结霜；大火星早晨出现，秋风转凉需要准备御寒了。所以先王教导我们说：‘雨季过去就要修路，河水干涸开始造桥，草木凋落时储备粮食，落霜时开始准备冬天穿的皮衣，秋风至要修城郭造房子。’所以《夏令》上说：‘九月修路，十月架桥。’这时天子会提醒百姓说：‘赶快修好你们的谷仓，准备好你们的畚和梮，室星正当空，土木工程就要开始了。大火星开始出现的时候，就要到司里那里集合。’这就是先王不用花费钱财，却能够广施恩德于天下的道理。现在陈国大火星早晨出现，但道路仍旧被野草堵塞，野外打谷场如同废弃，水泽边没有修堤，河流上没有船和桥梁，这是废弃了先王的教导啊。

“周制有之曰：‘列树以表道，立鄙食以守路[1]。国有郊牧[2]，疆有寓望[3]，薮有圃草[4]，囿有林池[5]，所以御灾也。其余无非谷土，民无悬耜，野无奥草。不夺民时，不蔑民功。有优无匮，有逸无罢。国有班事，县有序民。’今陈国道路不可知，田在草间，功成而不收，民罢于逸乐，是弃先王之法制也。

注释

① 鄙：边境。周制，十里有庐，庐有饮食。

② 郊牧：城邑外供放牧用的空地。

③ 疆：边境。寓望：指边境设立的客舍或主管迎送的官吏。

④ 薮：水少而草木茂盛的湖泽。圃：大。

⑤ 囿：苑。

译文

“周法规定：‘路旁植树用以标识道路，边远地区设立饮食供应处以便守卫道路。国都郊外要有放牧的空地，边境地区要有客舍以及迎送宾客的官吏，水泽中有茂盛的草木，苑囿中有林木水池，以防自然灾害。其余地方全部是庄稼地，百姓没有闲置的农具，田野中没有过高的杂草。官府不占用农时，不轻视农业劳动。百姓物质生活富足而不匮乏，日常生活安乐而不疲惫。都城里各种劳役井然有序地开展，各地郊县人民生活有条不紊。’如今陈国道路两旁不见标识物，农田杂草丛生，庄稼成熟却无人收割，百姓为国君的淫乐疲于奔命，这是抛弃先王的法制啊。

“周之《秩官》有之曰：‘敌国宾至①，关尹以告②，行理以节逆之③，候人为导，卿出郊劳，门尹除门④，宗祝执祀⑤，司里授馆，司徒具徒，司空视涂，司寇诘奸，虞人入材⑥，甸人积薪⑦，火师监燎⑧，水师监濯⑨，膳宰致饔⑩，廪人献饩⑪，司马陈刍，工人展车，百官以物至，宾入如归。是故小大莫不怀爱。其贵国之宾至，则以班加一等，益虔。至于王吏，则皆官正莅事⑫，上卿监之。若王巡守，则君亲监之。’今虽朝也不才，有分族于周⑬，承王命以为过宾于陈⑭，而司事莫至，是蔑先王之官也。

注释

①敌国：爵位相当的国家。

②关尹：官名，负责边关进出境事务。

③行理：官名，即小行人，负责接待各国使者。节：

符节，使用符节作为交接的信物。

④门尹：又叫司门，看管城门的官吏。除门：打扫城门内外的卫生。

⑤宗祝：《周礼》属“春官”，是宗伯的属官，主管祭祀、祈祷的官员。

⑥虞人：官名，掌管山林薮泽。

⑦甸人：官名，掌管生火做饭。

⑧火师：官名，掌管照明。燎：庭燎。

⑨水师：官名，掌管用水，负责监管洗涤等事宜。

⑩饔 yōng：熟食。

⑪廪人：官名，掌管粮仓。饩 xì：生食，指粮食。

⑫官正：官长。莅：临。

⑬分族：指亲族的分支。

⑭过宾：假道为过宾。

译文

“我周朝《秩官》上这样说：‘地位相当的国家的使者前来，关尹负责向国君报告，小行人持符节前往迎接，候人做先导，卿士到郊外慰劳，门尹打扫城门内外，宗祝负责来宾的祭祀，司里安排客馆，司徒调派仆役，司空检查路况，司寇负责盘查可疑之人，虞人送来烧火用的木材，甸人负责生火做饭，火师监管照明，水师监管盥洗，膳夫送上饮食，廪人献上粮食，司马准备好牲口的饲料，工人检修客人的车辆，百官各司其职，宾客到馆舍如同到家一样舒适。所以客人不论高低贵贱，无不感激盛情。如果是爵位高一等的国家使者前来，各种礼节都要提高一个档次，愈加恭敬。至于天子的使臣到来，则各种岗位上都要由主管的官长亲自负责，国家上卿负责监督。如果是天子巡守，则需要国君亲自监督。’如今我虽然庸碌，却也是王族的分支，作为天子使臣借道陈国，陈国各主管官员却没人前来迎接，这是在藐视天子的使臣啊。

“先王之令有之曰：‘天道赏善而罚淫，故凡我造国①，无从非彝②，无即慆淫③，各守尔典④，以承天休⑤。’今陈侯不念胤续之常⑥，弃其伉俪妃嫔，而帅其卿佐以淫于夏氏，不亦嬻姓矣乎⑦？陈，我大姬之后也。弃衮冕而南冠以出，不亦简彝乎⑧？是又犯先王之令也。

注释

①造：为，这里指治理。

②彝：常法。

③慆：怠慢。

④典：常法，大典。

⑤休：庆，指赏赐。

⑥胤：后代。

⑦媟 dú：亵渎。

⑧简：简慢，怠慢。

译文

“先王的教训中有这样的话：‘天道惩恶扬善，所以大凡我们周室治理国家，无不遵循大纲常法，绝不纵容怠慢荒淫，各自恪守你们的常典，以承受上天的赏赐。’如今陈侯不顾惜世代相传的常法，抛弃妻子妃嫔，却带领他的大臣到夏氏家中聚众淫乱，不是亵渎了他的姓氏吗？陈国，是大姬的后代，抛弃王室赐予的礼服，换上楚服出门，这不是怠慢常法吗？这一点又违背了先王之法。

“昔先王之教，懋帅其德也，犹恐殒越。若废其教而弃其制，蔑其官而犯其令，将何以守国？居大国之间，而无此四者，其能久乎？”六年，单子如楚。八年，陈侯杀于夏氏。九年，楚子入陈[①]。

注释

① 楚子：指楚庄王。

译文

“过去先王的教诲，即使努力遵行，还恐怕有所闪失。如果废除先王教诲并抛弃先王的礼制，藐视王室的使臣而且违犯王命，又能拿什么守护家国？陈国处于大国之间，却忘记了先王的遗训、礼制、职守、王命，又怎能长久呢？”周定王六年，单襄公行聘问之礼到楚国。周定王八年，陈侯被夏氏所杀。周定王九年，楚庄王攻入陈国。

8. 定王八年，使刘康公聘于鲁[①]，发币于大夫。季文子、孟献子皆俭[②]，叔孙宣子、东门子家皆侈[③]。归，王问鲁大夫孰贤？对曰：“季、孟其长处鲁乎！叔孙、东门其亡乎！若家不亡，身必不免。”王曰：“何故？”对曰：“臣闻之：为臣必臣，为君必君。宽肃宣惠，君也；敬恪恭俭，臣也。宽所以保本也，肃所以济时也，宣所以教施也，惠所以和民也。本有保则必固，时动而济则无败功，教施而宣则遍，惠以和民则阜。若本固而功成，施遍而民阜，乃可以长保民矣，其何事不彻？敬所以承命也，恪所以守业也，恭所以给事也，俭所以足用也。以敬承命则不违，以恪守业则不懈，以恭给事则宽于死，以俭足用则远于忧。若承命不违，守业不懈，宽于死而远于忧，则可以上下无隙矣，其何任不堪？上任事而彻④，下能堪其任，所以为令闻长世也。今夫二子者俭，其能足用矣，用足则族可以庇。二子者侈，侈则不恤匮，匮而不恤，忧必及之，若是则必广其身。且夫人臣而侈，国家弗堪，亡之道也。”王曰：“几何？”对曰：“东门之位不若叔孙，而泰侈焉，不可以事二君。叔孙之位不若季、孟，而亦泰侈焉，不可以事三君。若皆蚤世犹可，若登年以载其毒，必亡。”

注释

① 刘康公：周定王卿士，食邑在刘（今河南省偃师市缑氏镇西北）。

② 季文子：季友之孙，齐仲无佚之子，季孙行父，为鲁国正卿。孟献子：仲庆父之曾孙，公孙敖之孙，孟文伯之子，仲孙蔑，为鲁国卿士。

③ 叔孙宣子：叔牙之曾孙，庄叔得臣之子，叔孙侨如，为鲁国卿士。东门子家：鲁庄公之孙，东门襄仲之子，公孙归父，为鲁国卿士。

④彻：通达。

译文

周定王八年，定王派遣刘康公到鲁国行聘问之礼，刘康公向鲁国大夫分别派送礼物。季文子、孟献子两人十分节俭，叔孙宣子、东门子家却十分奢侈。回国后，定王问刘康公鲁国大夫谁更贤德，刘康公回答说：“季孙、孟孙恐怕会长期保持在鲁国的地位吧！叔孙、东门恐怕会败亡吧！如果其家不败亡，其自身恐怕也不能免祸。”定王问道：“什么缘故？”刘康公回答说：“臣听闻：为臣子者须遵臣道，为君者须行君道。宽和、严肃、公正、慈爱，是君道；礼敬、谨慎、谦恭、节俭，是臣道。宽和用以长保基业，严肃用以济世行政，公正用以施行教化，慈爱用以亲睦万民。基业得以守护必然稳固，顺时而动则大事必然成功，教化得以公正施行必然全面推广，慈爱用以和睦万民必然财用丰厚。如果社稷稳固并且大事得成，教化全面施行而且财用丰饶，就可以长保社稷，那么还有什么事情不能完成呢？礼敬用以承接君命，谨慎用以保守家业，谦恭用以完成任务，节俭用以确保财用。以礼敬承接君命就不会违背，以谨慎守护家业就不会懈怠，以谦恭办事就会远离牢狱，以节俭保证财用就能远离忧患。如果承接君命而不违背，守护家业而不懈怠，远离牢狱且远离忧患，就可以做到君臣亲睦无间，还有什么任务不能承担呢？君王行事通达，臣子可堪重任，这是名垂千古之道啊！现在季孙、孟孙二子节俭，他们会财用充裕，财用充裕就可以庇护族人。叔孙、东门二子奢侈，奢侈就不会体恤贫困，不体恤贫困之民，忧患必生，这样就必然忧患及身。何况人臣奢侈，国家不堪重负，这是灭亡之道啊！”定王问道：“他们还能维持多久？”刘康公回答说：“东门子家地位不如叔孙侨如，而奢侈太过，不能连续侍奉两位君主。叔孙侨如地位不如季孙、孟孙，而比其奢侈，不能连续侍奉三位君主。他们如果早早过世还好一点，如果他们长寿，其家族受他们的拖累，必然败亡。”

十六年，鲁宣公卒[①]。赴者未及，东门氏来告乱，子家奔齐。简王十一年[②]，鲁叔孙宣伯亦奔齐，成公未殁二年[③]。

注释

① 鲁宣公：鲁文公之子倭。

② 简王：周定王之子夷。

③ 成公：鲁宣公之子黑肱。

译文

周定王十六年，鲁宣公去世。奔丧者尚未到洛阳，东门氏先来告乱，子家出奔齐国。周简王十一年，鲁国叔孙侨如也出奔齐国，这时是鲁成公死前两年。

卷三 周语下

2. 晋孙谈之子周适周[①]，事单襄公，立无跛[②]，视无还，听无耸，言无远；言敬必及天，言忠必及意，言信必及身，言仁必及人，言义必及利，言智必及事，言勇必及制，言教必及辩，言孝必及神，言惠必及和，言让必及敌；晋国有忧未尝不戚，有庆未尝不怡[③]。

注释

①晋孙谈：晋襄公之孙惠伯谈。周：惠伯谈之子，晋悼公之名，也叫公子周、公子纠。

②跛：重心在一只脚上的站立方式。

③庆：福。怡：悦，开心。

译文

晋国孙谈的儿子公子周来到东周，侍奉单襄公，他站立稳重，目不斜视，听不侧耳，说话不大声；谈到敬必及天命，谈到忠必达内心，谈到信必说自我，谈到仁必涉他人，谈到义必定要对他人有利，谈到智必涉各项事务，谈到勇必连礼制，谈到教必涉明辨，谈到孝必及神明，谈到惠必言和睦，谈到让必然涉及地位相当之人；晋国有忧患，他没有不悲戚的，晋国有福佑，他没有不开心的。

襄公有疾，召顷公而告之[①]，曰："必善晋周，将得晋国。其行也文[②]，能文则得天地。天地所胙[③]，小而后国。夫敬，文之恭也；忠，文之实也；信，文之孚也[④]；仁，文之爱也；义，文之制也；智，文之舆也；勇，文之帅也；教，文之施也；孝，文之本也；惠，文之慈也；让，文之材也[⑤]。象天能敬，帅意能忠，思身能信，爱人能仁，利制能义，事建能智，帅义能勇，施辩能教，昭神能孝，慈和能惠，推敌能让。此十一者，夫子皆有焉。

注释

①顷公：单襄公之子。

②文：经天纬地曰文，是一切美德的总称。

③胙：保佑，赐福。

④孚：为人所信服。

⑤材：用处，运用。

译文

单襄公病重，叫来儿子单顷公，告诉他说："一定要善待晋国的公子周，他将来会得到晋国。他的言行显示他有经天纬地之才德，有经天纬地之才德就可能得到天下。天地所赐福的人，即使出身不好也能拥有整个国家。敬，是谦恭的美德；忠，是忠诚的美德；信，是诚信的美德；仁，是仁爱的美德；义，是合宜的美德；智，是美德的载体；勇，是美德的表率；教，是美德的施行；孝，是美德的根基；惠，是美德的慈爱；让，是美德的运用。效法上天能做到敬，遵循内心能做到忠，反思自身能做到信，爱人能做到仁，节制对利益的欲望能做到义，办成大事就是智，见义勇为就是勇，尊卑有序就是教，敬奉神明就是孝，慈爱谦和就是惠，谦让同僚就是让。这十一个方面，在公子周身上都能得到体现。

"天六地五[①]，数之常也。经之以天，纬之以地。经纬不爽[②]，文之象也。文王质文，故天胙之以天下。夫子被之矣，其昭穆又近，可以得国。且夫立无跛，正也；视无还，端也；听无耸，成也；言无远，慎也。夫正，德之道也；端，德之信也；成，德之终也；慎，德之守也。守终纯固，道正事信，明令德矣。慎成端正，德之相也。为晋休戚[③]，不背本也。

被文相德，非国何取！

注释

①天六：指阴、阳、风、雨、晦、明六气。地五：指金、木、水、火、土五行。

②爽：差错。

③休：喜悦。戚：悲伤。

译文

“天有六气地有五行，这是数理之常。天以六气为经，地以五行为纬。经纬毫无差池，这是道德深厚的象征。周文王文德昭然，所以上天把天下赐给了他。孙周同样文德深厚，又是晋国公室血统，有可能得到整个晋国。何况站立稳重，这是正直；目不斜视，这是端庄；听不侧耳，这是心性稳定；说话声音不高，这是谨慎。正直是通向道德的坦途，端庄是通向道德的开始，稳定是道德的完成，谨慎是道德的守卫。守卫坚固、完成纯粹，取径正直、开端良好，美德方能彰显。谨慎、稳定、端庄、正直，是道德的柱石。为晋国而欢乐忧伤，这是不忘本。他身具文德，又谨慎、稳定、端庄、正直，这不是得国的征兆，又是什么！

“成公之归也[①]，吾闻晋之筮之也，遇《乾》之《否》[②]，曰：‘配而不终[③]，君三出焉。’一既往矣，后之不知，其次必此。且吾闻成公之生也，其母梦神规其臀以墨，曰：‘使有晋国，三而畀驩之孙[④]。’故名之曰‘黑臀’，于今再矣。襄公曰驩，此其孙也。而令德孝恭，非此其谁？且其梦曰：‘必驩之孙，实有晋国。’其卦曰：‘必三取君于周。’其德又可以君国，三袭焉[⑤]。吾闻之《大誓》[⑥]，故曰：‘朕梦协朕卜[⑦]，袭于休祥[⑧]，戎商必克。’以三袭也。晋仍无道而鲜胄，其将失之矣。必早善晋子，其当之也。”顷公许诺。及厉公之乱，召周子而立之，是为悼公。

注释

①成公：晋文公庶子，名黑臀。归：自周归晋。赵穿弑晋灵公，赵盾从东周迎接公子黑臀归国，立为晋君。

②《乾》之《否》：《乾》卦的上、下卦都是乾，《否》卦的上卦为乾，下卦为坤。《否》卦是《乾》卦经爻变之后形成的变卦。变卦反映了事物发展演变的趋势，是古人用来预测事物未来变化的重要依据。《否》卦上卦为乾，乾代表天，天为君，也就是说成公能做晋国国君；下卦为坤，坤代表地，

地为臣，也就是说成公的子孙不能长保君位。下卦三爻，显示成公后代三世之后将失去君位。

③配：死后牌位能配先君，接受后世子孙的祭祀。

④畀 bì：给予。

⑤袭：合。指德、梦、卦三者相合。

⑥《大誓》：周武王讨伐殷纣王的誓词。

⑦协：合。

⑧休：美。祥：福兆。

译文

“晋成公当初回国的时候，我听说晋国曾经卜过卦，得到的是《乾》卦的变卦《否》卦，卦辞上说：‘配祀先祖但子孙不能长保君位，有三位国君会出居东周。’已经有一个应验了，将来的是谁我不知道，第二个肯定是孙周。我还听说晋成公出生的时候，他的母亲梦见神灵在他臀部用墨点染，并说：‘让他拥有晋国，三代之后再把君位给予驩的曾孙。’所以给他取名黑臀，到如今已经历了两代国君。晋襄公名驩，孙周就是晋襄公的曾孙。他具备孝顺恭敬的美德，不是他还会是谁？况且梦中之辞说：‘必定是驩的曾孙拥有晋国。’卦辞上说：‘必定会三次从东周迎接回国君。’他的德行又可以君临晋国，梦辞、卦辞、德行三者相契合。我听闻《大誓》上说：‘我的梦与卜筮相合，又与美好的福兆相印证，发兵攻打殷商肯定能取胜。’也是三事相合。如今晋国国君无道并缺少子嗣，必将失去晋国。你一定要趁早善待孙周，他将应验那些预兆。”单顷公答应了父亲的嘱托。等到晋厉公被杀，晋国大臣迎接孙周归国即位，这就是晋悼公。

4. 晋羊舌肸聘于周①，发币于大夫及单靖公②。靖公享之，俭而敬；宾礼赠饯，视其上而从之；燕无私，送不过郊；语说《昊天有成命》③。

注释

① 羊舌肸 xī：晋国大夫，即叔向。他是羊舌职的儿子。

② 单靖公：周卿士，单襄公之孙，单顷公之子。

③ 语：指宴饮时的交谈。说：同“悦”，高兴。《昊天有成命》：《诗经·周颂》之篇。

译文

晋国大夫羊舌肸到东周行聘问之礼，向王室诸位大夫以及单靖公赠送礼物。单靖公宴请叔向，宴席简朴而礼节恭敬；宾主之礼、赠礼饯行等一应俱全，礼节全部按照比他位次高的大夫所为；宴饮间不涉及私人关系，送行不送过城郊；言谈之中表现出对《昊天有成命》这首诗的特殊爱好。

单之老送叔向[①]，叔向告之曰：“异哉！吾闻之曰：‘一姓不再兴。’今周其兴乎！其有单子也。昔史佚有言曰[②]：‘动莫若敬，居莫若俭，德莫若让，事莫若咨。’单子之贶我[③]，礼也，皆有焉。夫宫室不崇，器无彤镂[④]，俭也；身耸除洁[⑤]，外内齐给[⑥]，敬也；宴好享赐，不逾其上，让也；宾之礼事，放上而动，咨也。如是，而加之以无私，重之以不殽，能避怨矣。居俭动敬，德让事咨，而能避怨，以为卿佐，其有不兴乎！

注释

①老：卿大夫的家臣称老。

②史佚：周文王、周武王时代的太史尹佚。

③贶：赐予。

④彤：丹，这里指为器物填红色的漆。镂：雕刻。

⑤耸：戒惧。除：修治。

⑥外：指朝堂之上。内：指治理家事。齐：严整。给：完备。

译文

单靖公的家臣送叔向，叔向告诉他说："奇怪啊！我听闻：'一姓不会兴起两次。'如今东周怕是会再次兴起啊！这是因为有单子的缘故啊。从前史佚说过：'出外没有什么比恭敬更好的，在家里没有什么比节俭更好的，修德没有什么比谦让更好的，办事没有什么比多征询更好的。'单子赠我礼物，是礼数，大家都是如此。他家里房屋不高，器物既不填漆也无雕镂，这是节俭；行事谨慎，身心整洁，里里外外都打理得严整而完备，这是恭敬；宴会上的人情往来，从不逾越自己的上级，这是谦让；宾客迎送的礼节，请示上级而后实行，这是征询。如此，再加上不结党营私，更不为宾客郊外饯行，就能避免招人怨恨。居家节俭外出恭敬，道德谦让行事多请教，又能避免怨恨，成为卿士辅佐王室，王室岂有不兴盛之理！

"且其语说《昊天有成命》，颂之盛德也。其诗曰：'昊天有成命①，二后受之②，成王不敢康③。夙夜基命宥密，於，缉熙！亶厥心，肆其靖之。'是道成王之德也。成王能明文昭，能定武烈者也。夫道成命者，而称昊天，翼其上也。二后受之，让于德也。成王不敢康，敬百姓也。夙夜，恭也。基，始也。命，信也。宥，宽也。密，宁也。缉，明也。熙，广也。亶，厚也。肆，固也。靖，和也。其始也，翼上德让，而敬百姓。其中也，恭俭信宽，帅归于宁。其终也，广厚其心，以固和之。始于德让，中于信宽，终于固和，故曰成。单子俭敬让咨，以应成德。单若不兴，子孙必蕃，后世不忘。

注释

①昊天：对天的敬称。

②二后：周文王、周武王的合称。

③康：安，指坐享其成。

译文

“何况他谈话间提及他特别喜欢《昊天有成命》，这首诗是颂扬盛德的作品。诗中说：‘昊天有成命，二后受之，成王不敢康。夙夜基命宥密，於，缉熙！亶厥心，肆其靖之。’这首诗是赞美周成王美德的颂歌。周成王能够发扬周文王的德行，能够安定周武王的功烈。提及成命而称上天为昊天，这是推崇它的高高在上。文王、武王接受天命，是他们有谦让的美德。成王不敢安享太平，是敬重百姓的缘故。夙夜，是说成王恭敬。基，是开始的意思。命，是信的意思。宥，是宽的意思。密，是宁的意思。缉，是明的意思。熙，是广的意思。亶，是厚的意思。肆，是固的意思。靖，是和的意思。诗的开头，恭敬上天而有谦让之德，还敬重百姓。诗的中间，说他恭敬、节俭、诚信、宽厚，以致天下安定。诗的结尾，说他加深加厚自己的道德，来巩固安定平和的政治局面。开始于谦让有德，中间诚信宽容，结尾巩固安定局面，所以死后谥号为成。单子节俭、恭敬、谦让、好问，以此继承成王之德。单公这一代若不兴盛，将来子孙也必定昌盛，后世不会忘记他。

“《诗》曰：‘其类维何？室家之壸。君子万年，永锡祚胤。’[①]类也者，不忝前哲之谓也。壸也者，广裕民人之谓也。万年也者，令闻不忘之谓也。胤也者，子孙蕃育之谓也[②]。单子朝夕不忘成王之德，可谓不忝前哲矣。膺保明德[③]，以佐王室，可谓广裕民人矣。若能类善物，以混厚民人者[④]，必有章誉蕃育之祚[⑤]，则单子必当之矣。单若有阙，必兹君之子孙实续之，不出于他矣。”

注释

①语出《诗经·大雅·既醉》。类：家族。壸 kǔn：广大，充裕。祚：福。胤：后嗣。

②蕃：繁衍生息。育：成长。

③膺：怀抱。保：持有。

④混：同。

⑤章：同“彰”。

译文

“《诗》云：‘其类维何？室家之壶。君子万年，永锡祚胤。’类，是不辱先哲的意思。壶，是恩泽推而广之惠及万民的意思。万年，是美名流传千古的意思。胤，是子孙后代繁衍兴盛的意思。单子念念不忘成王的美德，可谓不辱先哲了。怀抱光明之德以辅佐王室，可谓泽及万民了。像这样能够集众美于一身，并能够教化万民的人，必定有荫庇子孙的后福，单子堪为表率。单氏若是有所缺憾，必将是此君的子孙延续单氏血脉，而不是其他人了。”

5. 景王二十一年，将铸大钱[①]。单穆公曰[②]：“不可。古者，天灾降戾[③]，于是乎量资币[④]，权轻重[⑤]，以振救民[⑥]。民患轻，则为作重币以行之，于是乎有母权子而行[⑦]，民皆得焉。若不堪重，则多作轻而行之，亦不废重，于是乎有子权母而行，小大利之。

注释

①大钱：指分量重、币值大的货币。

②单穆公：周卿士，单靖公的曾孙。

③戾：至，临。

④资：财。

⑤权：称量。

⑥振：同“赈”，救济。

⑦母权子：大钱辅助小钱流通。母，指大钱，重币。子，指小钱，轻币。

译文

周景王二十一年，王室将要铸造币值较大的钱币。单穆公说：“不可行。古时候，天灾降临，于是王室重新评估社会财产，权衡轻重，铸造新币以赈救灾民。人民嫌货币轻，就推行重币进入市场流通，于是就有了重币辅助轻币流通的情况，百姓都得到便利。如果人民嫌货币重，就多推行轻币进入市场流通，也不废弃重币，于是就有了轻币辅助重币流通的情况，轻重各得其便。

“今王废轻而作重，民失其资，能无匮乎？若匮，王用将有所乏，乏则将厚取于民。民不给，将有远志，是离民也。且夫备有未至而设之，有至而后救之，是不相入也。可先而不备，谓之怠；可后而先之，谓之召灾。周固羸国也，天未厌祸焉[①]，而又离民以佐灾，无乃不可乎？将民之与处而离之，将灾是备御而召之，则何以经国[②]？国无经，何以出令？令之不从，上之患也，故圣人树德于民以除之[③]。

注释

①未厌祸：指灾祸不断。

②经：治理。

③树：立。除：消除。

译文

“如今大王废除轻币而铸造重币，百姓手中的轻币不能流通，能不生活匮乏吗？如果百姓生活匮乏，大王您的财用也将出现匮乏，然后就会想办法从百姓身上加重搜刮。民生艰难，就会生出远离大王的念头，这是在逼迫百姓离开啊。国家的救灾方案有未雨绸缪的方式，也有亡羊补牢的方式，彼此不能互相替代。可以事先准备却无动于衷，这叫懈怠；可以灾后行动却早早防备，这叫招灾。周室本来就是羸弱的国家，偏偏天灾不断，您又驱离百姓助长灾难，这恐怕不行吧？应当与百姓和睦相处却驱离他们，应当防御天灾却主动招灾，那将如何治理国家？国家无法治理，将如何推行政令？政令无人奉行，这是当权者的祸患，所以圣人会立德于民以消除这种隐患。

“《夏书》有之曰：‘关石、和钧，王府则有。’[①]《诗》亦有之曰：‘瞻彼旱麓，榛楛济济。恺悌君子，干禄恺悌。’[②]夫旱麓之榛楛殖，故君子得以易乐干禄焉。若夫山林匮竭，林麓散亡，薮泽肆既[③]，民力凋尽，田畴荒芜，资用乏匮，君子将险哀之不暇，而何易乐之有焉？

注释

①引文为逸《书》。关：即海关征税。石：三十斤为钧，四钧为石。

②语出《诗经·大雅·旱麓》。干：求。恺悌：和乐平易。

③肆：极。既：尽，全部。

译文

“《夏书》上说：‘赋税合理，国库才会充盈。’《诗》中也说：‘看那旱山脚下，榛树、楛树繁茂广大。平易和乐的君子，祈求福禄时也一样和乐平易。’旱山脚下的榛树、楛树茁壮成长，所以君子才得以和乐平易地祈求福禄。如果山林资源匮乏枯竭，山脚林木消失，洼地水草干涸消退，民生凋敝，田园荒芜，财用匮乏，君子恐怕连忧虑还来不及，又如何能够平易和乐呢？

“且绝民用以实王府，犹塞川原而为潢污也[①]，其竭也无日矣。若民离而财匮，灾至而备亡，王其若之何？吾周官之于灾备也，其所怠弃者多矣，而又夺之资，以益其灾，是去其藏而翳其人也[②]。王其图之！”王弗听，卒铸大钱。

注释

① 潢污：聚积不流之水。

② 翳：遮蔽。

译文

“何况搜刮百姓之财以充实国库，犹如堵塞河流而蓄积池沼，池沼的干涸是指日可待的。如果百姓财用匮乏而背井离乡，灾难临头又不准备救助，大王您还有回天之力吗？我们东周官员对天灾的防备工作，懈怠、放弃的人很多，如今您又掠夺百姓财用，更助长了灾难的严重性，这是抢夺民众的蓄藏并弃绝他们于不顾啊。大王您好好考虑考虑！”周景王不听劝告，最终还是铸造了大钱。

6. 二十三年，王将铸无射[①]，而为之大林[②]。单穆公曰：“不可。作重币以绝民资，又铸大钟以鲜其继。若积聚既丧，又鲜其继，生何以殖？且夫钟不过以动声，若无射有林，耳弗及也。夫钟声以为耳也，耳所不及，非钟声也。犹目所不见，不可以为目也。夫目之察度也，不过步武尺寸之间[③]；其察色也，不过墨丈寻常之间[④]。耳之察和也，在清浊之间[⑤]；其察清浊也，不过一人之所胜[⑥]。是故先王之制钟也，大不出钧[⑦]，重不过石[⑧]。律度量衡于是乎生[⑨]，小大器用于是乎出，故圣人慎之。今王作钟也，听之弗及，比之不度，钟声不可以知和，制度不可以出节，无益于乐，而鲜民财，将焉用之！

注释

① 无射：这里指钟名，钟声的音高相当于十二律中的无射。十二律是古代的定音方法，即用三分损益法将一个八度分为十二个不完全相同半音的一种律制。各律从低到高依次为：黄钟、大吕、太簇、夹钟、姑洗、仲吕、蕤宾、林钟、夷则、南

吕、无射、应钟。十二律又分为阴阳两类，凡属奇数的六种律称阳律，属偶数的六种律称阴律。

② 大林：指音高相当于林钟的乐钟。

③ 步武：古代以六尺为步，半步为武。

④ 墨丈寻常：古代以五尺为墨，倍墨为丈。八尺为寻，倍寻为常。

⑤ 清浊：指音色的清越与浑厚低沉。

⑥ 胜：胜任，指举。

⑦ 钧：指乐调。

⑧ 石：古代以一百二十斤为一石。

⑨ 律度量衡：中国古代音律和度量衡的制定标准是一致的，标准律管与度量衡之间有着严格的对应关系。古人以律管去定义度量衡，又用度量衡去校正律管。

译文

周景王二十三年，景王将要铸造乐钟无射，并配套铸造乐钟大林。单穆公说："不可行。此前发行重币已经让百姓不堪重负，现在又铸造大钟让百姓生活难以为继。百姓的积蓄已经消耗殆尽，再雪上加霜，民生何以维持？何况乐钟不过是用来演奏定音，如果无射配以林钟，耳朵将难以分辨林钟的乐音。钟声本来就是为了提高耳朵对乐曲的辨识度，耳朵既然难以辨识，那就不是钟声了。就像眼睛看不见的物体，那就不必用眼睛去看。用眼睛目测物体的长度，准确度只能精确到尺寸的范围；用眼睛观察颜色，准确度只能保持在数丈的范围内。用耳朵辨识五声的和谐，能分清音色的轻重缓急；但分辨声音的清浊，不超过一个人的能力所及。所以先王在铸造乐钟的时候，音域不超过一个八度的范围，重量不超过一百二十斤。律、度、量、衡的标准因此才制定出来，大大小小的器物都根据这些标准来制造，所以圣人铸钟非常慎重。大王今天铸造乐钟，耳朵却分辨不清，规格上又不符合法度，从钟声里不能听到和谐之音，从制度上又不能作出表率，对音乐无所助益，又耗费民财，铸造它又有何用！

“夫乐不过以听耳，而美不过以观目。若听乐而震，观美而眩，患莫甚焉。夫耳目，心之枢机也，故必听和而视正。听和则聪，视正则明。聪则言听，明则德昭。听言昭德，则能思虑纯固。以言德于民，民歆而德之[①]，则归心焉。上得民心，以殖义方[②]，是以作无不济，求无不获，然则能乐。夫耳内和声，而口出美言，以为宪令，而布诸民，正之以度量，民以心力，从之不倦。成事不贰，乐之至也。

口内味而耳内声，声味生气。气在口为言，在目为明。言以信名[3]，明以时动。名以成政，动以殖生。政成生殖，乐之至也。若视听不和，而有震眩，则味入不精，不精则气佚，气佚则不和。于是乎有狂悖之言，有眩惑之明，有转易之名，有过慝之度[4]。出令不信，刑政放纷，动不顺时，民无据依，不知所力，各有离心。上失其民，作则不济，求则不获，其何以能乐？三年之中，而有离民之器二焉，国其危哉！”

注释

① 歆：心悦诚服。

② 殖：树立。方：道。

③ 名：号令。

④ 慝 tè：恶。

译文

“音乐不过是为了满足耳朵的需要，美物不过是为了满足眼睛的需要。如果听音乐让人内心震动，观美物让人目眩神迷，结果就非常糟糕。耳目，会触发人的心灵，所以需要耳听和谐之声，眼观合礼之物。耳听和谐之声则耳聪，眼观合礼之物则目明。耳聪就能采纳正确的意见，目明就会彰显美好的道德。采纳忠言彰显道德，就能做到思想纯正而坚定。这样一来，教化百姓，百姓就能欣然接受，就会天下归心。君王能得民心，就能树立道义，所以事情没有办不成的，需求没有达不到的，这样才能够制造乐器。耳朵容纳和谐之声，口中说出优美的话语，发布政令，布告万民，用标准的度量规范百姓，百姓就会尽心尽力，乐此不疲。完成君王的使命而没有二心，这是音乐所能达到的极致。口中进食美味，耳朵容纳和谐之声，声音和美味能够形成气。气在口中就是语言，在目中就是光明。语言用以发布政令，目明用以顺应季节而行动。政令用以完成国家大事，顺时而动用以繁殖生物。政事完成且万物繁殖，这就是音乐达到的极致。如果视听不和谐，而有震动眩惑，美味入口就不能化为精气，精气散佚身心就无法和谐。于是就有了狂妄悖乱之言，就有了目眩神迷，就有了政令的前后失据，就有了恶劣的法度。政令出而民不信，刑罚政令纷繁混乱，举动不顺应农时，百姓无所依据，不知道如何出力，便会离心离德。君王失去民心，办事无法成功，需求无法满足，又如何能够铸造乐器呢？三年之中，就有两件大事大失民心，国家就要危险了！”

王弗听，问之伶州鸠[①]。对曰：“臣之守官弗及也。臣闻之，琴瑟尚宫，钟尚羽，石尚角，匏竹利制[②]，大不逾宫，细不过羽。夫宫，音之主也，第以及羽。圣人保乐而爱财[③]，财以备器，乐以殖财。故乐器重者从细，轻者从大。是以金尚羽，石尚角，瓦丝尚宫，匏竹尚议，革木一声[④]。

注释

①伶：掌管音乐的官员。州鸠：人名。

②利制：因乐器材质、形制不同而异，没有固定的偏尚。

③保：安。

④革木：指鼓和柷。一声：指乐器音色单调，没有清浊变化。

译文

景王不听劝告，又去咨询伶鸠。伶州鸠回答说："微臣的职守不涉及这些问题。微臣听闻，琴瑟适合演奏宫调，钟适合演奏羽调，石磬适合演奏角调，笙和箫根据形制不同而异，但高不越过宫调，细不低于羽调。宫音，是五音中的主音，从大到细依次到羽音。圣人因保有音乐而珍惜资财，资财可以置备乐器，音乐可以增财。所以乐器材质重者声音从细，材质轻者声音从大。所以金属质地的乐器宜于演奏羽调，石质乐器宜于演奏角调，瓦质与丝质乐器宜于演奏宫调，匏质与竹质的乐器可以商量，皮革质地和木质的乐器声音单调没有变化。

“夫政象乐，乐从和，和从平。声以和乐，律以平声。金石以动之，丝竹以行之，诗以道之，歌以咏之，匏以宣之①，瓦以赞之②，革木以节之。物得其常曰乐极③，极之所集曰声，声应相保曰和，细大不逾曰平。如是，而铸之金，磨之石，系之丝木，越之匏竹，节之鼓而行之，以遂八风④。于是乎气无滞阴⑤，亦无散阳，阴阳序次，风雨时至，嘉生繁祉，人民和利，物备而乐成，上下不罢⑥，故曰乐正。今细过其主妨于正⑦，用物过度妨于财，正害财匮妨于乐。细抑大陵，不容于耳，非和也。听声越远⑧，非平也。妨正匮财，声不和平，非宗官之所司也。

注释

①宣：发扬。

②赞：辅助。

③物：事。极：中。

④遂：顺。八风：正西曰兑，为金，为阊阖风。西北曰乾，为石，为不周风。正北曰坎，为革，为广莫

风。东北曰艮，为匏，为融风。正东曰震，为竹，为明庶风。东南曰巽，为木，为清明风。正南曰离，为丝，为景风。西南曰坤，为瓦，为凉风。

⑤滞：累积。

⑥罢：通“疲”，疲劳。

⑦细：指无射。主：指正声。

⑧越：迂回。

译文

“政治与音乐有相通之处，奏乐应该和谐，和谐需要均平。声音用以和谐乐曲，音律用以均平声音。钟磬用以发动演奏，琴瑟用以铺排乐曲，诗篇用以道出志向，歌咏用以咏叹情感，笙用以发扬乐曲，埙用以辅助演奏，鼓和柷用以规范限制节拍。各种乐器物尽其用就叫音乐中正，中正的音乐汇集在一起就是乐声，乐声相互掩映相互配合就叫和谐，乐声细与大不逾越各自的本分就是均平。正是如此，以金属铸钟，以石头磨磬，以丝系于木，以匏和竹打孔，以鼓合拍而奏乐，用以顺应八方之风。于是阴气就不会积而不发，阳气也不会散而不凝。阴阳之气次第流转通畅，风雨就会准时到来，万物受其惠泽，人民深受祥和之利，物质储备丰富，音乐因而得以完成，举国上下不会疲于奔命，这就叫“乐正”。如今细声盖过正声而喧宾夺主，耗费过度不利于积蓄，正声受到妨害并且财用匮乏就会影响到音乐的最终完成。细声受到大声的抑制和侵凌而难以入耳，音乐就谈不上和谐。细声听起来细微并且迂回遥远，音乐就谈不上平正。正声受到妨害，财用出现匮乏，音乐不能和谐平正，这些就不是宗伯之官的职责所在。

“夫有和平之声，则有蕃殖之财。于是乎道之以中德①，咏之以中音②，德音不愆③，以合神人，神是以宁，民是以听。若夫匮财用，罢民力，以逞淫心，听之不和，比之不度，无益于教，而离民怒神，非臣之所闻也。”

注释

① 中德：中庸之德。

② 中音：中正平和之音。

③ 德音：道德声望。愆：过失，差池。

译文

“有中正平和的乐音，就有繁衍增殖的财富。然后用中庸之德加以引导，用中正平和之音去吟咏，道德声望没有过失，用以沟通神人，神明因此而安宁，百姓因此而顺从。至于使百姓财用匮乏，身心疲惫，用以迎合自己过度贪婪的内心，所听之音乐不和谐，比较历史而不合法度，无益于教化，反而使百姓离心、神灵震怒，这就与微臣的闻见不符了。”

王不听，卒铸大钟。二十四年，钟成，伶人告和。王谓伶州鸠曰：“钟果和矣。”对曰：“未可知也。”王曰：“何故？”对曰：“上作器，民备乐之，则为和。今财亡民罢，莫不怨恨，臣不知其和也。且民所曹好[①]，鲜其不济也。其所曹恶，鲜其不废也。故谚曰：‘众心成城，众口铄金。’三年之中，而害金再兴焉，惧一之废也。”王曰：“尔老耄矣[②]！何知？”二十五年，王崩，钟不和。

注释

①曹：群。

②耄：八十岁的年纪称耄。此指年老昏聩。

译文

周景王不听劝告，最终还是铸造了大钟。景王二十四年，大钟铸成，乐官前来报告钟声和谐。景王对伶州鸠说：“大钟声音还是和谐的。”伶州鸠回答说：“现在还说不准。”景王问：“为什么？”伶州鸠回答说：“君王铸造乐器，百姓从心里感到高兴，这就是和谐。如今劳民伤财，没有不怨恨的，微臣不知道和谐在何处？况且百姓全部喜欢，事情没有办不成的。百姓全部憎恶，事情没有不败亡的。所以谚语说：‘众志成城，众口铄金。’三年之内，而为害于民的金器两次铸造，二者之中必然有一个会废弃。”景王说：“你老糊涂了吧！你懂什么？”二十五年，周景王去世，钟声再不和谐。

卷四　鲁语上

1. 长勺之役①，曹刿问所以战于庄公②。公曰：“余不爱衣食于民，不爱牲玉于神。”对曰：“夫惠本而后民归之志，民和而后神降之福。若布德于民而平均其政事，君子务治而小人务力；动不违时，财不过用；财用不匮，莫不能使共祀。是以用民无不听，求福无不丰。今将惠以小赐，祀以独恭。小赐不咸③，独恭不优④。不咸，民不归也；不优，神弗福也。将何以战？夫民求不匮于财，而神求优裕于享者也，故不可以不本。”公曰：“余听狱虽不能察，必以情断之。”对曰：“是则可矣。知夫苟中心图民，智虽弗及，必将至焉。”

注释

①长勺：鲁国地名，在今山东省莱芜市境内。

②曹刿：鲁国武士，又称曹沫。庄公：鲁桓公之子姬同。

③咸：遍。

④优：优厚，丰裕。

译文

长勺之战前，曹刿问鲁庄公凭借什么和齐国开战。庄公说："我对于百姓从不吝惜衣食，对于神灵从不吝惜牺牲玉器。"曹刿说："只有从根本上施于恩惠，百姓才会归心，只有人民生活和睦，神灵才会降福。如果做到对百姓广布恩德并公平地推行政令，君子勤于公务，百姓勤于农业生产；各种措施不违背农时，花费不超过收入；财物用度就不会出现匮乏，就能使大家共同祭祀神灵。小的恩赐不能惠及所有人，独自供奉神灵祭品而不够丰裕。恩赐不普遍，百姓就不会亲附；祭品不丰裕，神灵就不会降福。能凭什么打仗呢？百姓的需求是日用财物不要出现匮乏，神灵的需求是祭祀者提供丰裕的祭品，所以不能不从根本上考虑问题。"庄公说："我听狱断案的时候虽不能一一详察，但一定会斟酌情理再下判决。"曹刿回答说："这就行了。只要知道心中装着百姓，心力即使有所不及，百姓也必然归心。"

3. 庄公丹桓宫之楹①，而刻其桷②。匠师庆言于公曰③："臣闻圣王公之先封者，遗后之人法，使无陷于恶。其为后世昭前之令闻也，使长监于世，故能摄固不解以久④。今先君俭而君侈，令德替矣⑤。"公曰："吾属欲美之⑥。"对曰："无益于君，而替前之令德，臣故曰庶可已矣。”公弗听。

注释

①桓宫：鲁桓公之庙。楹：柱子。

②桷 jué：方形的椽子。

③匠师庆：主管工匠事务的大夫御孙，名庆。

④摄：手持。解：同“懈”。

⑤替：废，灭。

⑥吾属：吾辈，吾等。

译文

鲁庄公要把鲁桓公庙前的楹柱用漆涂饰成红色，同时还要在椽子外露的部分雕刻上花纹。匠师庆对庄公说：“微臣听闻诸侯国的始封国君遗留给后人制度法规，其中就有不让后代给自己留下恶名。他们的目的是让后代宣扬自己的好名声，使之永为后世的借鉴，国家因此稳固而不懈怠，并能传之久远。如今先君节俭而您却奢靡，先君的美德已经丧失殆尽了。”庄公说：“我辈只不过想美化一下先君。”匠师庆回答说：“这样对先君没有好处，反而掩盖了先君的美德，微臣因此才会说可以停下来。”庄公不听。

5. 鲁饥，臧文仲言于庄公曰[①]："夫为四邻之援，结诸侯之信，重之以婚姻，申之以盟誓，固国之艰急是为[②]。铸名器，藏宝财，固民之殄病是待。今国病矣，君盍以名器请籴于齐[③]！"公曰："谁使？"对曰："国有饥馑，卿出告籴，古之制也。辰也备卿，辰请如齐。"公使往。

注释

① 臧文仲：鲁国卿士，臧哀伯之孙，伯氏瓶之子，臧孙辰。

② 艰急是为：应对急难之事。

③ 名器：钟鼎之类的国之重器。籴：借粮。

译文

鲁国闹饥荒，臧文仲对鲁庄公说："平时援助四邻，结信诸侯，以婚姻巩固两国关系，以盟誓重申友好关系，本来就是为了应对国家艰难时候的情况。铸造钟鼎，收藏宝物财物，本来就是为预防百姓遭遇各种灾祸。如今国家危急，您何不用钟鼎等重器作抵押去齐国借粮！"庄公问："派谁去合适？"臧文仲回答道："国家闹饥荒，卿士外出借粮，这是先王古制。我也充于卿位，请求出使齐国。"庄公便派他前往。

从者曰："君不命吾子，吾子请之，其为选事乎[①]？"文仲曰："贤者急病而让夷[②]，居官者当事不避难，在位者恤民之患，是以国家无违。今我不如齐，非急病也。在上不恤下，居官而惰，非事君也。"

注释

①选事：挑选差事，暗指臧文仲在工作中有挑肥拣瘦的嫌疑。

②夷：平。

译文

臧文仲的随从人员说："国君不任命您，您自我推荐，难道是为了挑选差事吗？"文仲说："贤人争做急难之事而谦让容易办的差事，当官的人临事不避艰难，身处上位的人体恤百姓的困难，国家才能安定。如今我不出使齐国，就是不急国家之所急。身处上位而不体恤百姓，当官却懈怠政事，这不是侍奉君上应有的态度。"

文仲以鬯圭与玉磬如齐告籴[①]，曰："天灾流行，戾于弊邑[②]，饥馑荐降[③]，民羸几卒[④]，大惧乏周公、太公之命祀，职贡业事之不共而获戾[5]。不腆先君之币器[6]，敢告滞积[7]，以纾执事[8]；以救弊邑，使能共职。岂唯寡君与二三臣实受君赐，其周公、太公及百辟神祇实永飨而赖之！”齐人归其玉而予之籴。

注释

①鬯圭：祭祀时用的玉圭。玉磬：古代宫廷演奏雅乐时用的一种玉制的乐器。

②戾：至，降临。弊：通“敝”。

③荐：频仍，屡次。

④羸：瘦弱。

⑤戾：罪。

⑥腆：厚。

⑦滞：长久。

⑧纾：缓。执事：指齐国官员。

译文

臧文仲带着鬯圭和玉磬到齐国借粮，他说：“天灾流行，降临到我们鲁国，饥荒不断，百姓羸弱不堪，生命受到威胁，非常惧怕周公、姜太公的祭祀得不到保障，给王室进贡的物品无法供应而获罪。先君留给我们的玉帛重器虽不够丰厚，也只好前来交换一些贵国长久积压的粮食，好舒缓贵国官员管理粮仓的负担；也好救济我国，使我国上下得以正常工作。不仅是我国国君和一些大臣接受齐侯的恩赐，周公、太公以及诸位神灵都仰赖贵国的救助而永受祭祀！”齐国人归还鲁国的玉器并借给鲁国粮食。

6. 齐孝公来伐鲁[①]，臧文仲欲以辞告，病焉[②]，问于展禽[③]。对曰：“获闻之，处大教小，处小事大，所以御乱也，不闻以辞。若为小而崇[④]，以怒大国，使加己乱[⑤]，乱在前矣，辞其何益？”文仲曰：“国急矣！百物唯其可者，将无不趋也。愿以子之辞行赂焉，其可赂乎？”

注释

① 齐孝公：齐桓公之子，名昭。

② 病：指臧文仲深感无辞以对而担忧。

③ 展禽：即柳下惠，鲁国大夫，展无骇之后，名获，字展禽。

④ 崇：高，自大。

⑤ 乱：恶。

译文

齐孝公前来讨伐鲁国，臧文仲想用言辞消除这次危机，担心无辞以对，求教于展禽。展禽回答说："我听闻，大国应当教导小国，小国应当侍奉大国，这样可以用来预防祸患，没听说用言辞就可以消弭战祸。如果小国自高自大，触怒大国，使大国厌恶自己，厌恶在前，言辞又有何益？"臧文仲说："国家正处在危急关头啊！不管任何条件，只要齐国同意撤兵，我们无不答应。希望借您之口给齐国送去礼物，不知怎样？"

展禽使乙喜以膏沐犒师[①]，曰："寡君不佞[②]，不能事疆埸之司[③]，使君盛怒，以暴露于弊邑之野，敢犒舆师。"齐侯见使者曰："鲁国恐乎？"对曰："小人恐矣，君子则否。"公曰："室如悬磬，野无青草，何恃而不恐？"对曰："恃二先君之所职业。昔者成王命我先君周公及齐先君太公曰：'女股肱周室，以夹辅先王。赐女土地，质之以牺牲[④]，世世子孙无相害也。'君今来讨弊邑之罪，其亦使听从而释之，必不泯其社稷[⑤]；岂其贪壤地，而弃先王之命？其何以镇抚诸侯？恃此以不恐。"齐侯乃许为平而还[⑥]。

注释

①乙喜：鲁国大夫展喜。膏沐：洗浴用品。

②不佞：谦辞，指没有才智。

③疆埸yì：指边疆地区。司：官吏。

④质：凭信，指立誓行为。

⑤泯：灭。

⑥平：讲和。

译文

展禽派展喜带着洗浴用品犒劳齐国军队，说："我国国君不才，没能招待好贵国边疆官员，让您动怒，还暴露在我国的旷野之上，因此我特地前来犒劳贵国军队。"齐侯接见展喜，说："鲁国恐惧了吗？"展喜回答说："百姓恐惧，君子却不会。"齐侯说："鲁国国库空荡荡如同悬磬，旷野之中连绿草都看不到，还有什么仗恃而不恐惧的？"展喜回答说："依仗齐鲁两国先君的职守。从前周成王命令我先君周公以及齐国先君姜太公说：'你们作为周室的股肱之臣，要辅佐王室。赐给你们土地，你们要以牛羊祭祀上天，立誓为信，世世代代不互相戕害。'您如今前来讨伐我国的过失，不过是要我国听从贵国之言就会放过我们，一定不会泯灭鲁国社稷；岂会贪图鲁国的土地而弃先王遗命于不顾？如其不然，又如何震慑诸侯？我们就依仗这些而不会惶恐。”齐侯于是答应讲和，领兵回国。

8. 晋文公解曹地以分诸侯[①]。僖公使臧文仲往，宿于重馆[②]，重馆人告曰：“晋始伯而欲固诸侯，故解有罪之地以分诸侯。诸侯莫不望分而欲亲晋，皆将争先；晋不以固班，亦必亲先者，吾子不可以不速行。鲁之班长而又先，诸侯其谁望之？若少安，恐无及也。”从之，获地于诸侯为多。反，既复命，为之请曰：“地之多也，重馆人之力也。臣闻之曰：‘善有章[③]，虽贱赏也；恶有衅[④]，虽贵罚也。’今一言而辟境，其章大矣，请赏之。”乃出而爵之。

注释

① 解：削减，分割。曹：国名。晋文公重耳流亡期间，曹国国君曾羞辱重耳。重耳称霸之后讨伐无礼之人，削减曹国之地分给诸侯以示惩罚。

② 重：鲁国地名。馆：候馆，诸侯国沿途设立供来往使者休息的馆舍。

③ 章：明。

④ 衅：征兆。

译文

晋文公削减曹国土地，分给亲附他的诸侯国。鲁僖公派臧文仲前往，途中宿于重地的驿馆，馆舍的主管告诉他说：“晋国刚开始称霸，想安抚诸侯，所以才把有罪国家的土地分给各国。各国无不希望从中得利而打算亲附晋国，人人希望争先；晋国如果不按照班次分配土地，也必然按照诸侯国亲附自己的先后顺序，您不能不快点赶去。鲁国的等级次序本来就靠前，再加上率先到达晋国，各国之中还有谁能相比？如果稍有懈怠，恐怕就被别人捷足先登了。”臧文仲听从了馆舍主管的意见，获得的土地在各国中是最多的。回国复命之后，为馆舍主管请功说：“鲁国得到土地最多，是重地馆舍主管的功劳。微臣听闻：‘善德昭彰，虽贱必赏；恶行显露，虽贵必罚。’如今馆舍主管一句话就能开疆拓土，他的功劳再明显不过，请您奖赏他。”于是鲁僖公提拔重地馆舍主管并赐予爵位。

9. 海鸟曰“爰居”，止于鲁东门之外三日，臧文仲使国人祭之。展禽曰：“越哉[①]，臧孙之为政也！夫祀，国之大节也[②]；而节，政之所成也。故慎制祀以为国典。今无故而加典，非政之宜也。

注释

①越：迂阔，指思想言论与现实脱节。

②节：制度。

译文

有一只名叫“爰居”的罕见海鸟，在鲁国东门外连续停留了三天，臧文仲命国人祭祀它。展禽说：“臧孙氏的行政方式真迂阔啊！祭祀，是国家最重要的制度；而制度，是政令通行的重要保障。所以要慎重创立祭祀制度作为国家大典。如今无故而增加大典，并非合宜的政令。

“夫圣王之制祀也，法施于民则祀之，以死勤事则祀之，以劳定国则祀之，能御大灾则祀之，能扞大患则祀之[①]。非是族也[②]，不在祀典。昔烈山氏之有天下也[③]，其子曰柱，能殖百谷百蔬；夏之兴也，周弃继之[④]，故祀以为稷。共工氏之伯九有也[⑤]，其子曰后土，能平九土[⑥]，故祀以为社。黄帝能成命百物，以明民共财，颛顼能修之[⑦]。帝喾能序三辰以固民[⑧]，尧能单均刑法以仪民[⑨]，舜勤民事而野死，鲧鄣洪水而殛死[⑩]，禹能以德修鲧之功，契为司徒而民辑[11]，冥勤其官而水死[12]，汤以宽治民而除其邪，稷勤百谷而山死，文王以文昭，武王去民之秽。故有虞氏禘黄帝而祖颛顼，郊尧而宗舜；夏后氏禘黄帝而祖颛顼，郊鲧而宗禹；商人禘舜而祖契，郊冥而宗汤；周人禘喾而郊稷，祖文王而宗武王；幕[13]，能帅颛顼者也，有虞氏报焉；杼[14]，能帅禹者也，夏后氏报焉；上甲微[15]，能帅契者也，商人报焉；高圉、大王[16]，能帅稷者也，周人报焉。凡禘、郊、祖、宗、报，此五者国之典祀也。

注释

①扞 hàn：同“捍”，抵御，抵挡。

②族：类。

③烈山氏：传说中炎帝的号，炎帝兴起于烈山。

④周弃：周的始祖后稷之名为“弃”。

⑤九有：九州。

⑥九土：九州土地。

⑦颛顼：黄帝之孙，昌意之子，号高阳氏，生于若水，居于帝丘。

⑧帝喾：黄帝曾孙，玄嚣之孙，蟜极之子，号高辛氏。序三辰：指帝喾能整治历法，教民稼穑以安定天下。三辰，日月星。

⑨尧：帝喾之子，号陶唐氏，名放勋。单：通“殚”，尽。均：平。仪：善。

⑩殛：诛杀。

⑪辑：和睦。

⑫冥：契的六世孙，在夏代从事治水工作，勤于职守，最终死于水。

⑬幕：舜的后人虞思，是夏代的一方诸侯。

⑭杼：禹的七世孙，少康之子季杼。

⑮上甲微：契的八世孙，在商汤之前。

⑯高圉：后稷十世孙，公非之子。大王：高圉曾孙，文王祖父古公亶父。

译文

“圣明的帝王制定祭祀之法的原则是：凡是以完善的法规全面推行到百姓中去的人就祭祀他，勤于政事、死而后已的人祭祀他，有安邦定国的大功劳的人祭祀他，能抵御大的自然灾害的人祭祀他，能捍卫族群利益、消除忧患的人祭祀他。不属于这一类的人，不在祭祀大典的行列。从前烈山氏统治天下的时候，他的儿子叫柱，能够繁育各种谷物和蔬菜；夏代兴起，周代始祖弃继承了这一事业，所以后人尊他们为农业神进行祭祀。共工氏称霸九州，他的儿子叫后土，能整治天下土地，所以后人尊他为土地神进行祭祀。黄帝能够为天地万物命名，以启发百姓财产共有的道理，颛顼能够补正黄帝的志业。帝喾发明历法以安定天下，尧能够做到刑罚公平、为百姓提供行为准则，舜勤于政事而死在野外，鲧治理洪水不成功而被处死，禹能够用美德补正鲧的功业，契为禹的司徒而能够使百姓和睦，冥勤于自己的职业而死于治水，商汤能够以宽容的胸怀治理天下并祛除邪恶之人，后稷勤于播种百谷而死在山中，周文王以文德闻名，周武王能够推翻殷纣王的残暴统治为民除害。所以有虞氏禘祭黄帝而以颛顼为祖进行配祭，郊祭尧而宗祀舜；夏后氏禘祭黄帝而以颛顼为祖进行配祭，郊祭鲧而宗祀禹；商人禘祭舜而以契为祖进行配祭，郊祭冥而宗祀汤；周人禘祭喾而以后稷为祖进行配祭，祖祭文王并宗祀武王。幕，是能够遵循颛顼功业的人，有虞氏以他配祭颛顼；杼，是能够遵循大禹功业的人，夏后氏以他配祭禹；上甲微，是能够遵循契功业的人，商人以他配祭契；高圉、古公亶父，是能够遵循后稷功业的人，周人以他们配祭后稷。凡是禘祭、郊祭、祖祭、宗祭、报祭，这五种祭祀方式是国家的根本祭祀大典。

“加之以社稷山川之神，皆有功烈于民者也；及前哲令德之人，所以为明质也[①]；及天之三辰，民所以瞻仰也；及地之五行[②]，所以生殖也；及九州名山川泽，所以出财用也。非是不在祀典。

注释

①质：信义，诚信。

②五行：古人认为，金、木、水、火、土是五种构成宇宙万物的基本物质，称之为五行。

译文

“再加上社稷山川的神灵，都是有大功于百姓的人；延及前代拥有智慧和美德的人，是为了申明信义；延及天上的日、月、星、辰，是因为它们都是万民瞻仰的事物；祭祀五行之物，是为了天地万物的生长繁育；祭祀九州名山、大川大泽，是为了百姓的生活财用。不是这类事物都不在祭祀大典之列。

“今海鸟至，己不知而祀之，以为国典，难以为仁且智矣。夫仁者讲功[①]，而智者处物[②]。无功而祀之，非仁也；不知而不能问，非智也。今兹海其有灾乎？夫广川之鸟兽，恒知避其灾也。”是岁也，海多大风，冬暖。文仲闻柳下季之言，曰：“信吾过也，季子之言不可不法也。”使书以为三筴[③]。

注释

①讲：论。

②处：命名以便区分。

③筴：同“策”。

译文

“如今有海鸟来到这里，自己不懂原因就盲目祭祀，还作为国家大典对待，难以称得上是仁智之举。仁者讲论功德，智者分别名物。没有功德就盲目祭祀，这不叫仁；不懂还不知道询问，这不叫智。如今大海上难道有灾难吗？广阔海域中的鸟兽，往往懂得躲避灾难。”这一年，海上大风特别多，冬天气候温暖。臧文仲听说了柳下惠的议论，说：“确实是我的过失，柳下惠的话不可不严肃对待啊。”让人把他的话写在三份简册之上。

12. 莒太子仆弑纪公[①]，以其宝来奔。宣公使仆人以书命季文子曰[②]：“夫莒太子不惮以吾故杀其君[③]，而以其宝来，其爱我甚矣。为我予之邑。今日必授，无逆命矣。”里革遇之而更其书曰[④]：“夫莒太子杀其君而窃其宝来，不识穷固又求自迩[⑤]，为我流之于夷。

今日必通，无逆命矣。”明日，有司复命，公诘之，仆人以里革对。公执之，曰：“违君命者，女亦闻之乎？”对曰：“臣以死奋笔，奚啻其闻之也[⑥]！臣闻之曰：‘毁则者为贼，掩贼者为藏，窃宝者为宄[⑦]，用宄之财者为奸’，使君为藏奸者，不可不去也。臣违君命者，亦不可不杀也。”公曰：“寡人实贪，非子之罪。”乃舍之。

注释

① 莒 jǔ：国名，在今山东省莒县。仆：莒国太子之名。纪公：莒国国君，己姓，名庶其。纪公先立仆为太子，后又废仆另立幼子季佗为太子，这才引起太子仆的不满和之后的弑父行为。

② 宣公：鲁文公之子姬俀。季文子：鲁国正卿季孙行父。

③ 惮：难。

④ 里革：鲁国太史，名克。

⑤ 固：被废。迩：近。

⑥ 奚啻：不止，不仅仅。

⑦ 宄 guǐ：奸邪，作乱。

译文

莒国太子仆杀死了自己的父亲莒纪公，携带父亲的宝物投奔鲁国而来。鲁宣公差使仆人给季文子下书说："莒国太子因为我的缘故不以杀君父为难，还带来了纪公的宝物，他是万分爱戴我啊。你替我赐给他城邑。今日就要授予，不要违背我的命令。"里革遇到宣公的仆人，把诏书改为："莒国太子杀了自己的君父并偷了宝物前来鲁国，认识不到自己被废已经是穷途末路，又来求助作为近邻的鲁国，替我把他流放到东夷。今天就通告天下，不要违背我的命令。"第二天，有司前来复命，宣公诘问此事，仆人便把里革改书的事情如实禀报。宣公逮捕了里革，说："违背君命的下场，你听说过吗？"里革回答说："微臣冒死提笔改书，不止是听说过这样做的后果！我听闻：'破坏法则的人是贼，隐匿贼人的人叫藏，偷窃宝物的人叫宄，使用宄人财物的人叫奸。'能令国君您成为藏奸之人的人，不能不除掉。微臣违背君命，也不能不杀。"宣公说："寡人确实有些贪心，并非是你的罪过。"就放了里革。

15. 晋人杀厉公[①]，边人以告，成公在朝[②]。公曰："臣杀其君，谁之过也？"大夫莫对，里革曰："君之过也。夫君人者，其威大矣。失威而至于杀，其过多矣。且夫君也者，将牧民而正其邪者也，若君纵私回而弃民事[③]，民旁有慝无由省之[④]，益邪多矣。若以邪临民，陷而不振，用善不肯专，则不能使，至于殄灭而莫之恤也，将安用之？桀奔南巢，纣踣于京[5]，厉流于彘，幽灭于戏，皆是术也。夫君也者，民之川泽也。行而从之，美恶皆君之由，民何能为焉。”

注释

① 晋人：指晋国卿士栾书、中行偃。

② 成公：鲁宣公之子，姬黑肱。

③ 回：奸邪。

④ 慝：恶。省：察。

⑤ 踣 bó：倒毙。京：指商的都城朝歌。

译文

晋国人杀了晋厉公，鲁国防守边境的官员把这个消息传回国内，鲁成公正在朝堂上。成公听到后说：“臣子杀死自己的国君，这是谁的过错？”大夫们无人应对。里革回答说：“这是国君的过错。统治万民的人，他的威严是不可侵犯的。丧失威严以至于被臣子所杀，他的过错一定是太多了。况且做国君的人，需要治理百姓并挽救他们中的邪恶之人。倘若国君放纵自己的私心邪念而抛弃治理百姓的职责，百姓中发生的邪恶事件没有人关注，就等于极大助长邪恶之人的气焰。倘若用邪恶的办法治理民众，政事就会败坏而无法挽回。施行仁政不肯专一到底，就无法指使百姓。国君到了灭亡的地步也没人体恤，还要这样的国君做什么？夏桀出逃到南巢，商纣王死在朝歌，周厉王被流放到彘地，周幽王在戏山身亡，都是出于同样的过错。国君，就如同滋养万民的川泽。国君推行的政令百姓都听从，好坏都由国君决定，百姓怎么能左右国君的意志呢？”

16. 季文子相宣、成[①]，无衣帛之妾，无食粟之马。仲孙它谏曰[②]：“子为鲁上卿，相二君矣，妾不衣帛，马不食粟，人其以子为爱[③]，且不华国乎！”文子曰：“吾亦愿之。然吾观国人，其父兄之食粗而衣恶者犹多矣，吾是以不敢。人之父兄食粗衣恶，而我美妾与马，无乃非相人者乎！且吾闻以德荣为国华，不闻以妾与马。”

注释

①相：辅佐。宣、成：指鲁宣公和鲁成公。

②仲孙它：子服它，鲁国大夫，孟献子之子。

③爱：吝啬。

译文

季文子在鲁宣公和鲁成公时期都曾担任相国，他的妾室不穿丝绸，马匹不喂精料。仲孙它劝告他说："您是鲁国的上卿，辅佐两代国君，妾室不穿丝绸，马匹不喂精料，国人恐怕会认为您是吝啬，而且这样国家也有失体面啊！"季文子说："我也愿意衣食华贵啊。但我看到国人之中，父兄吃粗粮、穿陋衣的还很多，所以我才不敢那样。别人的父兄衣食粗恶，而我却优待妾室和马匹，这恐怕不是辅佐国君的人该做的吧！况且我听说用美德可以为国家增添光彩，却没有听说过以妾室和马匹为国家增添光彩的道理。"

文子以告孟献子[①]，献子囚之七日。自是，子服之妾衣不过七升之布，马饩不过稂莠[②]。文子闻之，曰："过而能改者，民之上也。"使为上大夫。

注释

① 孟献子：仲孙它之父仲孙蔑。

② 饩 xì：草料。稂莠 lángyǒu：稂和莠都是形状像禾苗而妨害禾苗生长的杂草。

译文

季文子把这件事告诉了仲孙它的父亲孟献子，孟献子为此把仲孙它关了七天。从此以后，仲孙它的妾室穿的都是粗布衣服，喂马的饲料也只是稂莠之类的杂物。季文子听到后说:“有错误而能改正，就是人中俊杰啊。”于是推荐仲孙它担任上大夫。

卷五　鲁语下

1. 叔孙穆子聘于晋[①]，晋悼公飨之[②]，乐及《鹿鸣》之三[③]，而后拜乐三。晋侯使行人问焉[④]，曰：“子以君命镇抚弊邑，不腆先君之礼[⑤]，以辱从者，不腆之乐以节之。吾子舍其大而加礼于其细，敢问何礼也？”

注释

① 叔孙穆子：鲁国卿士，叔孙得臣之子叔孙豹。

② 晋悼公：名周（一作纠），晋襄公曾孙，桓叔捷之孙，惠伯谈次子，晋厉公侄，早年师事单襄公，继晋厉公之后任晋国国君，是春秋中期著名的霸主。

③《鹿鸣》之三：指《诗经·小雅·鹿鸣之什》中的前三篇《鹿鸣》《四牡》《皇皇者华》。

④ 行人：据《周礼·秋官》记载，行人掌管国家迎送宾客之礼。

⑤ 腆：厚。

译文

叔孙穆子到晋国行聘问之礼，晋悼公设宴奏乐款待他。当乐师演奏到《鹿鸣之什》中的三首歌诗时，穆子连续三次起身拜谢。晋悼公遣行人问他，说："您奉鲁侯之命来敝国行聘问之礼，敝国用先君简单的礼仪接待您，并用音乐辅助礼仪。您置隆重的乐曲于不顾，却为次要的乐曲行礼拜谢，请问这是什么礼节？"

对曰："寡君使豹来继先君之好，君以诸侯之故，贶使臣以大礼[①]。夫先乐金奏《肆夏》《樊遏》《渠》[②]，天子所以飨元侯也；夫歌《文王》《大明》《绵》[③]，则两君相见之乐也。皆昭令德以合好也，皆非使臣之所敢闻也。臣以为肄业及之[④]，故不敢拜。今伶箫咏歌及《鹿鸣》之三，君之所以贶使臣，臣敢不拜贶。夫《鹿鸣》，君之所以嘉先君之好也，敢不拜嘉。《四牡》，君之所以章使臣之勤也[⑤]，敢不拜章。《皇皇者华》，君教使臣曰'每怀靡及'，诹、谋、度、询，必咨于周。敢不拜教。臣闻之曰：'怀和为每怀，咨才为诹，咨事为谋，咨义为度，咨亲为询，忠信为周。'君贶使臣以大礼，重之以六德[⑥]，敢不重拜。"

注释

①贶：赐。

②金奏：指用钟演奏。《肆夏》《樊遏》《渠》：据《周礼·春官·钟师》郑玄注引吕叔玉，这三篇歌诗都是《诗经·周颂》中的篇章，《肆夏》即《时迈》，《樊遏》即《执竞》，《渠》即《思文》。

③《文王》《大明》《绵》：这三篇歌诗都是《诗经·大雅·文王之什》中的篇章。

④肄 yì：练习。

⑤章：表彰。

⑥六德：指咨、诹、谋、度、询、周六种善行。

译文

穆子回答说："我国国君派我前来是为了继承先君们的友好关系，贵国国君出于对诸侯国的尊重，赐我以隆重的礼节。先用金钟演奏《肆夏》《樊遏》《渠》三首大乐，这是天子用来招待诸侯领袖用的礼节。再演唱《文王》《大明》《绵》，这三首歌诗是两国国君相见时用来助兴的乐曲。这些都是彰显先王美德以及加强友好关系用的音乐，都不是像我这种身份之人所敢听的。我以为是乐师练习时奏到这些乐曲，所以不敢拜谢。后来乐师吹箫演唱到《鹿鸣》等三首乐曲，这是国君赏赐使臣用的乐曲，我怎敢不拜谢您的恩赐呢？《鹿鸣》，是国君用来褒扬先君之间的友好关系，我岂敢不拜谢这种褒扬？《四牡》，是国君用来表彰使臣勤劳国事的，我岂敢不拜谢这种表彰？在《皇皇者华》中，国君教导使臣说：'每个人都怀有私心，国事将永远无法完成。'诹、谋、度、询，一定要向忠诚的人咨询。我岂敢不拜谢这种教导？微臣听说：'每怀就是怀私的意思，咨询贤才叫诹，咨询事务叫谋，咨询礼义叫度，咨询亲戚叫询，向忠信的人咨询叫周。'贵国国君赐我以隆重的礼节，又教导我上述六德，我岂敢不再三拜谢？"

7. 虢之会[①]，诸侯之大夫寻盟未退。季武子伐莒取郓[②]，莒人告于会，楚人将以叔孙穆子为戮[③]。晋乐王鲋求货于穆子[④]，曰："吾为子请于楚。"穆子不予。梁其胫谓穆子曰[⑤]："有货，以卫身也。出货而可以免，子何爱焉？"穆子曰："非女所知也。承君命以会大事，而国有罪，我以货私免，是我会吾私也。苟如是，则又可以出货而成私欲乎？虽可以免，吾其若诸侯之事何？夫必将或循之，曰：'诸侯之卿有然者故也。'则我求安身而为诸侯法矣。君子是以患作[⑥]。作而不衷，将或道之，是昭其不衷也。余非爱货，恶不衷也。且罪非我之由，为戮何害？"楚人乃赦之。

注释

①虢之会：鲁昭公元年，楚、鲁、晋、齐、宋、蔡等国在虢地举行盟会。虢，地名，在今河南荥阳市西。

②郓 yùn：莒国的一座小城。

③叔孙穆子：鲁国卿士叔孙豹。

④乐王鲋：晋国大夫，又称乐桓子。

⑤梁其胫：叔孙穆子的家臣。

⑥作：作风。

译文

在虢地举行的盟会上，各诸侯国的大夫们寻求弭兵休战的盟约尚未完成，鲁国的季武子就突然攻打莒国并占领了郓邑。莒国在盟会上向与会各国控告鲁国，楚国主张杀掉鲁国与会大夫叔孙穆子。晋国大夫乐王鲋向叔孙穆子索取贿赂，说："我替你向楚国说情。"叔孙穆子拒绝了他。穆子的家臣梁其胫说："拥有财物，是用来保护自身的。拿出财物就可以免去一死，您为何还要吝惜呢？"叔孙穆子说："这不是你所能理解的。我奉国君的命令来参加会盟之事，现在国家有罪，我却用财物私下解决，这就说明我来会盟是为了谋取自己的私利。

如果我这样做了，不就还可以拿财货达到私欲吗？虽然我可免于一死，但今后该如何从事诸侯国之间的外交呢？一定会有人效仿我的行为，说：'某国的卿士就曾这样做过。'于是我为求安身反而为各国诸侯树立了一个行贿免死的榜样。所以君子担忧自己的行事作风。作风不正，将会导致别人效仿，这就更加暴露出他的行事作风不正。我并非吝惜财物，而是讨厌行事作风不正啊。况且罪过不是由我而起，即便被杀又何害于义？"楚国人于是赦免了叔孙穆子。

穆子归，武子劳之，日中不出。其人曰："可以出矣。"穆子曰："吾不难为戮，养吾栋也[①]。夫栋折而榱崩[②]。吾惧压焉。故曰虽死于外，而庇宗于内，可也。今既免大耻，而不忍小忿，可以为能乎？"乃出见之。

注释

① 栋：栋梁，指季武子。

② 榱 cuī：椽子。

译文

叔孙穆子回到鲁国后，季武子前去慰劳，叔孙穆子直到中午也不肯出门见他。他的家人说："可以出门了。"叔孙穆子说："我不把被杀当作什么难事，只是为了保住鲁国的栋梁。栋梁折断，椽子必然分崩离析。我怕被压着，所以说即使死在国外，但庇护了国内的亲室，是值得的。如今既然免除了国家的大耻，却不能忍受个人的小小恩怨，这样做行吗？"于是出门见季武子。

8. 平丘之会①，晋昭公使叔向辞昭公②，弗与盟。子服惠伯曰："晋信蛮、夷而弃兄弟③，其执政贰也。贰心必失诸侯，岂唯鲁然？夫失其政者，必毒于人，鲁惧及焉，不可以不恭。必使上卿从之。"季平子曰④："然则意如乎！若我往，晋必患我，谁为之贰？"子服惠伯曰："椒既言之矣，敢逃难乎？椒请从。"

注释

① 平丘：地名，在今河南商丘市东。鲁昭公十年，季平子伐莒取郠，莒人到晋国申诉。鲁昭公十三年，晋国与齐、宋、卫、郑等国在平丘举行盟会，准备讨伐鲁国，派叔向拒绝鲁国与会是动武的前奏。

② 晋昭公：晋平公之子，姬夷。

③ 蛮、夷：指莒国而言。兄弟：指晋、鲁两国。

④季平子：鲁国上卿，季武子之孙，季孙意如。

译文

平丘之会上，晋昭公派叔向责备鲁昭公，不准他参加盟会。子服惠伯说："晋国听信蛮夷之国的话而抛弃兄弟之国的情义，他们的执政者怀有二心。有二心必然会失去诸侯的信赖，又何止是鲁国一家如此呢？国家政策出现失误，必然危害他国，鲁国如果害怕受到这样的侵害，就不能不对晋国恭敬。我们一定要派上卿到晋国谢罪。"季平子说："这么说的话就是我去喽！如果我去，晋国一定会找我的麻烦，谁愿意做我的陪同？"子服惠伯说："既然是我出的主意，岂敢逃避危难？请让我陪同前往。"

晋人执平子。子服惠伯见韩宣子[①]，曰："夫盟，信之要也[②]。晋为盟主，是主信也。若盟而弃鲁侯，信抑阙矣[③]。昔栾氏之乱[④]，齐人间晋之祸，伐取朝歌。我先君襄公不敢宁处，使叔孙豹悉帅敝赋[⑤]，踦跂毕行[⑥]，无有处人，以从军吏，次于雍渝[⑦]，与邯郸胜击齐之左[⑧]，掎止晏莱焉[⑨]，齐师退而后敢还。非以求远也，以鲁之密迩于齐，而又小国也；齐朝驾则夕极于鲁国[⑩]，不敢惮其患，而与晋共其忧，亦曰：'庶几有益于鲁国乎！'今信蛮、夷而弃之，夫诸侯之勉于君者，将安劝矣？若弃鲁而苟固诸侯，群臣敢惮戮乎？诸侯之事晋者，鲁为勉矣。若以蛮、夷之故弃之，其无乃得蛮、夷而失诸侯之信乎？子计其利者，小国共命⑪。"宣子说，乃归平子。

注释

①韩宣子：晋国正卿，韩献子之子韩起。

②要：枢纽，关键所在。

③阙：同"缺"。

④栾氏之乱：晋国大夫栾盈获罪，逃奔齐国，后来在齐国的支持下攻打晋国，曾攻陷了朝歌城。

⑤赋：军队。

⑥踦跂 qīqí：脚有残疾。踦，跛脚。跂，多生的脚趾。

⑦次：驻扎。雍渝：晋国地名。

⑧邯郸胜：晋国大夫须子胜，采邑在邯郸。

⑨掎 jǐ：从后面拖住。止：抓获。晏莱：齐国大夫。

⑩极：至。

⑪共命：敬从。

译文

晋国人逮捕了季平子。子服惠伯去见韩宣子，说：

“诸侯盟会，信义是其中的关键所在。晋国作为盟主，是主持天下信义的。倘若诸侯举行盟会却不让鲁国国君参加，信义就会有所欠缺。过去栾盈引发晋国内乱之时，齐国乘机攻占了朝歌。我国先君鲁襄公不肯袖手旁观，派叔孙豹统帅全国军队，甚至连腿脚有缺陷的残疾人都全部从军，国中没留下一个壮丁，全都随军出征。到达雍渝一带之后，与大夫邯郸胜合击齐国的左军，牵制了齐国军队并俘虏齐国大夫晏莱，直到齐军全线撤退以后才敢还师回国。我说这些并不是为了表白鲁国过去的功劳，而是因为鲁国紧邻齐国，又相对弱小；齐国军队早上驾车晚上就能抵达鲁国，但鲁国不惧怕得罪齐国之后的祸患，而决心与晋国风雨同舟，心里还说：‘这样多少会有益于鲁国！’现在晋国听信蛮夷之言而抛弃鲁国，对那些尽力侍奉晋国的诸侯国，将如何勉励他们呢？如果抛弃鲁国稍稍有利于团结诸侯，我们又怎么敢畏死不从呢？在侍奉晋国的诸侯中，鲁国是最尽力的了。如果仅仅是因为蛮夷之国的缘故就抛弃鲁国，恐怕会得到蛮夷却失去诸侯的信任吧？您不妨考虑一下个中利害得失，我们鲁国一定恭从不违。”韩宣子非常欣赏这番言论，于是放季平子回国。

13. 公父文伯退朝，朝其母，其母方绩[①]。文伯曰："以歜之家而主犹绩，惧忓季孙之怒也[2]，其以歜为不能事主乎！"

注释

①绩：纺织。

②忓 gān：触犯。

译文

公父文伯退朝回家，向母亲请安，母亲敬姜正在纺麻。公父文伯说："以我们这样的家庭主人还要纺麻，恐怕会惹季康子的不满，他会以为我不能好好侍奉母亲呢！"

其母叹曰："鲁其亡乎！使僮子备官而未之闻耶？居，吾语女。昔圣王之处民也，择瘠土而处之，劳其民而用之，故长王天下。夫民劳则思，思则善心生；逸则淫，淫则忘善，忘善则恶心生。沃土之民不材，逸也；瘠土之民莫不向义，劳也。是故天子大采朝日[1]，与三公、九卿祖识地德[2]；日中考政，与百官之政事，师尹维旅、牧、相宣序民事[3]；少采夕月[4]，与大史、司载纠虔天刑[5]；日入监九御，使洁奉禘、郊之粢盛[6]，而后即安。诸侯朝修天子之业命，昼考其国职，夕省其典刑⑦，夜儆百工⑧，使无慆淫，而后即安。卿大夫朝考其职，昼讲其庶政，夕序其业，夜庀其家事，而后即安。士朝受业，昼而讲贯⑨，夕而习复，夜而计过无憾，而后即安。自庶人以下，明而动，晦而休，无日以怠。

注释

①大采：五彩礼服。朝日：拜祭日神。天子每年春分时节穿五彩礼服拜祭日神。

②祖：习。地德：指土地中生长的五谷。

③师尹：大夫官。旅：众。牧：地方官员。相：相国。宣：普遍。

④少采：三彩礼服。夕月：拜祭月神。天子每年秋分时节身穿三彩礼服拜祭月神。

⑤司载：掌管天文的官员。纠：恭。虔：敬。刑：法。

⑥粢盛：盛放在祭器中用以祭祀的谷物。

⑦典刑：常刑，大法。

⑧儆：同“警”。

⑨贯：练习。

译文

他的母亲叹息说：“鲁国大概要灭亡了吧！让你这

样不懂事的孩子在朝廷做官，可你却连做官的道理都没听说过吗？坐下，我来告诉你。过去圣王安置百姓，总是挑选贫瘠的土地来安置他们，使百姓辛勤耕种劳作，所以才能长久地拥有天下。百姓劳苦就会想到节俭，想到节俭就会油然而生善心；安逸则会放荡，放荡自然就会丢失善心，丢失善心就会生出坏心。生活在肥沃土地上的百姓很难成材，就是因为生活太过安逸；生活在贫瘠土地上的百姓无不向往道义，这是因为辛劳的缘故。所以天子在每年春分时节穿上五彩礼服拜祭日神，和三公九卿一起练习辨识五谷的生长状况；中午要考校朝政得失和百官的政绩，大夫官和众多地方官员辅佐天子按次序全面开始处理百姓事务；每年秋分时节，天子穿上三彩礼服拜祭月神，和太史、司载虔诚恭敬地观察星象；日落以后监察内宫女官的工作，让她们整洁地准备禘祭和郊祭的五谷祭品，然后才能安寝。诸侯们早上要处理天子交给的任务和命令，白天考察自己封国内的事务，晚上检查法令的执行情况，夜间还要监督百工，使他们不敢有所懈怠，然后才能安寝。卿大夫早上要考校自己的本职工作，白天讲习繁杂的公事，晚上检查自己经办过的事务，夜间处理家里杂务，然后才能安寝。士人早上要接受朝廷交办的任务，白天讲习政事，晚上复查工作，夜间反复思量自己一天的言行有没有过失，然后才能安寝。自一般百姓以下，天亮就劳作，天黑就休息，没有一天可以懈怠。

“王后亲织玄紞[①]，公侯之夫人加之以纮、綖[②]，卿之内子为大带[③]，命妇成祭服[④]，列士之妻加之以朝服[⑤]，自庶士以下[⑥]，皆衣其夫。社而赋事[⑦]，蒸而献功[⑧]，男女效绩[⑨]，愆则有辟[⑩]，古之制也。君子劳心，小人劳力，先王之训也。自上以下，谁敢淫心舍力？今我寡也，尔又在下位，朝夕处事，犹恐忘先人之业，况有怠惰，其何以避辟！吾冀而朝夕修我曰[⑪]：‘必无废先人。’尔今曰：‘胡不自安。’以是承君之官[⑫]，余惧穆伯之绝嗣也。”仲尼闻之曰：“弟子志之[⑬]，季氏之妇不淫矣。”

注释

① 紞 dǎn：古时冠冕上用来系瑱的带子。瑱是古人冠冕上垂在两侧的装饰物，用玉、石、贝等制成。

② 纮 hóng：古时用来系冠冕的带子。綖 yán：古时覆盖在帽子上的一种装饰物。

③ 内子：卿士的嫡妻称内子。大带：黑帛做的腰带。

④ 命妇：大夫之妻。祭服：一般是黑衣纁裳。

⑤ 列士：元士。周代士分元士、中士、下士三等。

⑥庶士：下士。

⑦社：春分祭祀社神。赋事：布置农桑之事。

⑧蒸：冬天的祭祀。献功：献五谷、布帛之类。

⑨绩：功。

⑩愆：过失。辟：罪。

⑪冀：希望。而：你。修：勉励，警示。

⑫承：奉，尤指尽忠职守。

⑬志：同“识”，记住。

译文

“王后亲自编织系玉瑱的黑色丝带，公侯的夫人还要另外编织系冠冕的帽带和帽饰，卿的妻子要编织束身用的黑色腰带，大夫的妻子要亲手缝制祭祀用的礼服，元士的妻子除此之外还要给丈夫缝制朝服，自下士以下，妻子们都要动手给丈夫缝制所有衣物。春祭时要布置农桑之事，冬祭时要献上收获的谷物和织好的布帛，男女各尽其力，有了过失就要受罚，这是自古以来的制度。君子尽心管理，小人辛勤劳作，这是先王的遗训。从上到下，谁敢放纵自己而不劳心劳力？如今我只是个寡妇，你也只是身处大夫之位，从早到晚兢兢业业地工作，还生怕败落了祖先留下的家业。如果心存怠惰的念头，又如何躲避罪责呢？我希望你每天早晚都会提醒我说：‘千万不要败落先人的基业。’你刚才却说：‘为什么不自求安逸？’用这样的态度来对待国君赋予你的官职，我真担心你父亲穆伯要后继无人了啊！”孔子听到敬姜这番话之后，说：“弟子们要记住，季氏家的妇人真可谓不贪图安逸之人啊。”

16. 公父文伯卒，其母戒其妾曰：“吾闻之：好内，女死之；好外，士死之。今吾子夭死，吾恶其以好内闻也。二三妇之辱共先祀者，请无瘠色[①]，无洵涕[②]，无掐膺[③]，无忧容，有降服，无加服[④]。从礼而静，是昭吾子也。”仲尼闻之曰：“女知莫若妇，男知莫若夫。公父氏之妇智也夫！欲明其子之令德。”

注释

①瘠色：因极度悲伤而容颜憔悴。

②洵涕：哭不出声但涕泪横流。

③掐 tāo 膺：捶胸大哭。

④降、加：轻于规定的礼节为降，重于规定的礼节为加。

译文

公父文伯去世，他的母亲告诫他的妾室说：“我听闻：宠爱妻妾的人，女人甘愿为他而死。重视国家政事的人，士人甘愿为他而死。如今我儿子不幸早死，我不希望他留下宠爱妻妾的名声。你们几个人在祭奠亡夫的仪式上要委屈一下，请不要容颜憔悴，不要无声流泪，不要捶胸大哭，不要面带愁容，丧服可以降低一等穿戴，而不要加重丧服的等级。遵守礼节静静地守丧，这样就是彰显我儿子的美德。”孔子听到这件事后说：“姑娘的见识不及妇人，男孩子的见识不及丈夫。公父家的妇人真明智！她这样做是想彰显她儿子的美德。”

19. 仲尼在陈，有隼集于陈侯之庭而死[①]，楛矢贯之[②]，石砮[③]，其长尺有咫[④]。陈惠公使人以隼如仲尼之馆问之。仲尼曰：“隼之来也远矣！此肃慎氏之矢也[⑤]。昔武王克商，通道于九夷、百蛮[⑥]，使各以其方贿来贡[⑦]，使无忘职业。于是肃慎氏贡楛矢、石砮，其长尺有咫。先王欲昭其令德之致远也，以示后人，使永监焉[⑧]，故铭其栝曰‘肃慎氏之贡矢’[⑨]，以分大姬[⑩]，配虞胡公而封诸陈[⑪]。古者，分同姓以珍玉，展亲也[⑫]；分异姓以远方之职贡，使无忘服也。故分陈以肃慎氏之贡。君若使有司求诸故府[⑬]，其可得也。”使求，得之金椟，如之。

注释

①隼：一种猛禽。陈侯：即陈惠公，陈哀公之孙，悼太子之子，妫吴。

②楛hù矢：用楛木做的箭。

③石砮nǔ：石头做的箭镞。

④咫：古代计量单位，一咫等于八寸。

⑤肃慎氏：北方夷族中的一个小国。

⑥九夷：指东夷九国。百蛮：泛指南方诸国。

⑦方：指所居住的方位。贿：财货，这里指各诸侯国的土特产。

⑧监：视。

⑨栝：箭杆末端扣弦处。

⑩大姬：周武王的大女儿。

⑪胡公：即胡公满，舜的后裔，虞遏父之子。

⑫展：重视。

⑬故府：旧仓库。

译文

孔子在陈国时，有一只隼落在陈侯的庭院里死了。楛木做的箭射穿了它的身体，石头做的箭头，箭身长一尺八寸。陈惠公派人带着这只隼到孔子住的馆舍询问。孔子说："这只隼从很远的地方来，它身上的箭是北方肃慎氏的东西。从前周武王打败了商，开通了到天下所有少数民族居住地区的道路，命令他们拿本地的土特产进贡，使他们不忘记各自所从事的职业。于是肃慎氏就向周天子进贡楛矢和石砮，箭长一尺八寸。先王为了公开宣扬他的威德足以令远方民族前来归附，以此警示后人，让后世子孙永远记住自己的权威，所以在箭尾扣弦处刻上‘肃慎氏之贡矢’的字样，并送给大女儿大姬，大姬嫁给虞胡公之后，将箭带到陈国并封入府库。古时候，帝王把珍贵的宝玉分给同姓之国，以表示注重血缘亲情；把远方之国的贡品分给异姓诸国，使他们不忘各自的职守。正因如此，才把肃慎国的贡品分给了陈国。您如派官吏到旧府库里寻找，或许还能找到。”陈惠公于是便派人寻找，果然在用金属装饰的木盒里发现了楛矢，和孔子所说的一样。

21. 季康子欲以田赋①，使冉有访诸仲尼②。仲尼不对，私于冉有曰：“求来！女不闻乎？先王制土③，籍田以力④，而砥其远迩⑤；赋里以入⑥，而量其有无；任力以夫，而议其老幼。于是乎有鳏、寡、孤、疾，有军旅之出则征之⑦，无则已。其岁，收田一井，出稯禾、秉刍、缶米⑧，不是过也。先王以为足。若子季孙欲其法也，则有周公之籍矣；若欲犯法，则苟而赋，又何访焉！”

注释

①田赋：按照田地面积征税。

②冉有：孔子弟子冉求，字子有，为季氏宰。

③制土：根据土地肥瘠程度划分等级，以作为分配土地时的参考指标。

④籍田：本指借民力以耕种的官田，这里指征收田税。

⑤砥：平。

⑥里：廛，指市井商户居住的区域。

⑦征：征兵。

⑧稯 zōng：古代容量单位，六百四十斛为一稯。秉：二百四十斗为一秉。缶：十六斗为一缶。

译文

季康子想按田亩多少征收田赋，派冉有前往征求孔子的意见。孔子没有正面答复，只是私下对冉有说：“冉求，你没听说过吗？先王根据土地的肥瘠程度分配土地，根据劳动者身体强弱征收田赋，并且根据土地的远近来对田赋加以调整；征收商业税根据商人的营业收入，而且估量其财产的多少对商业税加以调整；分派劳役根据各家男丁的数量，还要顾及到那些年老和年幼的男丁。

于是就有了鳏、寡、孤、疾的不同划分，有战事时才征召他们，无战事时就免除。有战事的当年，每一井田要出一稯粮、一秉草料、一缶米，不会超出这个标准。先王认为这样就足够用了。如果季康子想遵循旧法，则周公的田赋之法尚存；如果想改革旧法，那就随意征税，又何必来征求我的意见呢？”

卷六　齐语

1. 桓公自莒反于齐[①]，使鲍叔为宰[②]，辞曰："臣，君之庸臣也。君加惠于臣，使不冻馁，则是君之赐也。若必治国家者，则非臣之所能也。若必治国家者，则其管夷吾乎[③]。臣之所不若夷吾者五：宽惠柔民，弗若也；治国家不失其柄，弗若也；忠信可结于百姓，弗若也；制礼义可法于四方，弗若也；执枹鼓立于军门[④]，使百姓皆加勇焉，弗若也。"桓公曰："夫管夷吾射寡人中钩，是以滨于死[⑤]。"鲍叔对曰："夫为其君动也。君若宥而反之[⑥]，夫犹是也。"桓公曰："若何？"鲍子对曰："请诸鲁。"桓公曰："施伯[⑦]，鲁君之谋臣也，夫知吾将用之，必不予我矣。若之何？"鲍子对曰："使人请诸鲁，曰：'寡君有不令之臣在君之国，欲以戮之于群臣，故请之。'则予我矣。"桓公使请诸鲁，如鲍叔之言。

注释

①桓公：齐僖公之子，齐襄公之弟，公子小白。齐襄公被杀之后，小白捷足先登，做了齐国国君，

任用管仲为相，最终成就春秋霸主的威名。宰：太宰。

② 鲍叔：鲍叔牙，齐国大夫鲍敬叔之子。他成功帮助公子小白登上齐国国君宝座，又推荐管仲为正卿，使齐国走向富强。

③ 管夷吾：姬姓之后，管严仲之子，又称管敬仲。齐国历史上著名的政治家，也是齐国称霸春秋政坛的核心人物。

④ 枹 fú：同“桴”，鼓槌。

⑤ 滨：同“濒”，接近。

⑥ 宥：饶恕，原谅。

⑦ 施伯：鲁国大夫。

译文

齐桓公从莒国返回齐国，任命鲍叔牙为太宰。鲍叔牙说：“微臣只是您手下一介平庸的臣子。您照顾我，使我不至于挨冻受饿，这已经是您莫大的恩赐了。如果一定要找治理国家的贤才，那就不是我力所能及的。如果一定要找治理国家的贤才，恐怕只有管仲了。微臣有五个方面不如管仲：宽厚慈惠安抚民众，我不及他；治理国家把握根本，我不及他；忠实诚信能得到百姓的信任，我不及他；制定礼法足以垂范天下，我不及他；立于军门之前击鼓指挥，能令百姓加倍勇猛，我不及他。”桓公说：“可管仲曾用弓箭射中我的带钩，使我险些丧命。”鲍叔牙回答说：“那是在为他的主子效力啊。您若赦免他并让他回国，他也会同样为您效力的。”桓公问：“怎样才能让他回来呢？”鲍叔牙说：“得向鲁国提出请求。”桓公说：“施伯是鲁君的谋臣，若知道我将起用管仲，一定不会放还给我的。我该怎么办？”鲍叔牙回答说：“派人向鲁国请求，就说：‘我们国君有个不遵命令的臣子在贵国，想在群臣面前处死他，所以请交给我国。’这样鲁国就会把他送归我们了。”于是桓公按照鲍叔牙的意见，派人向鲁国要回管仲。

庄公以问施伯，施伯对曰：“此非欲戮之也，欲用其政也。夫管子，天下之才也，所在之国，则必得志于天下。令彼在齐，则必长为鲁国忧矣。”庄公曰：“若何？”施伯对曰：“杀而以其尸授之。”庄公将杀管仲，齐使者请曰：“寡君欲亲以为戮，若不生得以戮于群臣，犹未得请也。请生之。”于是庄公使束缚以予齐使，齐使受之而退。

译文

鲁庄公问施伯该如何处置这件事。施伯回答说：“这不是想处死他，而是想要起用他执齐国之政。管仲是天下的奇才，他所效劳的国家，将来必定会称霸天下。让他返齐，必将长久地成为鲁国的隐患。”庄公说：“那该如何是好？”施伯答道：“杀了他，然后把尸体交还给齐国。”庄公准备处死管仲，齐国使者请求说：“我们国君想亲自处决他，如果不能把他活着带回去，在群臣面前杀之示众，和没有前来请求有什么两样？请让我带上活着的管仲回国。”于是庄公只好派人把管仲捆缚起来交给齐国使者。齐使接受之后就回国了。

比至，三衅、三浴之[①]。桓公亲逆之于郊，而与之坐而问焉，曰：“昔吾先君襄公筑台以为高位[②]，田、狩、罼、弋[③]，不听国政，卑圣侮士，而唯女是崇。九妃、六嫔，陈妾数百，食必粱肉，衣必文绣。戎士冻馁，戎车待游车之裛[④]，戎士待陈妾之余。优笑在前[⑤]，贤材在后。是以国家不日引[⑥]，不月长[⑦]。恐宗庙之不扫除，社稷之不血食，敢问为此若何[⑧]？”管子对曰：“昔吾先王昭王、穆王，世法文、武远绩以成名，合群叟，比校民之有道者，设象以为民纪[⑨]，式权以相应[⑩]，比缀以度[⑪]，竱本肇末[⑫]，劝之以赏赐，纠之以刑罚，班序颠毛[⑬]，以为民纪统。”桓公曰：“为之若何？”管子对曰：“昔者，圣王之治天下也，参其国而伍其鄙，定民之居，成民之事，陵为之终，而慎用其六柄焉。”

注释

①衅：以香料涂身。

②襄公：齐僖公之子诸儿。

③田：田猎。狩：冬猎。毕 bì：捕捉鸟兽的网。弋：系有绳子的箭，用来射飞鸟。

④游车：供贵族游玩用的车子。蓑：残。一说“蓑”为“裂”之讹。

⑤优笑：倡优，指古代以音乐歌舞或杂技戏谑娱人的艺人。

⑥引：申，指进步。

⑦长：益，指增益。

⑧为：治，管理。

⑨象：指法令。古代宫殿外的阙门叫象魏，经常用来悬挂国家的重大政令。

⑩式：用。权：公平。

⑪缀：连。

⑫竱 zhuǎn：等，均齐。肇：矫正。

⑬班：次。序：列。颠：头顶。毛：发。

译文

管仲回到齐国，三次薰香沐浴，桓公亲自到郊外迎接，然后与他同坐并问道："过去我先君襄公修筑高台以显示自己的尊荣，常常打猎游乐，不理国政，藐视圣贤，侮辱文士，唯重女色。宫中九妃六嫔、姬妾数以百计，吃的一定要精米瘦肉，穿的一定是彩衣绣服。将士们挨冻受饿，军车要等游玩的车子残破之后才充作军用，军士只能指望侍妾吃剩之后的粮食来充饥。亲近那些歌舞逗乐的倡优，却把贤能之士冷落在一边。国家因此不能日有所进、月有所长。长此以往，宗庙恐怕将要无人清扫，社稷也无人祭祀，请问面对这种情况应该怎么处理？"管仲回答说："过去我们先王周昭王和周穆王，世代效法周文王和周武王的功绩而成就美名。召集德高望重的长老，来考察百姓中有德行的人，制定法令作为百姓的行为准则，务必做到均平公正，全部按照法度行事，正本清源，用赏赐奖励有善行的百姓，用惩罚来纠正有过失的百姓，使长幼尊卑井然有序，作为百姓行事的原则。"桓公说："那该如何去做呢？"管仲回答说："过去，圣王治理天下之时，曾把国都划分为三个区，把郊野划分为五个区，确定百姓的居住区域，让百姓各就其业，规划墓地作为百姓的最后归宿，并谨慎地运用六种权力。"

桓公曰："成民之事若何？"管子对曰："四民者，勿使杂处，杂处则其言哤[1]，其事易[2]。"公曰："处士、农、工、商若何？"管子对曰："昔圣王之处士也，使就间燕[3]；处工，就官府；处商，就市井；处农，就田野。令夫士，群萃而州处[4]。间燕则父与父言义，子与子言孝，其事君者言敬，其幼者言弟。少而习焉，其心安焉，不见异物而迁焉。是故其父兄之教不肃而成[5]，其子弟之学不劳而能，夫是，故士之子恒为士。令夫工，群萃而州处，审其四时，辨其功苦[6]，权节其用[7]，论比协材[8]，旦暮从事，施于四方，以饬其子弟[9]，相语以事，相示以巧，相陈以功。少而习焉，其心安焉，不见异物而迁焉。是故其父兄之教不肃而成，其子弟之学不劳而能，夫是，故工之子恒为工。令夫商，群萃而州处，察其四时，而监其乡之资[10]，以知其市之贾，负、任、担、荷，服牛、轺马[11]，以周四方，以其所有，易其所无，市贱鬻贵，旦暮从事于此，以饬其子弟，相语以利，相示以赖，相陈以知贾。少而习焉，其心安焉，不见异物而迁焉。是故其父兄之教不肃而成，其子弟之学不劳而能，夫是，故商之子恒为商。令夫农，群萃而州处，察其四时，权节其用，耒、耜、耞、芟[12]，及寒，击菒除田[13]，以待时耕；及耕，深耕而疾耰之[14]，以待时雨；时雨既至，挟其枪、刈、耨、镈[15]，以旦暮从事于田野。脱衣就功，首戴茅蒲[16]，身衣袯襫[17]，沾体涂足，暴其发肤，尽其四支之敏，以从事于田野。少而习焉，其心安焉，不见异物而迁焉。是故其父兄之教不肃而成，其子弟之学不劳而能，夫是，故农之子恒为农，野处而不暱[18]。其秀民之能为士者，必足赖也。有司见而不以告，其罪五。有司已于事而竣[19]。”

注释

①哤 máng：杂乱。

②易：变化。

③间燕：清静。

④萃：集。州：聚。

⑤肃：疾，迅速。

⑥辨：区别。功：牢固。苦：脆弱。

⑦权：平均。

⑧论：选择。比：比较。协：和。

⑨饬：教育。

⑩监：观察。资：财物。

⑪服牛：指牛车。轺 yáo 马：马车。

⑫耒耜：较为原始的翻土用农具，也叫手犁。耞 jiā：连耞，打谷用的农具。芟：大镰刀。

⑬菒 gǎo：枯草。

⑭耰 yōu：平整田地用的一种农具，这里指用耰平整田地。

⑮枪：长柄掘土用的农具。刈：镰刀。耨 nòu：手锄。镈 bó：锄头一类的农具。

⑯茅蒲：斗笠。

⑰袯襫 bóshì：蓑衣。

⑱暱 nì：亲近。此处当为“慝”之讹误。

⑲竣：完成，结束。

译文

桓公问道：“如何促使百姓各司其业呢？”管仲回答说：“士、农、工、商等四类民众，不要让他们混杂居住。混杂居住会让他们的相互交流产生干扰，不能安心劳作。”桓公又问：“怎样安置士、农、工、商的处所呢？”管仲回答说：“过去圣王把士人安置在清静的地方；把工匠安置在官府附近；把商人安置在市场周围；把农民安置在农田附近。让士人聚集在一起居住，生活环境清静，父辈之间自然常常谈论礼义，子侄辈之间谈论孝道，侍奉国君的人谈论恭敬事上，年幼的人则谈论兄弟友爱。从小就受到这种熏陶，他们就会思想稳定，不会见异思迁。所以父兄的教诲不用经常督促就很有成效，子弟的学习不费力却能牢固掌握。这样，士人的后代就永远是士人。让工匠们聚集在一起居住，根据季节的不同安排生产，辨别工具质量的优劣，衡量工具的实用程度，选择比较合用的原材料。从早到晚从事这样的事，远销产品到全国各地，用实际行动教育子弟，互相谈论工作，互相交流技巧，互相展示成果。从小就受到这种熏陶，他们就会思想稳定，不会见异思迁。所以父兄的教诲不用督促就很有成效，子弟的学习不费力却能牢固掌握。这样，工匠的后代就永远是工匠。让商人聚集在一起居住，根据季节的不同，观察本地的货源情况，以便掌握市场行情，或背负肩挑，或牲口驾车，把货物运往四方，用自己丰裕的货物换取自己缺乏的货物，低价买进高价卖出。一天到晚做这些工作，用实际行动教育后代，互相谈论获利之道，互相交流赚钱经验，互相展示经营技巧。从小就受到这种熏陶，他们就会思想稳定，不会见异思迁。所以父兄的教诲不用督促就很有成效，子弟的学习不费力却能牢固掌握。这样，商人的后代就永远是商人。让农夫们聚集在一起居住，体察季节的变化，综合考虑不同的农事需要，准备耒、耜、耞、镰等农具，到了大寒时节，铲除枯草、整修田地，以等待春耕的到来；到了耕种季节，就要深翻土壤并迅速平整田地，以等待春雨降临；春雨过后，就带上枪、刈、耨、镈等各种农具，一天到晚在田间劳作。劳动时脱去上衣，头戴斗笠，身披蓑衣，任凭露水打湿身体，两脚沾泥，太阳曝晒毛发皮肤，使出全身的力气从事田间劳作。从小就受到这种熏陶，他们就会思想稳定，不会见异思迁。所以父兄的教诲不用督促就很有成效，子弟的学习不费力却能牢固掌握。这样，农夫的后代就永远是农夫，居住在郊野就不会沾染市井恶习。他们中凡是有政治才干的优秀者，一定要多多倚重。主管农业的官员见到这样的人才不予推荐，就会受到五刑的严惩。达到这种要求的官员才算称职。”

桓公曰："定民之居若何？"管子对曰："制国以为二十一乡。"桓公曰："善。"管子于是制国以为二十一乡：工商之乡六；士乡十五，公帅五乡焉，国子帅五乡焉①，高子帅五乡焉②。参国起案③，以为三官，臣立三宰，工立三族④，市立三乡，泽立三虞，山立三衡。

注释

①国子：齐国的公族大夫，由周天子亲自任命为辅

国正卿，齐国国君赐姓国。

② 高子：齐国的公族大夫，同样拥有辅国正卿的地位，是齐文公次子公子高的后代。

③ 参国起案：把国家的行政机构分为三个部分。参，三。案，界限。

④ 族：属。

译文

桓公问道："怎样划定百姓的居住之地呢？"管仲答道："把全国划分为二十一个乡。"桓公说："好啊。"管仲于是把全国划分为二十一个乡：工匠和商人之乡共有六个，士乡共有十五个，由国君亲自掌管五个乡，国子掌管五个乡，高子掌管五个乡。把国家的行政机构分为三个部分，每种官职也各设置三个名额：设三卿掌管群臣，设三族掌管工匠，设三乡掌管商人，设三虞掌管川泽，设三衡掌管山林。

桓公曰："吾欲从事于诸侯，其可乎？"管子对曰："未可。国未安。"桓公曰："安国若何？"管子对曰："修旧法，择其善者而业用之[①]；遂滋民[②]，与无财，而敬百姓，则国安矣。"桓公曰："诺。"遂修旧法，择其善者而业用之；遂滋民，与无财，而敬百姓。国既安矣，桓公曰："国安矣，其可乎？"管子对曰："未可。君若正卒伍，修甲兵，则大国亦将正卒伍，修甲兵，则难以速得志矣。君有攻伐之器，小国诸侯有守御之备，则难以速得志矣。君若欲速得志于天下诸侯，则事可以隐令③，可以寄政④。"桓公曰："为之若何？"管子对曰："作内政而寄军令焉。"桓公曰："善。"

注释

①业：叙，次第。一说同"敬"。

②遂：繁育。滋：生长。

③隐：匿。

④寄：假托。管仲的指导方针是寓军于政，军政合一。

译文

桓公说："我想在诸侯中成就一番事业，可以吗？"管仲回答说："暂时不行，国家还不安定。"桓公问："怎样才能让国家安定呢？"管仲说："改革传统的法令，选择其中符合实际情况的留下来逐步施行。然后繁殖人口，救助贫困之家，敬重百姓，这样国家就可以安定了。"桓公说："就照你说的办。"于是改革传统的法令，选择其中符合实际情况的留下来逐步施行。然后繁殖人口，救助贫困之家，敬重百姓。国家安定之后，桓公说："国家已经安定了，现在可以有所作为了吧？"管仲说："还是不行。您如果整顿军队、修缮盔甲兵器，其他大国也会整顿军队，修缮盔甲兵器，这样就很难迅速实现我们的抱负了。您有攻城略地的武器，小国诸侯也有防御的守备，我们同样难以迅速实现自己的抱负。您若想迅速在诸侯中实现自己的远大抱负，就应该把军事目的隐蔽起来，或者寄寓在政治命令之中。"桓公问："我该如何去做呢？"管仲回答说："在改革政治制度中暗暗寄寓军事指令。"桓公说："很好。"

管子于是制国："五家为轨，轨为之长；十轨为里，里有司；四里为连，连为之长；十连为乡，乡有良人焉。以为军令：五家为轨，故五人为伍，轨长帅之；十轨为里，故五十人为小戎[①]，里有司帅之；四里为连，故二百人为卒，连长帅之；十连为乡，故二千人为旅，乡良人帅之；五乡一帅，故万人为一军，五乡之帅帅之。三军，故有中军之鼓，有国子之鼓，有高子之鼓。春以蒐振旅[②]，秋以狝治兵[③]。是故卒伍整于里，军旅整于郊。内教既成，令勿使迁徙。伍之人祭祀同福，死丧同恤，祸灾共之。人与人相畴[④]，家与家相畴，世同居，少同游。故夜战声相闻，足以不乖；昼战目相见，足以相识。其欢欣足以相死。居同乐，行同和，死同哀。是故守则同固，战则同强。君有此士也三万人，以方行于天下⑤，以诛无道，以屏周室⑥，天下大国之君莫之能御⑦。”

注释

① 小戎：兵车。周制兵车一乘，步卒七十二人，作为一个作战单位。管仲改为五十人一乘，与其户籍制度紧密相连。

② 蒐 sōu：春季田猎叫蒐，在农闲时节举行，有军事演习的性质。

③ 狝 xiǎn：秋季田猎叫狝，与“蒐”性质相同。

④ 畴：搭档，相伴。

⑤ 方行：横行。

⑥ 屏：藩篱。

⑦ 御：当，抵御。

译文

于是管仲开始着手制定国家法令：“五家为一轨，轨设轨长；十轨为一里，里设有司；四里为一连，连设连长；十连为一乡，乡设良人。其中所寄寓的军令是：五家一轨，所以五人为一伍，由轨长带领；十轨一里，所以五十人为小戎，由有司带领；四里一连，所以二百人为一卒，由连长带领；十连一乡，所以二千人为一旅，由乡的良人带领；五个乡是一帅，所以一万人编成一个军，由五乡的统帅卿来带领。全国有三个军，所以有国君亲自统帅的中军旗鼓，有国子率领的旗鼓，有高子率领的旗鼓。春天以春猎的名义来操演军队，秋天以秋猎的名义来整顿军队。因此，卒伍一级的小队在里中就已经整编好了。军旅一级的大部队在郊野中就整顿完毕。国家内政事务既已安排妥当，就命令百姓不得迁徙。同一个伍的人祭祀时同享神灵福佑，死丧时大家互相扶助，有了灾祸共同承担。人与人相伴，家与家相伴，世代共同生活，从小一起玩耍。所以夜间作战能听到彼此的声音，就不会出现误会；白天作战能相互看见，足以认清自己的同伙。大家彼此相亲相爱足以做到拼死相救。平时共同欢乐，战争期间融洽无间，战时伤亡一起悲哀。所以，防守时固若金汤，作战时英勇顽强。您若能拥有三万名这样的兵士，足以率领他们横行天下，讨伐无道，拱卫周王室，天下的大国诸侯还有谁能抵挡呢？”

5. 桓公问曰："夫军令则寄诸内政矣，齐国寡甲兵，为之若何？"管子对曰："轻过而移诸甲兵。"桓公曰："为之若何？"管子对曰："制重罪赎以犀甲一戟[1]，轻罪赎以鞼盾一戟[2]，小罪谪以金分[3]，宥间罪[4]。索讼者三禁而不可上下[5]，坐成以束矢[6]。美金以铸剑戟[7]，试诸狗马；恶金以铸鉏、夷、斤、斸[8]，试诸壤土。”甲兵大足。

注释

① 重罪：指死刑。犀甲：犀牛皮制作的铠甲。戟：古代车战用的一种长兵器，长一丈六尺。

② 鞼 guì 盾：饰以花纹的革皮盾牌。

③ 小罪：不入五刑的罪行。谪：责令。金分：即金钱。

④ 间罪：嫌犯。

⑤ 三禁：禁闭三天。不可上下：指讼词已定，不可更改。

⑥ 坐成：指讼词写定，官府受理诉讼。束矢：十二支矢为一束，这里指诉讼费。

⑦ 美金：指青铜。

⑧ 恶金：指铁。鉏 chú：同“锄”。夷：平整土地的农具。斤：斧头。斸 zhú：大锄。

译文

齐桓公问道：“军令已经融入政令中实施了，但齐国缺少铠甲和武器，该怎么筹办呢？”管仲回答说：“减轻对罪犯的刑罚并转为让他们拿铠甲和武器来赎罪。”

桓公说："如何具体操作呢？"管仲回答说："判死刑的罪犯可以用犀甲和一杆戟来赎罪，轻一点的罪过可以用鞼盾和一杆戟来赎罪，更小的罪过就判以罚金，有犯罪嫌疑者予以赦免。申请打官司者先禁闭三天，让他们斟酌讼词直至一字不改，并需要交纳一束箭作为诉讼费。青铜用来铸造剑戟，然后用狗马来试验是否锋利；铁用来铸造农具，然后用土壤来试验是否足够坚硬。"齐国的铠甲和武器储备从此开始充足。

6. 桓公曰："吾欲南伐，何主？"管子对曰："以鲁为主。反其侵地棠、潜[①]，使海于有蔽[②]，渠弭于有渚[③]，环山于有牢[④]。"桓公曰："吾欲西伐，何主？"管子对曰："以卫为主。反其侵地台、原、姑与漆里[⑤]，使海于有蔽，渠弭于有渚，环山于有牢。"桓公曰："吾欲北伐，何主？"管子对曰："以燕为主。反其侵地柴夫、吠狗[⑥]，使海于有蔽，渠弭于有渚，环山于有牢。"四邻大亲。既反侵地，正封疆，地南至于岱阴[⑦]，西至于济[⑧]，北至于河[⑨]，东至于纪酅[⑩]，有革车八百乘。择天下之甚淫乱者而先征之。

注释

①棠、潜：鲁国的两座城邑，靠近齐国边境，曾被

齐国占领。

② 海：指海滨。有蔽：指有所屏障。

③ 渠弭：小海。渚：水中可供人居住的小岛。

④ 环：绕。牢：固。

⑤ 台、原、姑与漆里：卫国的四座城邑。

⑥ 柴夫、吠狗：燕国的两座城邑。

⑦ 岱阴：指泰山之阴，在齐国南部边境。

⑧ 济：济水。

⑨ 河：黄河。

⑩ 纪：古国名，后被齐国所灭。酅 xī：纪国的城邑。

译文

齐桓公说："我如果征伐南方，以哪个国家为东道主最合适？"管仲回答说："以鲁国为东道主。我们只要归还以前侵占它的棠和潜两个地方，就可以使我们军队在海边驻扎时有所依托，在小海湾驻扎时有海岛以防万一，在山地驻扎更加安全。"桓公说："我如果征伐西方，以哪个国家为东道主最合适？"管仲回答说："以卫国为东道主。我们只要归还以前侵占它的台、原、姑和漆里四个地方，就可以使我们军队在海边驻扎时有所依托，在小海湾驻扎时有海岛以防万一，在山地驻扎更加安全。"桓公说："我如果征伐北方，以哪个国家为东道主最合适？”管仲回答说：“以燕国为东道主。我们只要归还以前侵占它的柴夫和吠狗两个地方，就可以使我们军队在海边驻扎时有所依托，在小海湾驻扎时有海岛以防万一，在山地驻扎更加安全。”于是齐国与周边国家形成了亲密的关系。归还了侵占邻国的土地，划定了疆界以后，齐国的国土南至岱阴，西达济水，北到黄河，东至古纪国的鄙城，拥有兵车八百辆。然后先讨伐当时最淫乱无度的国家。

即位数年，东南多有淫乱者，莱、莒、徐夷、吴、越[①]，一战帅服三十一国。遂南征伐楚，济汝，逾方城，望汶山[②]，使贡丝于周而反。荆州诸侯莫敢不来服。遂北伐山戎[③]，剸令支、斩孤竹而南归[④]。海滨诸侯莫敢不来服。与诸侯饰牲为载[⑤]，以约誓于上下庶神，与诸侯戮力同心。西征攘白狄之地[⑥]，至于西河，方舟设泭[⑦]，乘桴济河，至于石枕[⑧]。悬车束马，逾太行与辟耳之溪拘夏[⑨]，西服流沙、西吴[⑩]。南城于周，反胙于绛[⑪]。岳滨诸侯莫敢不来服，而大朝诸侯于阳谷[⑫]。兵车之属六[⑬]，乘车之会三，诸侯甲不解累[⑭]，兵不解翳[⑮]，弢无弓[⑯]，服无矢[⑰]。隐武事，行文道，帅诸侯而朝天子。

注释

①莱：东莱，在今山东省烟台、威海一带。莒：莒国，在今山东省临沂地区。徐夷：徐州一带的夷人。

②汶山：楚国之山，在方城山南。

③山戎：北戎的一支，在今北京延庆一带，是后来鲜卑人的祖先。

④刜 fú：击，铲除。令支：春秋时古国名，曾一度被山戎统治。在今河北省迁安市北部一带，属燕山南麓。孤竹：古国名，在今河北省卢龙县、迁安市一带。

⑤饰牲：陈列祭祀用的牲畜。载：载书，即盟书。

⑥白狄：赤狄族的一个分支。

⑦泭 fū：小木筏。

⑧石枕：古地名，在晋国境内。

⑨辟耳：山名。拘夏：辟耳山谷中的溪水之名。

⑩流沙、西吴：古地名，在雍州境内。

⑪胙：赐祭肉。绛：晋国国都，在今山西省绛县。

⑫阳谷：地名，在今山东省阳谷县。

⑬属：指盟会。

⑭累：装盔甲的器具。

⑮翳：装箭的器具。

⑯弢 tāo：装弓的袋子。

⑰服：通"箙"，装箭矢的套子。

译文

齐桓公即位的最初几年，东南方有很多动荡不安的国家，莱、莒、徐夷、吴、越等国都不稳定，齐国一次出兵就有三十一个国家臣服。于是又向南征讨楚国，渡过汝水，翻越方城山，汶山已经遥遥在望，最终迫使楚国答应向周王室进贡丝帛丝绸之后才撤军。荆州一带的小诸侯国没有谁敢不前来臣服的。然后又向北讨伐山戎，击溃令支国，斩杀孤竹国君之后才撤军南返，海边一带的诸侯小国没有谁敢不服从的。齐国与天下各国诸侯举行会盟并把盟书放在陈列于神灵前的太牢身上，以此向天地神灵起誓，愿与各诸侯国同心协力。齐国又向西出击并攻占了白狄的土地，到达西河附近，建造方舟和大量小木筏，乘坐木筏渡过黄河，直抵晋国的石枕。然后齐国军队悬吊起兵车，挽起马缰，翻越了太行山，穿越辟耳山的拘夏峡谷，征服了西面的流沙和西吴。齐国还组织诸侯的军队修筑东周的王城，返回途中又帮助晋惠公重回绛都继承君位。北岳一带的诸侯没有谁敢不前来臣服的，于是齐桓公召集天下诸侯在阳谷举行大规模的盟会。总的来说，齐桓公执政期间共组织过有阅兵仪式的盟会六次，不带兵车的衣裳之会三次，诸侯们收起盔甲，藏好兵器，弓套中没有强弓，箭袋中没有箭矢。放下武备，推行文治，率领各路诸侯重新恢复了觐见周天子的礼节。

8. 桓公忧天下诸侯。鲁有夫人、庆父之乱[①]，二君弑死[②]，国绝无嗣。桓公闻之，使高子存之[③]。

注释

①夫人：指鲁庄公夫人哀姜。庆父：庄公之弟共仲。庆父与哀姜私通，哀姜想立庆父为君。

②二君：指庆父先后杀害鲁庄公太子般和鲁闵公。

③高子：齐国上卿，高奚敬仲。

译文

齐桓公关心天下诸侯之事。鲁国发生了哀姜与庆父淫乱祸国的事情，两个国君先后被杀，君位无人继承。桓公听说后，派高子前往鲁国立鲁僖公为君，保存鲁国社稷。

狄人攻邢[①]，桓公筑夷仪以封之[②]，男女不淫，牛马选具[③]。狄人攻卫，卫人出庐于曹[④]，桓公城楚丘以封之[⑤]。其畜散而无育，桓公与之系马三百[⑥]。天下诸侯称仁焉。于是天下诸侯知桓公之非为己动也，是故诸侯归之。

注释

①邢：古国名，周公之后所建。

②夷仪：邢国城邑，在今山东聊城市境内。

③选具：齐备。

④庐：寄居。

⑤楚丘：卫国地名，在今河南滑县东南。

⑥系马：厩养的马。

译文

北方的狄人攻打邢国，齐桓公就把邢国全部搬迁到夷仪并重新修筑城墙，使邢国百姓免于狄人的奸淫掳掠，牛马如数得到保存。狄人攻打卫国，卫国的百姓被迫出居曹国避难，齐桓公就把卫国人全部搬迁到楚丘这个地方并重建新城以供居住。卫国人的牲畜在战乱中散失殆尽，无法繁殖恢复，桓公就送给他们厩养的良马三百匹。天下诸侯都称赞齐桓公的仁德。于是天下诸侯都知道桓公的这些举措并不是为了谋求私利，所以诸侯们都归附于他。

桓公知诸侯之归己也，故使轻其币而重其礼。

故天下诸侯罢马以为币[1]，缕綦以为奉[2]，鹿皮四个；诸侯之使垂橐而入[3]，稛载而归[4]。故拘之以利，结之以信，示之以武，故天下小国诸侯既许桓公，莫之敢背，就其利而信其仁、畏其武。桓公知天下诸侯多与己也，故又大施忠焉。可为动者为之动，可为谋者为之谋，军谭、遂而不有也[5]，诸侯称宽焉。通齐国之鱼盐于东莱，使关市几而不征[6]，以为诸侯利，诸侯称广焉。筑葵兹、晏、负夏、领釜丘[7]，以御戎、狄之地，所以禁暴于诸侯也；筑五鹿、中牟、盖与、牡丘[8]，以卫诸夏之地，所以示权于中国也。教大成，定三革[9]，隐五刃[10]，朝服以济河而无怵惕焉，文事胜矣。是故大国惭愧，小国附协。唯能用管夷吾、宁戚、隰朋、宾胥无、鲍叔牙之属而伯功立[11]。

注释

①罢马：驽马。

②缕綦 qí：用麻线织的带花纹的布。奉：垫玉器用的衬布。

③橐 gāo：收藏盔甲、弓矢的器具，此泛指袋囊。

④稛 kǔn：古同“捆”，捆束。

⑤谭、遂：古国名，在今山东济南市以东。

⑥几：同“讥”，检查，盘问。

⑦葵兹、晏、负夏、领釜丘：中原诸国的北部边防要塞，与山戎、北狄等异族接壤。

⑧五鹿、中牟、盖与、牡丘：中原诸国的战略要地。

⑨三革：指甲、胄、盾。

⑩五刃：指刀、剑、矛、戟、矢。

⑪管夷吾、宁戚、隰朋、宾胥无、鲍叔牙：五人奠定了齐国的霸业，是当时齐国政坛上举足轻重的大臣。

译文

齐桓公知道天下诸侯已经归附自己，所以就特意减轻诸侯们来朝见时带的礼物并用重礼回赠他们。所以天下诸侯前来朝见时可以用驽马做见面礼，可以用麻织的粗布做垫玉器的衬布，甚至用四张鹿皮也可以做见面礼。诸侯的使者空着口袋而来，却满载而归。由于齐国用利益笼络他们，用诚信结交他们，用武力威慑他们，所以天下那些小国诸侯只要与齐桓公签订盟约，就没有谁敢违背。他们贪图齐国带来的好处，信服齐国的仁义，慑服于齐国的武力。桓公知道天下诸侯大多真心服从自己，所以又大力推行他的忠信，可以采取行动帮助诸侯的就行动，可以为诸侯出谋划策的就尽力谋划。桓公派军队灭掉了谭国和遂国两个小国却不自己占有，而把他们的土地分给诸侯，所以诸侯们都称颂他宽宏大度。桓公还取消了对东莱诸国鱼盐的禁令，命令关市对过往的鱼盐只检查而不征税，这就为中原各国带来了实实在在的好处，诸侯们无不称颂他能恩泽深广。他下令修筑葵兹、晏、负夏、领釜丘等边防要塞，以防御戎人和狄人对各诸侯国的劫掠；他还下令修筑五鹿、中牟、盖与、牡丘等战略要地，以捍卫中原诸国的领地，用这种方法向天下各国宣示自己的权威。桓公的教化终于大见成效，于是就封三革、隐五兵，身穿朝服西渡黄河与晋国这样强大的对手打交道也毫不担心，桓公的文治可谓隆盛之极。所以大国都自惭形秽，小国纷纷归附。这一切都是因为桓公重用管仲、宁戚、隰朋、宾胥无、鲍叔牙他们才最终成就了齐国的霸业。

卷七　晋语一

3. 献公伐骊戎[①]，克之，灭骊子[②]，获骊姬以归，立以为夫人，生奚齐。其娣生卓子[③]。骊姬请使申生主曲沃以速悬[④]，重耳处蒲城[⑤]，夷吾处屈[⑥]，奚齐处绛[⑦]，以儆无辱之故。公许之。

注释

① 骊戎：西戎的一个分支。

② 骊子：骊戎国国君，为男爵，称子为误。

③ 娣 dì：妹妹。

④ 申生：晋献公的太子，姬恭君。悬：自缢。

⑤ 重耳：后来的晋文公。蒲城：晋国古城，在今山西隰县西北。

⑥ 夷吾：即后来的晋惠公。屈：晋国古城，在今山西乡宁县北部。

⑦ 绛：晋国都城，在今山西绛县。

译文

晋献公讨伐骊戎，战胜并杀了它的国君骊子，俘获骊姬回国，并立她为夫人。骊姬后来生下了奚齐，她的妹妹生下了卓子。骊姬请求晋献公派太子申生去曲沃好赶快逼死他，发派公子重耳到蒲城，公子夷吾到屈，而把奚齐留在国都绛。她说这样做是为了不让晋国受到异族的羞辱。献公同意了她的请求。

史苏朝[1]，告大夫曰："二三大夫其戒之乎，乱本生矣！日，君以骊姬为夫人，民之疾心固皆至矣[2]。昔者之伐也，兴百姓以为百姓也，是以民能欣之，故莫不尽忠极劳以致死也。今君起百姓以自封也[3]，民外不得其利，而内恶其贪，则上下既有判矣[4]；然而又生男，其天道也？天强其毒，民疾其态，其乱生哉！吾闻君之好好而恶恶，乐乐而安安，是以能有常。伐木不自其本，必复生；塞水不自其源，必复流；灭祸不自其基，必复乱。今君灭其父而畜其子，祸之基也。畜其子，又从其欲，子思报父之耻而信其欲[5]，虽好色，必恶心，不可谓好。好其色，必授之情。彼得其情以厚其欲，从其恶心，必败国且深乱。乱必自女戎，三代皆然。"骊姬果作难，杀太子而逐二公子[6]。君子曰："知难本矣。"

注释

①史苏：晋国大夫，掌占卜的史官。

②疾：怨恨。至：深厚，强烈。

③封：厚，肥。

④判：背离。

⑤信：古“伸”字。

⑥二公子：指重耳和夷吾。

译文

史苏上朝，对满朝大夫说道：“诸位大夫可要戒备了，晋国内乱的根源已经出现！当日，国君立骊姬为夫人，百姓不满之心本来就非常强烈。古代圣王征讨天下，发动百姓是为了造福百姓，所以百姓都能欣然拥戴他，无不尽忠竭力甚至不惜一死。如今国君发动百姓却是为了自肥，百姓在外征战得不到好处，对内又厌恶国君的贪婪，所以上下之间已经离心离德了。然而骊姬又生了一个儿子，难道是天意如此？上天日益增强了对晋国的毒害，百姓也不满这种状况，内乱迫在眉睫！我听说国君应该喜欢好的事物，憎恶坏的事物，为值得高兴的事而高兴，国家安定时自己才安心，这样国家才能长治久安。砍伐树木不刨出树根，树木必定会重新萌生；堵塞河水不从源头开始，河水必定会重新流淌；消灭祸乱不从根本处着手，祸乱必定重生。如今国君杀了骊姬的父亲却又留下骊姬，这正是祸乱的根基啊。不但留下骊姬，还顺从她的欲望，她想报杀父之仇就会野心膨胀。即使外貌再美，内心也一定非常险恶，算不上是真美。国君喜欢她美丽的容貌，必定会真心宠爱她。她得到国君的宠爱进而会政治欲望更加膨胀，听从她的险恶用心，她必定会使晋国败亡并且给晋国带来深重的灾难。祸乱来自女色，夏、商、周三代都是这样。”后来骊姬果然发难，杀了太子申生并驱逐了公子重耳和夷吾。君子认为：“史苏能洞察灾难的根源。”

4. 骊姬生奚齐，其娣生卓子。公将黜太子申生而立奚齐[①]。里克、丕郑、荀息相见[②]，里克曰：“夫史苏之言将及矣！其若之何？”荀息曰：“吾闻事君者，竭力以役事[③]，不闻违命。君立臣从，何贰之有？”丕郑曰：“吾闻事君者，从其义，不阿其惑[④]。惑则误民，民误失德，是弃民也。民之有君，以治义也。义以生利，利以丰民，若之何其民之与处而弃之也？必立太子。”里克曰：“我不佞，虽不识义，亦不阿惑，吾其静也。”三大夫乃别。

注释

①黜：废。

②里克、丕郑、荀息：三人皆晋国大夫。

③役：为，从事。

④阿：附和。

译文

骊姬生下奚齐，她妹妹生下卓子。晋献公打算废黜太子申生而改立奚齐为太子。里克、丕郑、荀息三人相见时，里克说："史苏的预言就要应验了，我们该怎么办呢？"荀息说："我听说侍奉国君的人，就应该尽心尽力为其办事，没听说要违抗君命。国君决定的事臣子理应服从，怎么可以有二心呢？"丕郑说："我听说，侍奉国君的人服从的是道义，而不是附和国君的错误。国君的错误会误导百姓，百姓被误导就会丧失道德准则，这无异于抛弃百姓。百姓之所以要有国君，就是为了确定道义。道义可以用来生利，利可以用来丰裕民生，怎么可以一边与百姓共处一边却要抛弃他们呢？一定要让国君立申生为太子。"里克说："我才能平庸，虽然不懂得道义，但也不会附和国君的错误，我将保持沉默。"三位大夫随后告别。

蒸于武宫[①]，公称疾不与，使奚齐莅事。猛足乃言于太子曰[②]：“伯氏不出，奚齐在庙，子盍图乎？”太子曰：“吾闻之羊舌大夫曰[③]：‘事君以敬，事父以孝。’受命不迁为敬，敬顺所安为孝。弃命不敬，作令不孝，又何图焉？且夫间父之爱而嘉其贶[④]，有不忠焉；废人以自成，有不贞焉。孝、敬、忠、贞，君父之所安也[⑤]。弃安而图，远于孝矣，吾其止也。”

注释

①蒸：冬祭。武宫：武公之庙。

②猛足：太子申生的臣子。

③羊舌大夫：羊舌职之父。

④间：间离，违拗。贶：赐。

⑤安：善，嘉许。

译文

冬天祭祀武公之庙，献公称病不去参加，而是派奚齐主持整个祭祀仪式。猛足对太子申生说：“不让太子出面主持，却由奚齐在祖庙主持祭祀，您何不好好考虑一下自身的安危呢？”太子说：“我听闻羊舌大夫说过：‘侍奉国君要恭敬，侍奉父亲要孝顺。’接受君命忠贞不移就是恭敬，恭敬顺从父亲的意愿就是孝顺。违抗君命就是不敬，自作主张就是不孝，我怎能为自己考虑呢？况且违拗父亲的爱却接受他的赏赐，那就是不忠；不顾别人而成全自己，那就是不贞。孝、敬、忠、贞，是君父所嘉许的优良品德。抛弃这些优良品德而另有所图，已经远离孝道，我还是静待命运的安排吧。”

6. 公之优曰施[①]，通于骊姬。骊姬问焉，曰：“吾欲作大事，而难三公子之徒[②]，如何？”对曰：“早处之，使知其极。夫人知极，鲜有慢心；虽其慢，乃易残也。”骊姬曰：“吾欲为难[③]，安始而可？”优施曰：“必于申生。其为人也，小心精洁，而大志重[④]，又不忍人。精洁易辱，重偾可疾[⑤]，不忍人，必自忍也。辱之近行。”骊姬曰：“重，无乃难迁乎？”优施曰：“知辱可辱，可辱迁重；若不知辱，亦必不知固秉常矣。今子内固而外宠，且善否莫不信。若外殚善而内辱之，无不迁矣。且吾闻之：甚精必愚。精为易辱，愚不知避难。虽欲无迁，其得之乎？”是故先施谗于申生。

注释

① 优：俳优，古代滑稽杂耍舞蹈艺人。施：人名。

② 三公子：指申生、重耳、夷吾。

③ 难：指诛杀三公子。

④ 大：年长。重：敦厚稳重。

⑤ 偾 fèn：僵毙，仆倒。

译文

晋献公有个逗趣的艺人叫施，与骊姬私通。骊姬问他说："我想办件大事，向三位公子发难，应该怎么做？"施回答说："早点把他们的名位固定下来，使他们认识到自己的地位已到极致。人们如果知道自己地位已经到了极致，就很少再有非分之想。即使有轻慢之心，也能很容易处置他们。"骊姬又问："我如果发难，先从哪里下手好呢？"优施回答说："必须从太子申生开始。申生为人谨小慎微且精一纯洁，年纪最长且敦厚稳重，又不忍心加害于人。精一纯洁的人容易受辱，稳重憨直的人可以首先打倒；不忍心加害他人的人，就只能对自己残忍。你不妨抹黑他最近的言行。"骊姬说："稳重的人，难道不是很难动摇他吗？"优施说："懂得羞耻的人才能羞辱他，能够羞辱他就能够动摇他的稳重。如果他不在乎羞辱，也就必然不会固守常法了。现在您内得君心、外受宠爱，而且您说一个人好与坏国君无不信以为真。如果您表面上善待申生私下却谗毁于他，那他的地位没有不动摇的道理。我还听说，过分精一的人近于愚蠢。精一的人容易受辱，愚蠢得不知躲避灾祸。即使他想不动摇，能做得到吗？”所以骊姬就首先谗毁申生。

骊姬赂二五[①]，使言于公曰：“夫曲沃，君之宗也；蒲与二屈[②]，君之疆也，不可以无主。宗邑无主，则民不威[③]；疆埸无主，则启戎心。戎之生心，民慢其政，国之患也。若使太子主曲沃，而二公子主蒲与屈，乃可以威民而惧戎，且旌君伐[④]。”使俱曰：“狄之广莫，于晋为都。晋之启土，不亦宜乎？”公说，乃城曲沃，太子处焉；又城蒲，公子重耳处焉；又城二屈，公子夷吾处焉。骊姬既远太子，乃生之言[⑤]，太子由是得罪。

注释

① 二五：晋献公的两位宠臣梁五和东关五。

② 二屈：屈地分南屈和北屈。

③ 威：同“畏”。

④ 旌：彰显。伐：功劳。

⑤ 言：谗言。

译文

骊姬买通献公宠臣梁五和东关五二人，让他们分别向献公进言说："曲沃是国君的祖庙所在之地，蒲地和南北二屈是国君的边防要地，不能没人镇守。宗庙所在地无人镇守，百姓就不会畏惧；边防要地无人镇守，就会引起戎人的觊觎之心。戎人产生觊觎之心，百姓轻慢政令，这是国家的大患。如果让太子申生去镇守曲沃的祖庙，让公子重耳和夷吾去镇守蒲地和南北二屈，就可以让百姓畏惧并震慑戎人，而且也能彰显您的功绩。"骊姬又指使这两人一同对献公进言："戎人土地广阔，如果让它成为晋国的城邑，晋国开拓了疆土，这不是一件很好的事情吗？"献公大喜，就下令重修曲沃城墙，让太子申生驻守那里；又下令重修蒲地城墙，让公子重耳驻守那里；又下令重修南北二屈城墙，让公子夷吾驻守那里。骊姬达到支使太子远离国都的目的之后，就开始编造各种谗言，太子申生从此开始蒙受不白之冤。

7. 十六年[①]，公作二军，公将上军，太子申生将下军以伐霍[②]。师未出，士𫇭言于诸大夫曰："夫太子，君之贰也[③]。恭以俟嗣，何官之有？今君分之土而官之，是左之也[④]。吾将谏以观之。"乃言于公曰："夫太子，君之贰也，而帅下军，无乃不可乎？"公曰："下军，上军之贰也。寡人在上，申生在下，不亦可乎？”士蒍对曰：“下不可以贰上。”公曰：“何故？”对曰：“贰若体焉，上下左右，以相心目，用而不倦，身之利也。上贰代举[5]，下贰代履[6]，周旋变动，以役心目，故能治事，以制百物。若下摄上[7]，与上摄下，周旋不动，以违心目，其反为物用也，何事能治？故古之为军也，军有左右，阙从补之，成而不知，是以寡败。若以下贰上，阙而不变，败弗能补也。变非声章[8]，弗能移也。声章过数则有衅[9]，有衅则敌入，敌入而凶，救败不暇，谁能退敌？敌之如志，国之忧也。可以陵小，难以征国。君其图之！”公曰：“寡人有子而制焉，非子之忧也。”对曰：“太子，国之栋也。栋成乃制之，不亦危乎！”公曰：“轻其所任，虽危何害？”

注释

① 十六年：晋献公十六年，时当鲁闵公元年，公元前 661 年。

② 霍：周文王之子霍叔武的封国，在今山西霍州市西南。

③ 贰：副，继承人。

④ 左：外，排斥。

⑤ 上：指手。代：替。

⑥ 下：指脚。

⑦摄：拿，持。

⑧声：指金鼓。章：旗帜。

⑨数：密。衅：空隙。

译文

晋献公十六年，献公把原来的一军扩建为二军。献公自己统率上军，让太子申生统率下军去攻打霍国。军队出发前，士䓕在诸位大夫面前说道："太子，是国君的继承人。只要恭敬地等着继承君位就行了，为何还要授予官位？如今国君不但分封土地，还给他安排官职，这是拿他当外人看待啊。我要向国君进谏并观察他的态度。"于是士䓕对献公说："太子，是您的继承者，而您却让他统率下军，这恐怕不恰当吧？"献公说："下军，就是上军的副职。我统率上军，申生统率下军，不也是挺好的吗？"士䓕回答说："下不可以作为上的副职。"献公问："这是什么缘故？"士䓕回答说："正与副的关系就如同人的四肢，自然分为上下和左右，以辅助心和目，终日使用而不厌倦，这就为人身带来了便利。上肢辅助人交替举物，下肢辅助人交替跨步，轮流变动，以服从于心和目，所以人才能够做事，驱遣天地万物。如果用下肢去辅助上肢，或者用上肢去辅助下肢，人就不能正常地轮流变动，无法完成四肢与心目之间的协作，人反而会受到天地万物的牵制，还能做成什么事？所以古代统帅军队的人，军队分左军和右军，哪一方有了漏洞就及时补上，军容严整令敌方找不到破绽，所以很少失败。如果以下军作为上军的副职，一旦出现破绽就无法及时调整阵容，就是失败了也无法补救。军队的变动如果没有旗鼓的指挥是无法移动的，旗鼓的过度变化会导致队形出现空隙，队形出现空隙敌军就会乘虚而入，敌军突破我军队形，形势就会对我军不利，挽回败局尚且手忙脚乱，哪里还谈得上击退敌军呢？敌军一旦得逞，那将是国家的忧患啊。所以改变军制只能讨伐一些小国，难以真正征服大国。请您三思！”献公说：“我的儿子我会为他编制下军，用不着你担心。”士蒍回答说：“太子，是国家的栋梁。栋梁已成，却改变成制让他带兵，不是很危险的事吗？”献公说：“我会减轻他的责任，虽然有危险，又能有多大害处？”

士蒍出，语人曰：“太子不得立矣。改其制而不患其难，轻其任而不忧其危，君有异心，又焉得立？行之克也，将以害之；若其不克，其因以罪之。虽克与否，无以避罪。与其勤而不入，不如逃之。君得其欲，太子远死，且有令名，为吴太伯[①]，不亦可乎？”太子闻之，曰：“子舆之为我谋[②]，忠矣。然吾闻之：为人子者，患不从，不患无名；为人臣者，患不勤，不患无禄。今我不才而得勤与从，又何求焉？焉能及吴太伯乎？”太子遂行，克霍而反，谗言弥兴。

注释

① 吴太伯：又称泰伯，周文王的大伯父。为了把王位留给弟弟王季，泰伯就远逃到吴国隐居下来，后来周武王灭商建周，追封他为吴伯。

② 子舆：士苏的字。

译文

士苏出来告诉众人说：“太子不能继承君位了。国君改变他的职位却不顾及他的困难，削减他的责任却不考虑他的安危，国君早已心存他念，太子又怎能继承君位呢？他此行如果伐霍成功，将会因为功高而被害；若不成功，就会因此而获罪。无论成功与否，他都无法逃避罪责。与其劳心劳力却得不到国君的欢心，还不如逃离晋国的好。这样，国君得遂所愿，太子也远离死亡的威胁，而且还有好的名声，成为吴太伯一样的人物，不也很好吗？”太子听到士苏的这番话后说道：“子舆为我考虑，真是忠心耿耿啊。但我听闻：

做儿子的，怕的是不能顺从父亲的命令，不担心没有好的名声；做臣子的，怕的是不能勤于事君，不担心得不到俸禄。如今我虽然没有才能，却得到勤劳与顺从的机会，还能要求什么呢？我又怎能比得上吴太伯呢？”太子于是率军出征，打败了霍国。回来之后，诽谤他的谗言甚嚣尘上。

8. 优施教骊姬夜半而泣谓公曰："吾闻申生甚好仁而强，甚宽惠而慈于民，皆有所行之。今谓君惑于我，必乱国，无乃以国故而行强于君。君未终命而不殁，君其若之何？盍杀我，无以一妾乱百姓。"公曰："夫岂惠其民而不惠于其父乎？"骊姬曰："妾亦惧矣。吾闻之外人之言曰：为仁与为国不同。为仁者，爱亲之谓仁；为国者，利国之谓仁。故长民者无亲，众以为亲。苟利众而百姓和，岂能惮君？以众故不敢爱亲，众况厚之[①]，彼将恶始而美终，以晚盖者也[②]。凡民利是生，杀君而厚利众，众孰沮之[③]？杀亲无恶于人，人孰去之？苟交利而得宠[④]，志行而众悦，欲其甚矣，孰不惑焉？虽欲爱君，惑不释也[⑤]。今夫以君为纣，若纣有良子，而先丧纣，无章其恶而厚其败。钧之死也[⑥]，无必假手于武王，而其世不废，祀至于今，吾岂知纣之善否哉？君欲勿恤[7]，其可乎？若大难至而恤之，其何及矣！”公惧曰：“若何而可？”骊姬曰：“君盍老而授之政。彼得政而行其欲，得其所索，乃其释君。且君其图之，自桓叔以来[8]，孰能爱亲？唯无亲，故能兼翼。”公曰：“不可与政。我以武与威，是以临诸侯。未殁而亡政，不可谓武；有子而弗胜，不可谓威。我授之政，诸侯必绝；能绝于我，必能害我。失政而害国，不可忍也。尔勿忧，吾将图之。”

注释

①况：益，更加。

②晚：后。盖：掩饰。

③沮：败亡。

④交：俱，全部。

⑤释：摆脱。

⑥钧：同样。

⑦恤：忧。

⑧桓叔：即曲沃桓叔，姬姓，曲沃氏，名成师。晋献公的曾祖父，晋穆侯之子。

译文

优施教唆骊姬在夜里对晋献公哭诉说：“我听闻太

子申生性情仁厚势力又很强，对百姓宽厚慈爱，言行举止都很有章法。如今他认为国君被我迷惑，一定会祸乱晋国，恐怕他会以国家利益为借口对您动用武力。您天命未终仍然健在，准备拿他怎么办呢？何不杀了我，不要为了妾身一介女流而让百姓遭受祸乱之苦。”献公说：“他爱百姓难道就不会爱自己的父亲吗？”骊姬说：“妾身怕的也正是这样。我曾听别人说过，行仁与治国不同。行仁之人，把爱自己的亲人视为仁；治国之人，把有利于社稷视为仁。所以为民君长之人没有私亲，把天下所有人视为亲人。只要有利于天下万民并能使百姓和睦，谁还怕弑君之名？为了天下人的缘故而不爱私亲，大家会更加拥戴他，他开始的行为虽然恶劣，但最终会博得忠于国家的美名，这是因为后来的光辉掩盖了前面的罪恶。只要是对百姓有利的事情，比如杀了国君对百姓有莫大的好处，百姓中有谁会从中作梗呢？杀了父亲对别人没有害处，百姓又有谁会疏远他呢？只要申生因做事利人利己而受到百姓喜爱，他的抱负得以实现又能使万民欢欣，百姓会更加拥戴他，谁能不为他所惑？即使有人想爱护国君，也难以摆脱这种迷惑。假使国君您是殷纣王，再假设纣王有个好儿子，并且先把纣王杀了，这样就不会彰显纣的罪恶并加重殷商的溃败。同样是死，就不必借周武王之手，而且商的世袭不会中断，宗庙祭祀延续至今，我们怎么会知道纣王其人是善还是恶呢？您想不担心此类事情的发生，能办得到吗？等到大难临头时才去担忧，早已来不及了！”献公感到后怕，就问：“这该如何是好呢？”骊姬说：“您何不称老退位而把大权交给申生。申生手握大权并按照自己的意愿行事，得到了他所追求的东西，自然就会放过您。您再想想，自曲沃桓叔以来，谁又爱过自己的亲人？正因为不爱私亲，所以才能兼并晋国旧都翼。”献公说：“不能把国政交给他。我凭借武功和声威，才得以跻身诸侯之列。如果没死就丧失大权，称不上有武功；连儿子也驾驭不了，就不算有声威。我把大权交给他，他必定会切断我和诸侯之间的关系；断绝我和诸侯之间的关系，就必然能够加害于我。丧失权柄反而为国家所害，这是无法容忍的。你不必担忧，我会想办法对付他。”

骊姬曰：“以皋落狄之朝夕苛我边鄙[①]，使无日以牧田野，君之仓廪固不实，又恐削封疆。君盍使之伐狄，以观其果于众也[②]，与众之信辑睦焉[③]。若不胜狄，虽济其罪，可也；若胜狄，则善用众矣，求必益广，乃可厚图也。且夫胜狄，诸侯惊惧，吾边鄙不儆，仓廪盈，四邻服，封疆信，君得其赖，又知可否，其利多矣。君其图之！”公说。是故使申生伐东山[4]，衣之偏裻之衣[5]，佩之以金玦。仆人赞闻之，曰："太子殆哉！君赐之奇，奇生怪，怪生无常，无常不立。使之出征，先以观之，故告之以离心[6]，而示之以坚忍之权[7]，则必恶其心而害其身矣。恶其心，必内险之；害其身，必外危之。危自中起，难哉！且是衣也，狂夫阻之衣也[8]。其言曰：'尽敌而反。'虽尽敌，其若内谗何！"申生胜狄而反，谗言作于中。君子曰："知微。"

注释

① 皋落狄：东山狄族的一个分支。

② 果：指杀伐果断。

③ 信：确实，果然。辑：和。

④ 东山：皋落狄一族的聚集地。

⑤ 偏裻 dū：指以衣背中缝为界，左右两边颜色不同。裻，衣服后背的中缝。

⑥ 离心：指献公用偏裻暗示父子离心离德。

⑦ 坚忍：指金玦，献公用金玦如环而缺暗示父子之间嫌隙难以弥合。

⑧ 狂夫：指《周官》中的方相氏，掌管驱除疫鬼之事。阻：同"诅"，诅咒。

译文

骊姬说："皋落狄经常袭扰我国边境，使那里的边民无法正常到田野放牧牛羊。您的仓库本来就不充实，又担心外族蚕食我国疆土。您何不派申生去讨伐皋落狄，以观察他带兵打仗是否杀伐果断，与将士们和睦的关系是否确实。如果他不能战胜狄人，那加罪于他也就水到渠成；如果胜了狄人，那就说明他很善于用兵，胜利之后他的需求自然会更广泛，我们就可以好好利用这一点想办法对付他了。何况战胜狄人之后，诸侯会非常害怕，我们的边境就不必时常戒备，仓库充盈，四邻畏服，边疆稳定，您不但从胜利中得到好处，还可以知道是否应该对付申生，好处太多了。您还是好好考虑考虑吧！"献公听了非常高兴。因此派申生前往东山讨伐皋落狄，赐给他一件左右两边颜色各异的衣服，还有一块金玦。申生的仆人赞听到这件事之后，说："太子危险了！国君赐给他的东西非常奇特，奇就难免生怪，怪就容易反复无常，反复无常意味着太子不能继立为君。派他出征，先以此观察他的个人能力，故意用偏裻之衣暗示他父子之间离心离德，用金玦暗示他父子之间的嫌隙难以弥合，这必定是讨厌他的心性而意图加害于他。讨厌他的心性，就必定会在内心盘算如何置他于死地；要加害于他的人身，就必定驱使他在外面陷于绝境。危险来自内部，此事难办啊！而且那件衣服，是方相氏诅咒后才能穿的。方相氏的诅咒说：‘消灭敌人之后返回。’即使消灭了敌人，又能拿内部人的谗言怎么样呢？”申生战胜皋落狄回来之后，对他不利的谗言从宫中开始散布。君子认为：“赞这个人见微知著。”

卷八　晋语二

1. 反自稷桑[①]，处五年，骊姬谓公曰："吾闻申生之谋愈深。日，吾固告君曰得众，众不利，焉能胜狄？今矜狄之善[②]，其志益广。狐突不顺[③]，故不出。吾闻之，申生甚好信而强，又失言于众矣，虽欲有退，众将责焉。言不可食，众不可弭[④]，是以深谋。君若不图，难将至矣！"公曰："吾不忘也，抑未有以致罪焉。"

注释

① 稷桑：地名，申生征伐皋落狄时的战场。

② 矜：自夸。

③ 狐突：申生战车的驾驭者。

④ 弭：止。

译文

申生从稷桑回来之后，又过了五年，骊姬对献公说："我听闻申生谋害您的计划更成熟了。往日我就曾对您提起过申生颇得人心的事，如果不是将士们得到他的好处，又怎么能战胜狄人？如今他自恃征伐狄人时善于用兵，其野心越来越大。狐突因为太子处境不妙，所以躲在家里闭门不出。我听闻申生很讲信用也很强势，又曾经把自己夺位的意图流露出来，即使他想罢休，众人也会责怪他。说过的话不能食言，众人的意志又无法阻止，所以他只有把计划考虑得更加周密。您如果不早点采取对策，大难就要降临了！”献公说：“我没有忘记，只是还没有给他加罪的适当理由。”

骊姬告优施曰：“君既许我杀太子而立奚齐矣，吾难里克，奈何！”优施曰：“吾来里克[①]，一日而已[②]。子为我具特羊之飨[③]，吾以从之饮酒。我优也，言无邮[④]。”骊姬许诺，乃具，使优施饮里克酒。中饮，优施起舞，谓里克妻曰：“主孟啗我[⑤]，我教兹暇豫事君[⑥]。”乃歌曰：“暇豫之吾吾[⑦]，不如鸟乌。人皆集于苑[⑧]，己独集于枯。”里克笑曰：“何谓苑？何谓枯？”优施曰：“其母为夫人，其子为君，可不谓苑乎？其母既死，其子又有谤，可不谓枯乎？枯且有伤。”

注释

① 来：指让里克回心转意，站到自己一方。

②一日：指此事易如反掌。

③特羊：一只羊。

④邮：过失。

⑤主：大夫之妻称主。孟：里克妻子之名。啗：同"啖"，给人吃东西。

⑥暇：空闲。豫：愉悦。

⑦吾吾：不敢主动亲近的样子。

⑧集：止。苑：同"菀"，草木茂盛的样子。

译文

骊姬对优施说："国君已经答应我杀太子改立奚齐了，但我感到里克很难对付，怎么办呢？"优施说："我让里克俯首就范，一天之内就能办到。你为我准备带有全羊的酒宴，我来陪他喝酒。我是个俳优，话说得过头也没关系。"骊姬答应下来，准备酒席，让优施带到里克家里喝酒。喝到中途，优施起身跳舞，他对里克的妻子说："夫人招待我吃饭，我教里克大夫轻松愉快地奉事国君。"于是就唱道："想要轻松愉快地侍奉好国君却又不敢主动亲近他，这人的智慧还不及鸟雀和乌鸦。别的鸟儿都栖息在草木茂盛的地方，他却独自停留在干枯的枝丫。"里克笑着问："哪里是草木茂盛的地方？哪里是干枯的枝丫？"优施说："母亲是国君的夫人，儿子将要做国君，难道算不上草木茂盛之地吗？另一个母亲死了，儿子又被人诽谤，难道算不上是干枯的枝丫吗？枯枝还会再折断呢。”

优施出，里克辟奠[①]，不飧而寝[②]。夜半，召优施，曰：“曩而言戏乎[③]？抑有所闻之乎？”曰：“然。君既许骊姬杀太子而立奚齐，谋既成矣。”里克曰：“吾秉君以杀太子，吾不忍。通复故交，吾不敢。中立其免乎？”优施曰：“免。”

注释

① 辟：撤去。奠：放置。

② 飧：晚餐。

③ 曩：以往。而：你。

译文

优施走后，里克撤去酒食，晚饭也不吃就睡下了。半夜时分，他召来优施，问道：“刚才你说的话是开玩笑吗？还是听到了什么风声？”优施说：“是这样的。国君已经答应骊姬杀太子而改立奚齐，计划已经定了。”里克说：“如果要我秉持国君的命令去杀太子，我不忍心。如果让我仍与太子交往，我也不敢。采取中立的态度可以免祸吗？”优施说：“可以。”

旦而里克见丕郑，曰：“夫史苏之言将及矣！优施告我，君谋成矣，将立奚齐。”丕郑曰：“子谓何？”曰：“吾对以中立。”丕郑曰：“惜也！不如曰不信以疏之[1]，亦固太子以携之[2]，多为之故，以变其志，志少疏，乃可间也。今子曰中立，况固其谋也[3]，彼有成矣，难以得间。”里克曰：“往言不可及也，且人中心唯无忌之，何可败也！子将何如？”丕郑曰：“我无心。是故事君者，君为我心，制不在我。”里克曰：“弑君以为廉[4]，长廉以骄心，因骄以制人家，吾不敢。抑挠志以从君[5]，为废人以自利也，利方以求成人，吾不能。将伏也[6]！”明日，称疾不朝。三旬，难乃成。

注释

①疏：麻痹。

②携：离，使疏远。

③况：益，更加。

④廉：正直。

⑤挠：屈，妥协。

⑥伏：退隐。

译文

第二天一大早，里克就去见丕郑，说："史苏的预言就要发生了！优施告诉我，国君的主意已定，将要立奚齐为太子。"丕郑问："你是怎么对优施说的？"里克说："我回答说我会保持中立。"丕郑说："可惜啊！你还不如说不相信他的话以麻痹他，这样就等于加固了太子的地位并分散了他们的力量。应该多给他们制造一点麻烦，以求改变他们的主意，他们的思想略有麻痹，我们就有机会分化他们。如今你已经说过要保持中立，更加助长他们的阴谋野心，他们已经准备就绪，很难再被离间了。"里克说："说过的话无法挽回，何况骊姬心中早已无所顾忌，又怎么能够挫败他们呢！不知您将如何应对？"丕郑说："我没有什么想法。凡是侍奉国君的人，国君的意志就是我的意志，决定权不在我手上。"里克说："以弑君救太子为正直，无限放大这种正直的看法就会让人心生骄傲，以这种骄傲之心去处理别人父子之间的关系，我不敢这么做。可违心地顺从国君的意志，废黜太子而谋求私利，或者不择手段与骊姬妥协，我又做不到。我还是隐退吧！"第二天，里克称病不再上朝。一个月之后，宫廷政变就发生了。

骊姬以君命命申生曰："今夕君梦齐姜[①]，必速祠而归福[②]。"申生许诺，乃祭于曲沃，归福于绛。公田[③]，骊姬受福，乃寘鸩于酒，寘堇于肉[④]。公至，召申生献[⑤]，公祭之地，地坟[⑥]。申生恐而出。骊姬与犬肉，犬毙；饮小臣酒，亦毙。公命杀杜原款[⑦]。申生奔新城[⑧]。

注释

① 齐姜：申生生母。

② 福：祭祀时用的肉。

③ 田：田猎。

④ 寘：同"置"。堇：乌头，一种草本类植物，根茎形如乌鸦的头，有毒。

⑤ 献：献祭肉。

⑥ 坟：凸起。

⑦ 杜原款：晋国大夫，申生的老师。

⑧ 新城：指曲沃。

译文

骊姬用献公的名义命令申生道："昨晚国君梦见你亡故的母亲齐姜，你必须尽快去祭祀她，然后把祭肉送来。"申生答应照办，在曲沃祖庙祭祀之后，申生把祭肉送到绛都。献公正外出打猎，骊姬收下祭肉，就把鸩毒放入酒中，又把乌头放进肉里。献公回来，吩咐申生献上祭品，然后以酒洒地，地面马上鼓起一个小土包。申生感到害怕，就跑了出去。骊姬用祭肉喂狗，狗倒地而死；给近侍喝祭酒，近侍也死了。献公下令诛杀申生的老师杜原款。申生逃回曲沃。

杜原款将死，使小臣圉告于申生，曰："款也不才，寡智不敏[①]，不能教导，以至于死。不能深知君之心度，弃宠求广土而窜伏焉；小心狷介[②]，不敢行也。是以言至而无所讼之也，故陷于大难，乃逮于谗。然款也不敢爱死，唯与谗人钧是恶也。吾闻君子不去情[③]，不反谗，谗行身死可也，犹有令名焉。死不迁情，强也。守情说父，孝也。杀身以成志，仁也。死不忘君，敬也。孺子勉之！死必遗爱，死民之思，不亦可乎？"申生许诺。

注释

①敏：通达。

②狷介：守正不阿，能够坚持自己的道德立场。

③情：指忠孝爱亲之情。

译文

杜原款临死前，吩咐自己一个名叫圉的小臣转告申生，说："我没有才干，少谋略，又不通达，不能好好教导太子，以至今日之死。我没能深刻体察国君的用心，让你及早放弃太子的名位而远走他乡隐藏起来。我生性拘谨又恪守本分，不敢弃国出逃。所以面对恶人的诽谤我却无法为你辩解，这才使你深陷危难之中，蒙受不白之冤。然而我杜原款并不怕死，唯一遗憾的是要与这帮奸佞小人共同承担罪责。我听闻君子不会丢弃忠孝爱亲之情，不屑于对谗言进行申辩，遭到谗言陷害而死并无不可，至少还有美名流传于世。至死不改变忠孝爱亲之情，这才是坚强。坚持忠孝爱亲的感情让父亲开心，这才是孝顺。身死而能成就自己的志向，这才是仁德。临死不忘忠于国君，这才是恭敬。年轻人要好好努力！死要死得流芳百世，死后能得到百姓的怀念，不也是值得的吗？"申生答应了老师的临终告诫。

人谓申生曰："非子之罪，何不去乎？"申生曰："不可。去而罪释[①]，必归于君，是怨君也。章父之恶，取笑诸侯，吾谁乡而入[②]？内困于父母，外困于诸侯，是重困也。弃君去罪，是逃死也。吾闻之：'仁不怨君，智不重困，勇不逃死。'若罪不释，去而必重。去而罪重，不智。逃死而怨君，不仁。有罪不死，无勇。去而厚怨，恶不可重，死不可避，吾将伏以俟命。”

注释

①释：解，消弭。

②乡：同“向”。

译文

有人对申生说：“你并没有什么罪过，为什么不离开晋国呢？”申生说：“不行。我离开晋国虽能开脱自己的罪责，但罪责必然会落在君父头上，这分明是我在怨恨君父。彰显君父的过失，受诸侯国的耻笑，我还能逃往何方？内不见容于君父，外不见容于诸侯，这是双重困境。背弃国君开脱罪责，这是逃避死亡。我曾听闻：‘仁者不怨恨国君，智者不陷入双重困境，勇者不逃避死亡。’如果君父不为我洗脱罪名，逃亡必然陷入双重困境。逃亡而陷入双重困境，这是不智。逃避死亡并且怨恨君父，这是不仁。有罪名而不敢就死，这是无勇。逃亡会加重我的怨恨，我不能一错再错，死亡不可逃避，我还是留下来等候命运的安排吧。”

骊姬见申生而哭之，曰：“有父忍之，况国人乎？忍父而求好人，人孰好之？杀父以求利人，人孰利之？皆民之所恶也，难以长生！”骊姬退，申生乃雉经于新城之庙[1]。将死，乃使猛足言于狐突曰：“申生有罪，不听伯氏[2]，以至于死。申生不敢爱其死。虽然，吾君老矣，国家多难，伯氏不出，奈吾君何？伯氏苟出而图吾君[3]，申生受赐以至于死，虽死何悔！”是以谥为共君。

注释

①雉经：自缢。

②伯氏：狐突的字。

③图吾君：指申生请求狐突不要因为自己的事而心存芥蒂，继续为献公出谋划策。

译文

骊姬到曲沃去见申生，哭着说：“你连自己的君父都忍心谋害，还会爱国人吗？忍心谋害自己的君父以求受到国人爱戴，谁会爱戴你呢？妄图谋杀君父为国人谋利，国人谁会认为这对自己有利呢？这是百姓憎恶的行为，这样的人难以长久！”骊姬走后，申生就在曲沃祖庙里上吊自杀了。临死前，他派猛足去告诉狐突说：“申生有罪，不听您的劝告，以至落到今天的地步。申生不敢吝惜自己的生命。虽然如此，可我的君父年纪大了，国家又是多灾多难的时候，您不出来辅佐他，君父该怎么办呢？您如果肯出来帮助君父谋划，申生可谓一生受您的恩赐，就是死了也没有什么可后悔的！”所以大家为他上谥号叫共君。

骊姬既杀太子申生，又谮二公子曰[①]：“重耳、夷吾与知共君之事。”公令阉楚刺重耳[②]，重耳逃于狄；令贾华刺夷吾[③]，夷吾逃于梁。尽逐群公子，乃立奚齐焉。始为令，国无公族焉。

注释

①谮：诬陷，中伤。

②阉楚：寺人披。阉，宦官。楚，指伯楚，是寺人披的字。

③贾华：晋国大夫。

译文

骊姬杀了太子申生之后，又诬陷两位公子说：“重耳、夷吾都参与了申生的阴谋。”献公派阉人伯楚前往刺杀重耳，重耳逃亡到狄国；又派大夫贾华前往刺杀夷吾，夷吾逃亡到梁国。骊姬把献公所有的儿子都赶跑以后，便立奚齐为太子。从此开始颁布法令，晋国宗室子弟不准留在国内。

2. 二十二年[①]，公子重耳出亡，及柏谷[②]，卜适齐、楚。狐偃曰[③]："无卜焉。夫齐、楚道远而望大，不可以困往。道远难通，望大难走，困往多悔。困且多悔，不可以走望。若以偃之虑，其狄乎！夫狄近晋而不通，愚陋而多怨，走之易达。不通可以窜恶[④]，多怨可与共忧。今若休忧于狄，以观晋国，且以监诸侯之为，其无不成。"乃遂之狄。

注释

①二十二年：晋献公二十二年，时当鲁僖公五年，公元前 655 年。

②柏谷：晋国地名，在今河南灵宝市西南朱阳镇。

③狐偃：狐突的儿子，重耳的舅父。

④窜：隐匿。

译文

晋献公二十二年，公子重耳被迫逃亡。走到柏谷这个地方，占卜显示应该前往齐国或楚国。狐偃说：

“不必占卜了。齐、楚两国距晋国路途遥远而且声望太大，我们不能在危困的时候投奔那里。道路遥远难以抵达，声望太大又难以投奔，身处危困前去投奔必定会后悔。我们身处困境再加上容易后悔，所以不能投奔声望高的国家。若按照我的判断，还是狄国更合适吧！狄国靠近晋国，但双方没有交往，这个国家愚昧落后且与晋国结怨甚多，投奔它又很容易到达。狄国与晋国没有交往，我们正好可以隐匿起来，与晋国结怨多，又能与我们立场一致。如今我们如果能在狄国消除忧患，静观晋国政局的变化，并且观察诸侯各国的动向，那么没有什么事情是办不成的。”于是重耳就逃亡到了狄国。

处一年，公子夷吾亦出奔，曰：“盍从吾兄窜于狄乎？”冀芮曰[①]：“不可。后出同走，不免于罪。且夫偕出偕入难[②]，聚居异情恶，不若走梁。梁近于秦，秦亲吾君[③]。吾君老矣，子往，骊姬惧，必援于秦。以吾存也，且必告悔，是吾免也。”乃遂之梁。居二年，骊姬使奄楚以环释言[④]。四年，复为君。

注释

① 冀芮：晋国大夫，冀缺之父。

②偕：俱，同。

③秦亲吾君：秦穆公夫人是晋献公的女儿。

④奄楚：即前文提到的阉楚。环：与“还”谐音。

译文

重耳到狄国一年之后，公子夷吾也被迫出逃，他说：“何不跟随我的哥哥隐匿在狄国呢？”冀芮说：“不行。您出逃在后却和他逃往同一个国家，不免有合谋之嫌。再说共同进退也有不便之处，生活在一处，将来如果有回国的一天难免交恶，不如逃亡梁国。梁国接近秦国，秦国又和我们国君亲近。我们国君年事已高，您去梁国，骊姬害怕，必定认为我们会向秦国求援。由于我们在梁国而依靠秦国，她必定会前来告诉我们她很后悔，这样我们也就可以免罪了。”于是夷吾逃到了梁国。在梁国寄住的第二年，骊姬派奄楚送来玉环表达让夷吾还国的意思。四年后，夷吾回国做了国君。

8. 二十六年[①]，献公卒。里克将杀奚齐，先告荀息曰[②]：“三公子之徒将杀孺子[③]，子将如何？”荀息曰：“死吾君而杀其孤，吾有死而已，吾蔑从之矣[④]！”里克曰：“子死，孺子立，不亦可乎？子死，孺子废，焉用死？”荀息曰：“昔君问臣事君于我，我对以忠贞。君曰：‘何谓也？’我对曰：‘可以利公室，力有所能，无不为，忠也。葬死者，养生者，死人复生不悔，生人不愧，贞也。’吾言既往矣，岂能欲行吾言而又爱吾身乎？虽死，焉避之？”

注释

①二十六年：晋献公二十六年，时当鲁僖公九年，公元前 651 年。

②荀息：晋国大夫，奚齐的老师。

③三公子：指申生、重耳、夷吾。徒：党。

④蔑：无，不。

译文

晋献公二十六年，献公去世。里克准备杀掉奚齐，事前对荀息说：“三位公子的党羽如果要杀奚齐，您有什么打算？”荀息说：“我们的国君刚刚过世就要杀他的儿子，我只有一死而已，绝不听凭他们的摆布！”里克说：“如果您的死换来奚齐继立为国君，那不是很值得吗？如果您死后奚齐仍旧被废黜，您又何必送死呢？”荀息说：“从前先君曾问过我臣子该如何侍奉国君，我以忠贞二字回答。先君问我：‘何谓忠贞？’我回答说：

‘凡是有利于国家的事，在力所能及的范围内，无不尽力而为，这就是忠。埋葬去世的国君，侍奉继位的新君，即便死者复生，自己对死者也不会觉得后悔，对生者也不会感到惭愧，这就是贞。’我的话已出口，怎么能一边想要实践自己的话，一边又吝惜自己的生命呢？即便是面对死亡，我又怎能选择逃避呢？”

里克告丕郑曰：“三公子之徒将杀孺子，子将何如？”丕郑曰：“荀息谓何？”对曰：“荀息曰‘死之。’”丕郑曰：“子勉之。夫二国士之所图[①]，无不遂也。我为子行之。子帅七舆大夫以待我[②]。我使狄以动之，援秦以摇之。立其薄者可以得重赂，厚者可使无入。国，谁之国也？”里克曰：“不可。克闻之，夫义者，利之足也；贪者，怨之本也。废义则利不立，厚贪则怨生。夫孺子岂获罪于民？将以骊姬之惑蛊君而诬国人，谗群公子而夺之利，使君迷乱，信而亡之，杀无罪以为诸侯笑[③]，使百姓莫不有藏恶于其心中，恐其如壅大川，溃而不可救御也。是故将杀奚齐而立公子之在外者，以定民弭忧[④]，于诸侯且为援，庶几曰诸侯义而抚之，百姓欣而奉之，国可以固。今杀君而赖其富，贪且反义。贪则民怨，反义则富不为赖[⑤]。赖富而民怨，乱国而身殆，惧为诸侯载[6]，不可常也。”丕郑许诺。于是杀奚齐、卓子及骊姬，而请君于秦。

注释

①二国士："二"字当为衍文，国士是丕郑对里克的恭维之辞。一说，二国士指里克和荀息，误。

②七舆大夫：指太子申生统帅下军时的七位下军大夫，共华、贾华、叔坚、骓歂、累虎、特宫、山祁。

③无罪：指申生。

④弭：消除。

⑤赖：利，有益。

⑥载：指载入史册。

译文

里克问丕郑道："三位公子的党羽如果要杀奚齐，您将做何打算？"丕郑反问："荀息怎么说？"里克回答说："荀息说'不惜一死'。"丕郑说："您努力吧。国士所筹划的事情，没有办不成的。我会替您下手。您带着申生手下的七位下军大夫接应我，我会让狄人行动起来，并借助秦国的力量来动摇奚齐的势力。拥立一位基础薄弱的公子做国君可以获得巨大的利益，实力雄厚的公子我们可以不让他返回晋国。晋国，将会是谁的天下？”里克说：“不行。我听闻，道义是利的根本；贪婪是招致怨恨的本源。废弃道义就谈不上获利，深陷贪欲就会招来怨恨。奚齐还是个小孩子，他怎么会得罪民众？民怨来自骊姬上惑国君下欺国人，她用谗言陷害群公子并夺去原本属于他们的利益，使国君意乱神迷，听信她的谗言而驱逐群公子，杀害无辜的申生从而受到诸侯的耻笑，使百姓敢怒而不敢言，百姓的愤怒恐怕会像堵塞的大河一样，一旦溃决就无法挽救。所以我们杀了奚齐并拥立逃亡在外的公子，是为了安定民心以消除隐患，同时还可以得到诸侯的声援。也许可以说，诸侯是为了道义才帮助他，百姓是出于喜欢而拥戴他，国家才会稳固。现在如果杀了刚继位的新君而谋取私利，就是贪婪并且违背道义。贪图利益则百姓怨恨，违背道义则财富无可依赖。为了私利招致民怨，就会乱国危身，恐怕会被诸侯载入史册，这样做是无法长久的。”丕郑听从了里克的意见。于是杀了奚齐、卓子和骊姬，请求秦国助立新君。

既杀奚齐，荀息将死之。人曰：“不如立其弟而辅之。”荀息立卓子。里克又杀卓子，荀息死之。君子曰：“不食其言矣。”

译文

奚齐被杀之后，荀息准备追随奚齐而死。有人对他说：“不如另立奚齐的弟弟并辅佐他。”荀息就拥立了卓子。里克又杀掉卓子，荀息无奈而死。君子认为：“荀息没有自食其言。”

既杀奚齐、卓子，里克及丕郑使屠岸夷告公子重耳于狄[①]，曰：“国乱民扰，得国在乱，治民在扰，子盍入乎？吾请为子钛[②]。”重耳告舅犯曰：“里克欲纳我。”舅犯曰：“不可。夫坚树在始，始不固本，终必槁落。夫长国者，唯知哀乐喜怒之节，是以导民。不哀丧而求国，难；因乱以入，殆。以丧得国，则必乐丧，乐丧必哀生。因乱以入，则必喜乱，喜乱必怠德。是哀乐喜怒之节易也，何以导民？民不我导，谁长？”重耳曰：“非丧谁代？非乱谁纳我？”舅犯曰：“偃也闻之，丧乱有小大。大丧大乱之剡也[③]，不可犯也。父母死为大丧，谗在兄弟为大乱。今适当之，是故难。”公子重耳出见使者，曰：“子惠顾亡人重耳，父生不得供备洒扫之臣，死又不敢莅丧以重其罪，且辱大夫，敢辞。夫固国者，在亲众而善邻，在因民而顺之。苟众所利，邻国所立，大夫其从之。重耳不敢违。”

注释

① 屠岸夷：晋国大夫。

② 鉥 xù ：引导。

③ 剡 yǎn ：锋，锐利。

译文

杀掉奚齐和卓子以后，里克和丕郑派屠岸夷去狄国通知公子重耳，说："国家动荡，百姓惊扰，获得政权要趁时局动乱，治理百姓要趁惊魂未定，您何不趁机回国呢？我愿意在前边为您引路。"重耳对舅舅子犯说："里克想让我回国继承君位。"子犯说："不行。坚固树木的根基在于开始，开始不打好根基，最终必然干枯凋落。身为一国之君，只有懂得哀乐喜怒的礼节，才能教化百姓。君父去世不去治丧却一心求得君位，难以成功；乘国难之机回国执政，会有危险。趁国丧之际得到君位，就必然会以国丧为乐事，以国丧为乐事必定会乐极生悲。趁动乱之机重新回国，就必然会以动乱为喜事，以动乱为喜事必定会放松道德修养。这些都与哀乐喜怒的礼节相违背，还拿什么教化百姓呢？百姓不听我们的教导，还是什么一国之君？"重耳说："如果不是因为国丧，谁能继承君位？如果不是时局动乱，谁会接纳于我？”子犯说：“我听闻，丧乱有大小之分。大丧大乱的锋芒，绝对不可触犯。父母之死是大丧，兄弟间有谗言是大乱，如今您恰逢这种处境，所以很难成功。”公子重耳出来接见使者，说：“承蒙您来看望逃亡在外的重耳，重耳在父亲生前不能尽洒扫的义务，父亲死后又不能亲自操办丧事而加重了我的罪过，更侮辱了诸位大夫，请允许我冒昧地辞谢您的好意。安定国家的人，在于能够亲近百姓，友善邻邦，在于体察民情顺应民心。只要是对百姓有利，邻国同意拥立，大夫们都听从他的安排好了。重耳不敢违背。”

吕甥及郤称亦使蒲城午告公子夷吾于梁[①]，曰：“子厚赂秦人以求入，吾主子。”夷吾告冀芮曰[②]：“吕甥欲纳我。”冀芮曰：“子勉之。国乱民扰，大夫无常，不可失也。非乱何入？非危何安？幸苟君之子，唯其索之也。方乱以扰，孰适御我？大夫无常，苟众所置，孰能勿从？子盍尽国以赂外内，无爱虚以求入，既入而后图聚。”公子夷吾出见使者，再拜稽首许诺。

注释

①吕甥、郤称：晋国大夫，公子夷吾的党羽。

②冀芮：晋国大夫，夷吾的老师。

译文

吕甥和郤称也派蒲城午前往梁国通知公子夷吾，说："您用厚礼求秦国帮助您回国继承君位，我们会拥立您为国君。"夷吾对冀芮说："吕甥准备拥立我为国君。"冀芮说："您努力吧。国家动荡，百姓惊扰，大夫们没有主见，不能失去这个好机会。不是动乱哪有机会回国继位？没有危难何来安宁？幸运的是您是国君的儿子，刚好碰到他们正在寻找国君继承人。如今正值国家动荡百姓惊扰之际，谁能阻挡我们呢？大夫们没有主见，只要大家愿意拥立您，还有谁会不服从？您何不倾晋国之财收买诸侯和国内的大夫，不惜国库空虚也要求得回国继位，回国后再设法重新聚敛财富。"公子夷吾出来接见使者，再次叩拜并答应了使者。

吕甥出告大夫曰："君死自立则不敢，久则恐诸侯之谋，径召君于外也，则民各有心，恐厚乱，盍请君于秦乎？"大夫许诺。乃使梁由靡告于秦穆公曰[①]："天降祸于晋国，谗言繁兴，延及寡君之绍续昆裔[②]，隐悼播越[③]，托在草莽，未有所依。又重之以寡君之不禄[④]，丧乱并臻。以君之灵，鬼神降衷，罪人克伏其辜[5]，群臣莫敢宁处，将待君命。君若惠顾社稷，不忘先君之好，辱收其逋迁裔胄而建立之[6]，以主其祭祀，且镇抚其国家及其民人，虽四邻诸侯之闻之也，其谁不儆惧于君之威，而欣喜于君之德？终君之重爱[7]，受君之重贶，而群臣受其大德，晋国其谁非君之群隶臣也[8]？”

注释

① 梁由靡：晋国大夫。秦穆公：秦德公之子嬴任好。

② 绍：继。续：后嗣。昆：后。裔：后代子孙。

③ 隐：忧虑。悼：忧惧。播：散。越：远。

④ 不禄：士死之后称为不禄。这里用作对晋献公去世的隐晦说法。

⑤ 罪人：指骊姬。伏其辜：服罪。

⑥ 逋：逃亡。迁：徙。

⑦ 终君：指晋献公。

⑧ 隶：役，供驱遣。

译文

吕甥出来对大夫们说：“国君死后我们既不敢自立新君，时间拖得太久又怕诸侯算计，直接从国外迎回一位公子，又怕百姓意见不统一，加剧国家的动乱，何不请求秦国帮助我们立君呢？”大夫们都同意这个建议。于是就派梁由靡转告秦穆公说：“上天降灾祸于晋国，谗言盛行，波及先君的嫡系后裔。他们忧惧之下被迫逃散到各国，伏身草莽，无所依托。再加上先君的去世，国丧和祸乱同时降临晋国。托您神灵之福，鬼神降福，罪人骊姬得以伏法，晋国群臣不敢安宁地生活，期待您的命令。您如能眷顾晋国社稷，不忘与先君的友好关系，收留逃亡在外的公子并帮助他继承君位，让他主持晋国的祭祀，并镇抚国家和百姓，即便四方诸侯听到您的做法之后，还有谁敢不慑服于您的声威，同时赏识您的仁德呢？先君钟爱的儿子受了您的重大恩赐，群臣也受过您的大德，晋国还有谁不愿成为供您驱使的臣子呢？”

秦穆公许诺。反使者，乃召大夫子明及公孙枝[①]，曰：“夫晋国之乱，吾谁使先，若夫二公子而立之[②]，以为朝夕之急。”大夫子明曰：“君使絷也[③]。絷敏且知礼，敬以知微。敏能窜谋[④]，知礼可使；敬不坠命，微知可否。君其使之。”

注释

① 子明：秦国大夫孟明视。公孙枝：秦国大夫公孙子桑。

②若：选择。

③縶：秦国公子，字子显。

④窜：细微，深入。

译文

秦穆公答应了。打发梁由靡回国之后，召见大夫孟明视和公孙枝，问道："晋国这次动乱，我该派谁去重耳和夷吾处，选择一个合适的人立为晋君，以解决晋国的燃眉之急呢？"大夫孟明视说："您派公子縶去吧。公子縶机敏而且知礼，待人恭敬且能洞烛幽微。机敏之人能够小心谋划，知礼之人适合充当使者；恭敬之人不会贻误君命，洞烛幽微之人能够明辨是非。您不妨派他前去。"

乃使公子縶吊公子重耳于狄，曰："寡君使縶吊公子之忧，又重之以丧。寡人闻之，得国常于丧，失国常于丧。时不可失，丧不可久，公子其图之！"重耳告舅犯。舅犯曰："不可。亡人无亲，信仁以为亲，是故置之者不殆[①]。父死在堂而求利，人孰仁我？人实有之，我以徼倖[②]，人孰信我？不仁不信，将何以长利？"公子重耳出见使者，曰："君惠吊亡臣，又重有命。重耳身亡，父死不得与于哭泣之位，又何敢有他志以辱君义？”再拜不稽首，起而哭，退而不私[3]。

注释

①置：立。殆：危险。

②徼：通“侥”，贪求不止。倖：通“幸”，非分而得谓之幸。

③不私：不私下访问。

译文

于是就派公子絷去狄国吊慰公子重耳，说：“我的国君派我来慰问您的去国之忧以及丧父之痛。我的国君听闻，得到国家常常是在国丧的时候，失掉国家也常常是在国丧的时候。时机不容错失，国丧的期限也不会太久，还望公子慎重考虑！”重耳把这件事告诉舅舅子犯。子犯说：“不行。逃亡之人无人亲近，只有诚信和仁德才能获得别人的亲近，拥立这样的人做国君才不会有危险。父亲灵柩还停在堂上就急于求利，谁会认为我们仁德？别的公子也有继承君位的权利，我们即便侥幸得到，谁会认为我们诚信？不仁无信，又如何获得长远的利益呢？”公子重耳出来见公子絷说：“承蒙您前来吊慰逃亡之人，更兼有帮助我登上君位的使命。但重耳流亡在外，父亲死了都不能亲临哭丧的位子，又怎敢以非分之想玷辱您的高义呢？”说完只跪拜而不磕头，然后起身哭泣，退下后也没有私下访问公子絷。

公子絷退，吊公子夷吾于梁，如吊公子重耳之命。夷吾告冀芮曰：“秦人勤我矣！”冀芮曰：“公子勉之。亡人无狷洁[①]，狷洁不行。重赂配德，公子尽之，无爱财！人实有之，我以徼倖，不亦可乎？”公子夷吾出见使者，再拜稽首，起而不哭，退而私于公子絷曰：“中大夫里克与我矣，吾命之以汾阳之田百万[②]。丕郑与我矣，吾命之以负蔡之田七十万[③]。君苟辅我，蔑天命矣[④]！亡人苟入扫宗庙，定社稷，亡人何国之与有？君实有郡县，且入河外列城五。岂谓君无有，亦为君之东游津梁之上，无有难急也。亡人之所怀挟缨纕[⑤]，以望君之尘垢者。黄金四十镒[⑥]，白玉之珩六双[⑦]，不敢当公子，请纳之左右。”

注释

①狷洁：洁身自好。

②汾阳：晋国地名。

③负蔡：晋国地名。

④蔑：无。

⑤ 缨：马缨。纕：马腹带。

⑥ 镒：古代重量单位，二十两为一镒。

⑦ 珩 héng：佩玉上的横玉，形状似缩小的磬。

译文

公子絷离开狄国，又到梁国吊慰公子夷吾，吊慰之辞与公子重耳如出一辙。夷吾对冀芮说："秦国要尽力帮助我了！"冀芮说："公子努力吧。逃亡之人无法洁身自好，洁身自好则寸步难行。要重礼酬谢对你有大恩德的人，公子放手去做，不要吝惜钱财！别的公子也有继承君位的权利，我们如果侥幸得到，不是很好吗？"公子夷吾出来拜见公子絷，再拜磕头，起身而不哭泣，双方退回之后又私下访问公子絷说："中大夫里克已表示支持我了，我把汾阳一带的百万亩田地赐给他。丕郑也已表示支持我了，我把负蔡一带七十万亩田地赐给他。秦君只要肯帮助我，我就无需祈求天命！我只要能够回国洒扫宗庙，安定社稷，逃亡之人还有什么资格计较国土呢？秦君不乏郡县国土，请再接受黄河以东的五座城邑。哪里是因为秦君没有，只是为了秦君东游黄河桥梁之上时，不必再有什么着急为难之事。我愿意手牵骏马，敬候秦君的到来。另行奉上黄金八百两、白玉珩六双，不敢奉给公子，请赏给左右的随从。"

公子絷反，致命穆公。穆公曰："吾与公子重耳，重耳仁。再拜不稽首，不没为后也[①]。起而哭，爱其父也。退而不私，不没于利也。"公子絷曰："君之言过矣。君若求置晋君而载之[②]，置仁不亦可乎？君若求置晋君以成名于天下，则不如置不仁以猾其中[③]，且可以进退。臣闻之曰：'仁有置，武有置。仁置德，武置服。'"是故先置公子夷吾，寔为惠公[④]。

注释

①没：贪求。

②载：玉成。

③猾：乱。

④寔：通"实"。

译文

公子絷回到秦国，向秦穆公复命。穆公说："我赞同公子重耳，重耳仁德。他跪拜而不磕头，说明他不贪图继承君位。起身而哭泣，说明他爱自己的父亲。退下后不私下拜访，是不贪于私利。"公子絷说："您的话有点过头。您助立晋君如果是为了成全晋国，那么助立仁德者未尝不可。您助立晋君如果是为了成就秦国威震天下的美名，就不如立不仁德之人以扰乱晋国，并且还有回旋余地。我听闻：‘对付仁者有仁者的办法，对付武者有武者的办法。仁者可以用道德原则来对付，武者可以用武力使之服从。’”因此秦国就先帮助公子夷吾回国继位，这就是晋惠公。

卷九 晋语三

1. 惠公入而背外内之赂[①]。舆人诵之曰[②]：“佞之见佞[③]，果丧其田。诈之见诈，果丧其赂。得国而狃[④]，终逢其咎。丧田不惩，祸乱其兴。”既里、丕死，祸，公陨于韩。郭偃曰[⑤]：“善哉！夫众口祸福之门。是以君子省众而动，监戒而谋，谋度而行，故无不济。内谋外度，考省不倦，日考而习，戒备毕矣。”

注释

① 惠公：晋献公之子，公子夷吾。

② 舆人：众人。

③ 佞：伪善。

④ 狃 niǔ：贪婪。

⑤ 郭偃：晋国大夫。

译文

晋惠公继承君位之后立刻背弃了自己曾经答应给国内外相关人士好处的许诺。大家争相传诵道：“伪善之人碰上伪善之人，最终还是没能得到田地。奸诈之人碰上奸诈之人，终究没能捞到好处。得国之人转眼就贪婪无情，终将遭到报应。没能得到田地的人不去反省自己，灾祸必将发生。”不久，里克、丕郑果然被杀；灾难降临，惠公在韩地兵败被俘。大夫郭偃说：“好啊！众人之口果然是祸福之门。因此君子体察百姓的愿望之后才行动，借鉴历史经验之后才谋划，深思熟虑之后才实施，所以没有办不成的事。谋划于心并审视于外，不厌其烦地考校审视，每天反复研究，警戒防备之功尽在于此。”

4. 惠公既即位，乃背秦赂。使丕郑聘于秦，且谢之①。而杀里克，曰：“子杀二君与一大夫，为子君者，不亦难乎？”

注释

① 谢：道歉。

译文

晋惠公继承君位之后，转而背弃了割地给秦国的许诺。他派丕郑到秦国行聘问之礼，并向秦君致歉。同时还杀了里克，说：“您杀了两位国君和一名大夫，做您的国君，不是太为难吗？”

丕郑如秦谢缓赂，乃谓穆公曰："君厚问以召吕甥、郤称、冀芮而止之[①]，以师奉公子重耳，臣之属内作，晋君必出。"穆公使泠至报问[②]，且召三大夫[③]。郑也与客将行事[④]，冀芮曰："郑之使薄而报厚，其言我于秦也，必使诱我。弗杀，必作难。"是故杀丕郑及七舆大夫[⑤]：共华、贾华、叔坚、骓歂、累虎、特宫、山祁，皆里、丕之党也。丕豹出奔秦[⑥]。

注释

① 问：聘问之礼。

② 泠至：秦国大夫。

③ 三大夫：指吕甥、郤称、冀芮。

④ 客：指泠至。行事：指行聘问之礼。

⑤ 七舆大夫：七人都是太子申生下军中的大夫。

⑥ 丕豹：丕郑之子。

译文

丕郑出使秦国并对暂缓割让晋国城邑表示歉意，然后对穆公说："您以回访的名义用厚礼把吕甥、郤称、冀芮三人骗到秦国拘留起来，然后派军队护送公子重耳回晋国，臣等在晋国内部策应，晋君必定会出逃。”于是穆公派泠至回访晋国，同时邀请吕甥、郤称和冀芮三人访问秦国。丕郑与泠至正要按计划行事，冀芮说：“丕郑出使秦国时带去的礼物微薄，可是秦国回赠的礼物却很丰厚，大概他在秦君面前说了对我们不利的话，现在一定是秦国来引诱我们的。不杀丕郑，他必定会发难。”所以就杀了丕郑和七舆大夫共华、贾华、叔坚、骓歂、累虎、特宫、山祁等人。这些人都是里克、丕郑的同党。丕郑的儿子丕豹逃往秦国。

丕郑之自秦反也，闻里克死，见共华曰：“可以入乎？”共华曰：“二三子皆在而不及[①]，子使于秦，可哉！”丕郑入，君杀之。共赐谓共华曰[②]：“子行乎？其及也！”共华曰：“夫子之入，吾谋也，将待也。”赐曰：“孰知之？”共华曰：“不可。知而背之不信，谋而困人不智，困而不死无勇。任大恶三，行将安入？子其行矣，我姑待死。”

注释

①二三子：指七舆大夫之徒。不及：未及于难。

②共赐：晋国大夫，共华的族人。

译文

丕郑从秦国返回途中听到里克被杀的消息，秘密见共华商量对策：“我可以回国吗？”共华说：“我们几个在国内都没有被株连，您出使秦国，当然可以回来。”丕郑回国之后，惠公杀了他。共赐对共华说：“您还不逃走吗？就要轮到你了！”共华说：“丕郑回国是我的主意，我会静待君命。”共赐说：“有谁知道这件事呢？”共华说：“不行。自己知道而违背本心是不信，为人谋划却陷人于难是不智，害了别人自己避死是不勇。我身负三大罪恶，逃又能逃到哪里？您还是走吧，我姑且在这里等死。”

丕郑之子曰豹，出奔秦，谓穆公曰：“晋君大失其众，背君赂，杀里克，而忌处者[①]，众固不说。今又杀臣之父及七舆大夫，此其党半国矣。君若伐之，其君必出。”穆公曰：“失众安能杀人？且夫祸唯无毙[②]，足者不处，处者不足，胜败若化[③]。以祸为违，孰能出君？尔俟我！”

注释

①忌：厌恶。

②毙：死。

③化：指转化无常。

译文

丕郑的儿子叫豹，逃亡到秦国，对秦穆公说："晋国国君大失人心，他背弃了对您的许诺，杀死里克，忌恨自己逃亡之后留守国内的人，大家本来就对他不满。如今他又杀了我的父亲和七舆大夫，此举令他在国内的支持者减少了一半。您如果讨伐晋国，国君必定出逃。"穆公说："失去人心怎么还能杀这么多人？况且他的罪过还不到必死的地步，恶贯满盈者不会安处，安处者罪不至死，胜败之间变化无常。有杀身之祸者都逃离了晋国，还有谁能把晋君赶出国呢？您就耐心等待我的好消息吧！"

5. 晋饥，乞籴于秦。丕豹曰："晋君无礼于君，众莫不知。往年有难，今又荐饥[①]。已失人，又失天，其有殃也多矣。君其伐之，勿予籴！"公曰："寡人其君是恶，其民何罪？天殃流行，国家代有。补乏荐饥，道也，不可以废道于天下。"谓公孙枝曰[②]："予之乎？"公孙枝曰："君有施于晋君，晋君无施于其众。今旱而听于君，其天道也。君若弗予，而天予之。苟众不说其君之不报也，则有辞矣。不若予之，以说其众。众说，必咎于其君。其君不听，然后诛焉。虽欲御我，谁与？”是故氾舟于河[③]，归籴于晋。

注释

① 荐饥：连年饥荒。一说禾、麦全部歉收。

② 公孙枝：字子桑，秦国大夫。

③ 氾：漂浮，这里指行驶。

译文

晋国发生饥荒，请求向秦国买粮。丕豹对穆公说：“晋君此前曾无礼于您，天下无人不知。晋国往年有灾祸，如今又连年饥荒。晋君已经失去人心，又失去天意，他的祸殃够多的啊。您应该趁机讨伐他，不要卖给他粮食！”秦穆公说：“我憎恶的是晋君，晋国百姓又有何罪？天灾流行，各国都会交替发生。赈灾救饥，这是大道，不能在天下人面前废弃大道。”然后问公孙枝：“应该给晋国粮食吗？”公孙枝说：“您对晋君曾有过恩惠，晋君对自己的百姓不施恩德。如今遭了旱灾又向您求援，恐怕是天意啊。您若不给他粮食，上天也会给予他的。这样的话，晋国民众对晋君知恩不报的行为虽然不满，晋君就有了借口。不如卖给他们粮食，以取悦晋国百姓。百姓欢喜，必然会把罪责归咎于晋君。晋君如果再次罔顾民意，我们就可以名正言顺地讨伐他了。那时他即使想抵抗我们，还有谁会帮助他呢？”所以秦国泛舟黄河，把粮食运往晋国。

秦饥，公令河上输之粟[①]。虢射曰[②]：“弗予赂地而予之籴，无损于怨而厚于寇，不若勿予。”公曰：“然。”庆郑曰[③]：“不可。已赖其地[④]，而又爱其实[⑤]，忘善而背德，虽我必击之。弗予，必击我。”公曰：“非郑之所知也。”遂不予。

注释

① 河上：指晋献公原先许诺秦国的河东五城。

② 虢射：晋国大夫。

③ 庆郑：晋国大夫。

④ 赖：抵赖。

⑤ 实：谷物。

译文

秦国发生饥荒，晋惠公命令河东五城向秦国运送粮食。虢射说：“不给秦国许诺之地却卖给它粮食，不但不会减轻对方的怨恨，反而会加强他们的实力，不如不给。”惠公说：“有道理。”庆郑说：“不可行。已经赖掉曾经许诺给秦国的土地，如果再吝惜那里出产的粮食，这是恩将仇报，换做是我们也会讨伐这种行为的。不给粮食，秦国一定攻打我们。”惠公说：“这不是你所能懂得的。”于是就没有卖给秦国粮食。

6. 六年，秦岁定，帅师侵晋，至于韩[①]。公谓庆郑曰：“秦寇深矣，奈何？”庆郑曰：“君深其怨，能浅其寇乎？非郑之所知也，君其讯射也。”公曰：“舅所病也[②]？”卜右[③]，庆郑吉。公曰：“郑也不逊。”以家仆徒为右[④]，步扬御戎[⑤]。梁由靡御韩简[⑥]，虢射为右，以承公[⑦]。

注释

① 韩：晋国地名，韩原。

② 舅：诸侯对异姓大夫的尊称。病：短，指批评。

③ 右：车右，这里指为晋献公占卜兵车之佐。

④ 家仆徒：晋国大夫。

⑤ 步扬：晋国大夫。御戎：驾驭兵车。

⑥ 韩简：晋国卿士。

⑦ 承：次，跟随。

译文

晋惠公六年，秦国粮食丰收、百姓安定，秦穆公挥师伐晋，一直打到韩原。晋惠公问庆郑说："秦军已经深入我国，这该如何是好？"庆郑回答："您与秦国结怨很深，怎能指望秦军浅尝辄止呢？我不懂得如何应付这种局面，您还是去问虢射吧。"惠公说："舅氏这是在责怪我吗？"占卜车右人选，庆郑最吉。惠公说："庆郑对我太不恭敬。"让家仆徒做自己的车右，让步扬为自己驾驭兵车。让梁由靡为韩简驾驭兵车，让虢射担任韩简的车右，紧随惠公的兵车。

公御秦师，令韩简视师，曰："师少于我，斗士众。"公曰："何故？"简曰："以君之出也处己，入也烦己，饥食其籴，三施而无报，故来。今又击之，秦莫不愠，晋莫不怠，斗士是故众。"公曰："然。今我不击，归必狃[①]。一夫不可狃，而况国乎！"公令韩简挑战，曰："昔君之惠也，寡人未之敢忘。寡人有众，能合之弗能离也。君若还，寡人之愿也。君若不还，寡人将无所避。"穆公衡雕戈出见使者[②]，曰："昔君之未入，寡人之忧也。君入而列未成[③]，寡人未敢忘。今君既定而列成，君其整列，寡人将亲见。"

注释

①狃：习惯。

②衡：同“横”。戈：戟。

③列：地位。

译文

惠公迎战秦国军队，派韩简观察秦军虚实。韩简说：“秦军人数比我们少，但勇于作战的人却很多。”惠公问：“什么缘故？”韩简回答说：“因为您出亡时依靠过秦国，入主晋国时烦劳过秦国，饥荒时又接受过秦国的粮食，秦国三次施惠都没有得到报答，所以才会前来。如今您又出兵迎战，秦军无不愤怒，晋军无人不懈怠，所以秦军中勇于作战的人很多。”惠公说：“的确如此。但如果我现在不迎击，回去后秦国必然经常来犯。普通人尚且不能让他养成坏习惯，何况是国家呢！”惠公命令韩简向秦军挑战，说：“过去您的恩惠，寡人不敢忘记。寡人有众多的将士，能集合他们作战却无法解散他们。您如果退兵，正是寡人所希望的。您如果不退兵，寡人将无可避让。”穆公横握华丽的战戟出来接见晋军使者，说：“过去你们国君没有回国之前，寡人曾为他担忧。你们国君回国后地位未稳，寡人仍旧挂怀。

如今你们国君大局已定，让他整好阵列，寡人要亲自见识见识。”

客还，公孙枝进谏曰：“昔君之不纳公子重耳而纳晋君，是君之不置德而置服也。置而不遂，击而不胜，其若为诸侯笑何？君盍待之乎？”穆公曰：“然。昔吾之不纳公子重耳而纳晋君，是吾不置德而置服也。然公子重耳实不肯，吾又奚言哉？杀其内主，背其外赂，彼塞我施，若无天乎？若有天，吾必胜之。”君揖大夫就车，君鼓而进之。晋师溃，戎马泞而止[①]。公号庆郑曰：“载我！”庆郑曰：“忘善而背德，又废吉卜，何我之载？郑之车不足以辱君避也！”梁由靡御韩简，辂秦公[②]，将止之，庆郑曰：“释来救君[③]！”亦不克救，遂止于秦。

注释

① 泞：深泥坑。

② 辂 yà：通“迓”，迎，此指拦住。

③ 释：舍弃。

译文

晋国使者回去后，公孙枝进谏说：“过去您不接纳公子重耳却接纳了公子夷吾，这表明您不支持有德之人而是支持屈服您的人。拥立之后却不顺从您，讨伐如果不能取胜，又该拿诸侯们的嘲笑怎么办？您何不静待晋君自己败亡呢？”穆公说：“的确。过去我不接纳重耳却接纳夷吾，是我不愿支持有德之人而想拥立服从我的人。可是重耳确实自己不肯做国君，我又能说什么呢？晋君在国内杀了丕郑和里克，在国外又背弃对我的许诺，他多行不义而我仁至义尽，难道没有天理了吗？假如上天有知，我一定能战胜他。”穆公于是揖请大夫们登车，亲自击鼓指挥进攻。晋军溃败，惠公的战马陷入泥泞之中动弹不得。惠公呼叫庆郑说：“快用你的车来救我！”庆郑说：“你忘恩负义，又废弃我做车右的吉兆，为何还要让我载你？我的战车不值得委屈你来躲避！”梁由靡为韩简驾驭战车，堵住了秦穆公，正要将他擒获，庆郑说：“快舍弃他来救我们国君！”但已来不及救援，晋惠公还是被秦军俘获。

穆公归，至于王城[①]，合大夫而谋曰：“杀晋君与逐出之，与以归之，与复之，孰利？”公子絷曰：“杀之利。逐之恐构诸侯[②]，以归则国家多慝[③]，复之则君臣合作，恐为君忧，不若杀之。”公孙枝曰：“不可。耻大国之士于中原，又杀其君以重之，子思报父之仇，臣思报君之雠。虽微秦国，天下孰弗患？”公子絷曰：“吾岂将徒杀之？吾将以公子重耳代之。晋君之无道莫不闻，公子重耳之仁莫不知。战胜大国，武也。杀无道而立有道，仁也。胜无后害，智也。”公孙枝曰：“耻一国之士，又曰余纳有道以临女，无乃不可乎？若不可，必为诸侯笑。战而取笑诸侯，不可谓武。杀其弟而立其兄，兄德我而忘其亲，不可谓仁。若弗忘，是再施不遂也，不可谓智。”君曰：“然则若何？”公孙枝曰：“不若以归，以要晋国之成④，复其君而质其适子⑤，使子父代处秦，国可以无害。”是故归惠公而质子圉⑥，秦始知河东之政。

注释

①王城：秦国地名。

②构：招致，这里指招致怨恨。

③慝：恶。

④要：约言，指以明誓的方式要求就某事做出庄严的承诺。成：平，指盟约。

⑤适子：嫡子。

⑥质：人质。子圉：晋惠公之子，晋怀公。

译文

秦穆公回到秦国王城，召集大夫们商量道：“是杀掉晋君还是把他逐出晋国，还是让他回国，还是恢复他的君位，哪种方法对我们有利？”公子絷说：“杀了有利。驱逐他恐怕会激怒诸侯，放他回去会对我们造成威胁，恢复他的君位会促成他们君臣合作，恐怕会成为您的隐患，不如杀了他。”公孙枝说：“不行。我们在中原地区羞辱大国将士，再杀了他们国君会加重羞辱，这样会令晋国上下儿子想为父报仇，臣子想为君雪耻。即便秦国没有干出这种事，天下人谁会不担心呢？”公子絷说：“我讲的哪里是杀了晋君那样简单？我的意思是用公子重耳代替他的位置。晋君无道谁人不知，公子重耳的仁德哪个不晓？我们战胜大国，是威武。杀无道之君而立有道之人，是仁义。胜利而不留后患，是明智。”公孙枝说：“羞辱一国将士，又说我会另立有道之君来管理你们，恐怕不行吧？倘若行不通，必定会被诸侯嘲笑。战胜大国却受到诸侯嘲笑，不能说是威武。杀了弟弟另立他的哥哥，哥哥如果感激我而忘了他的亲人，就谈不上仁义。如果不忘亲人，就是再次施恩仍不遂愿，谈不上是明智。”穆公问：“那该如何是好？”公孙枝说：“不如放他回去，与晋国缔结和约，恢复他的君位，但拿他的太子做人质，让他们父子交替留在秦国，国家就可以免除祸害了。”因此秦穆公放晋惠公回国，但留下子圉作为人质，秦国开始管理河东五城的政事。

8. 惠公未至，蛾析谓庆郑曰[①]:“君之止，子之罪也。今君将来，子何俟？”庆郑曰:“郑也闻之曰:‘军败，死之；将止[②]，死之。’二者不行，又重之以误人，而丧其君，有大罪三，将安适？君若来，将待刑以快君志；君若不来，将独伐秦。不得君，必死之。此所以待也。臣得其志，而使君瞢[③]，是犯也[④]。君行犯，犹失其国，而况臣乎？”

注释

① 蛾析：晋国大夫。

② 止：被俘。

③ 瞢 méng：惭愧，蒙羞。

④ 犯：冒犯。

译文

晋惠公没有回到晋国之前，蛾析对庆郑说：“国君被秦国俘获，是您的罪过。现在国君就要回国，您还等什么？”庆郑说：“我听人说：‘军队溃败，主将应该以死谢罪。主将被俘，副将应该以死谢罪。’这两样我都没能做到，再加上贻误梁由靡擒获秦穆公的战机，以及国君被俘，有此三大罪状，还能逃往何方？国君如果回来，我会等待受刑以解国君心头之恨；国君如果无法回来，我将独自率兵讨伐秦国。不救回国君，必定以死相拼。这就是我等待的理由。我遂了心意，却令国君蒙羞，这是以下犯上。国君违背天意尚且会失去国家，何况做臣子的呢？”

公至于绛郊，闻庆郑止，使家仆徒召之，曰：“郑也有罪，犹在乎？”庆郑曰：“臣怨君。始入而报德，不降[①]；降而听谏，不战；战而用良，不败。既败而诛，又失有罪，不可以封国[②]。臣是以待即刑，以成君政。”君曰：“刑之！”庆郑曰：“下有直言，臣之行也[③]；上有直刑，君之明也。臣行君明，国之利也。君虽弗刑，必自杀也。”蛾析曰：“臣闻奔刑之臣[④]，不若赦之以报雠。君盍赦之，以报于秦？”梁由靡曰：“不可。我能行之，秦岂不能？且战不胜，而报之以贼，不武；出战不克，入处不安，不智；成而反之[⑤]，不信；失刑乱政，不威。出不能用，入不能治，败国且杀孺子[⑥]，不若刑之。”君曰：“斩郑，无使自杀！”家仆徒曰：“有君不忌[⑦]，有臣死刑，其闻贤于刑之。”梁由靡曰：

"夫君政刑，是以治民。不闻命而擅进退，犯政也；快意而丧君，犯刑也。郑也贼而乱国，不可失也！且战而自退，退而自杀；臣得其志，君失其刑，后不可用也。"君令司马说刑之[8]。司马说进三军之士而数庆郑曰："夫韩之誓曰：失次犯令[9]，死；将止不面夷[10]，死；伪言误众，死。今郑失次犯令，而罪一也；郑擅进退，而罪二也；女误梁由靡，使失秦公，而罪三也；君亲止，女不面夷，而罪四也：郑也就刑！"庆郑曰："说！三军之士皆在，有人能坐待刑，而不能面夷？趣行事乎[11]！"丁丑，斩庆郑，乃入绛。

注释

①降：同"构"，指交恶。

②句末"国"字为衍文。封：国。

③行：方法，规范。

④奔：趋，就。

⑤成：平，指盟约。

⑥孺子：指晋惠公在秦国做人质的儿子子圉。

⑦忌：怨。

⑧司马说：司马为其官职，说为其名。

⑨次：行列。令：军令。

⑩夷：伤口，伤痕。

⑪趣：速，赶快。

译文

晋惠公到了国都郊外，听说庆郑不肯出逃，就命家仆徒召他前来，问道："你明知有罪，还敢留在国都？"庆郑说："微臣怨恨您，当初您如果入主晋国之后就报答秦国恩德，就不会与秦国交恶；交恶之后如果能听进臣子的劝谏，就不会发生战争；战争发生之后如果能听用吉卜，就不会战败。战败之后就要诛杀有罪之人，如果有罪之人不能伏法，还怎么统治国家？微臣因此等候就刑，以成就您的统治。"惠公说："给他行刑。"庆郑说："臣子直言劝谏，是为臣子的本分；君上刑罚无私，是君上的圣明。臣子尽责而国君圣明，是国家的前途所在。您即使不杀我，我也一定会自杀的。"蛾析说："微臣听闻对于主动接受刑罚的臣子，不如赦免他以将功补过。您何不赦免庆郑，让他替您报仇呢？"梁由靡说："不行。我们能这样做，难道秦国就不能吗？况且战争失利，而用不正当的手段再次报复，算不得威武；出战不胜，回国后又不能静待时机，算不得明智；与人讲和之后又背信弃义，算不得守信；刑罚失当，国政混乱，算不得威严。庆郑这样的人在外不听调遣，在内无法处置，败坏国家而且会害了太子，不如杀了。”惠公说：“杀了庆郑，不能让他自杀！”家仆徒说：“当国君者不计前嫌，为臣子者甘愿就刑，我认为这样会比杀了庆郑更好。”梁由靡说：“国君的政令刑罚，是用来治理百姓的。不听命令而擅自进退，就是触犯政令；图一时之快而使国君被俘，就是触犯刑罚。庆郑的自私扰乱了国家，不能饶恕！再说临阵脱逃，逃回自杀，臣下逞其私欲，国君丧失刑威，以后将无法用刑。”惠公命司马说监斩。司马说集合三军兵士当众列举庆郑的罪状，说：“韩原之战前的誓词规定：扰乱阵列违抗军令者，处死；主将被俘部下脸上无伤者，处死；散布谣言误导军士者，处死。如今庆郑扰乱阵列违抗军令，这是第一项罪过；庆郑擅自进退，这是第二项罪过；庆郑还误导梁由靡，使之失去抓住秦君的机会，这是第三项罪过；国君被俘，你却脸上无伤，这是第四项罪过；庆郑，你受刑吧！”庆郑说：“司马说！三军将士都在这里，有人能坐等受刑，难道还怕脸上带伤吗？赶快用刑吧！”丁丑这天，庆郑被斩首，惠公进入绛都。

十五年[①]，惠公卒，怀公立[②]，秦乃召重耳于楚而纳之。晋人杀怀公于高梁[③]，而授重耳，实为文公。

注释

①十五年：晋惠公十五年。

②怀公：晋惠公之子，子圉。

③高梁：晋国地名。

译文

晋惠公十五年，惠公故世，晋怀公继位，秦人从楚国接回重耳纳为晋国国君。晋人在高梁杀了怀公，把君权交给重耳，这就是晋文公。

卷十　晋语四

1. 文公在狄十二年[①]，狐偃曰[②]："日，吾来此也，非以狄为荣[③]，可以成事也。吾曰：'奔而易达，困而有资，休以择利，可以戾也[④]。'今戾久矣，戾久将底[⑤]。底著滞淫[⑥]，谁能兴之？盍速行乎！吾不适齐、楚，避其远也。蓄力一纪[⑦]，可以远矣。齐侯长矣[⑧]，而欲亲晋。管仲殁矣，多谗在侧。谋而无正，衷而思始。夫必追择前言，求善以终，餍迩逐远[⑨]，远人入服，不为邮矣[⑩]。会其季年可也，兹可以亲。"皆以为然。

注释

① 文公：指晋文公重耳。重耳为避骊姬之乱，滞留狄国十二年之久。

② 狐偃：重耳舅父，字子犯。

③ 荣：安乐。

④ 戾：安定。

⑤ 底：止，停滞。

⑥ 著：附带。滞：废，沉沦。淫：久。

⑦一纪：岁星十二年绕天一周，称为一纪。

⑧齐侯：指齐桓公。长：年老。

⑨餍：满足。迩：近。逐：求。

⑩邮：过失。

译文

晋文公在狄国一住十二年，狐偃说："当初，我们到这里，并非因为狄国安乐，而是认为您可以成就大事。我曾说过：'狄国逃亡时容易到达，困境中能得到资助，休整之后可以择机而动，可以作为临时居留之地。'如今已停留太久了，停留久了就会止步不前。止步不前再加以长期沉沦，谁还能振作有为？何不赶快出发呢！当初我们不到齐、楚两国去，是怕路途遥远。如今养精蓄锐有十二年之久，可以远行了。齐桓公年纪老了，想亲近晋国。管仲去世后，桓公身边尽是些谗谄小人。国策无人匡正，心中念念不忘当年的盛况。因此他一定会追思管仲生前的忠告，做到善始善终。邻近之国已臣服自然就会谋求远方诸侯，远方之人前去投奔，不会有任何差错。恰逢桓公暮年，这是亲近他的好时机。"大家都觉得有道理。

乃行，过五鹿[①]，乞食于野人[②]。野人举块以与之，公子怒，将鞭之。子犯曰："天赐也。民以土服，又何求焉！天事必象，十有二年，必获此土。二三子志之[③]。岁在寿星及鹑尾[④]，其有此土乎！天以命矣[⑤]，复于寿星[⑥]，必获诸侯。天之道也，由是始之。有此，其以戊申乎！所以申土也[⑦]。"再拜稽首，受而载之。遂适齐。

注释

①五鹿：卫国地名。

②野人：农夫。

③志：同"识"，记住。

④岁：岁星，即木星。岁星在黄道带中，每十二年绕天一周，每年所行的区域为一个星次，寿星和鹑尾就是其中的两个星次。

⑤命：告，这里指暗示。

⑥复于寿星：指十二年之后岁星再次运行在寿星这一星次的时候。

⑦申：广，扩张。

译文

于是重耳一行出发，经过五鹿时，向农夫讨饭吃，农夫拿起土块递给他们，重耳发怒，要用鞭抽他。狐偃说："这是上天的恩赐啊。农夫献土表示归服，我们还求什么呢？上天之事必定先有某种征兆，十二年之后，我们一定会获得这片土地。你们记住，当岁星运行到寿星和鹑尾时，我们会拥有这片土地。天象预示我们，岁星再次行经寿星时，我们一定能获得诸侯的拥戴。天道轮回，我们的复兴之路由此开始。拥有这片土地，应当是在戊申这一天吧！申乃广土之义。"重耳再拜叩头，收下土块车载而行。一行人前往齐国而去。

2. 齐侯妻之，甚善焉。有马二十乘，将死于齐而已矣。曰："民生安乐，谁知其他？"桓公卒，孝公即位①。诸侯叛齐。子犯知齐之不可以动，而知文公之安齐而有终焉之志也，欲行，而患之，与从者谋于桑下。蚕妾在焉，莫知其在也。妾告姜氏，姜氏杀之，而言于公子曰："从者将以子行，其闻之者吾以除之矣。子必从之，不可以贰②，贰无成命。《诗》云：'上帝临女，无贰尔心。'③先王其知之矣，贰将可乎？子去晋难而极于此④。自子之行，晋无宁岁，民无成君⑤。天未丧晋，无异公子，有晋国者，非子而谁？子其勉之！上帝临子，贰必有咎。"

注释

① 孝公：齐孝公姜昭，齐桓公之子。

② 贰：疑，犹豫。

③ 引自《诗经·大雅·大明》第七章。

④ 极：至，到。

⑤ 成：固定。

译文

齐桓公把女儿嫁给重耳为妻，待重耳很好。重耳有马八十匹，打算终老齐国。他说："人生就是图个安定快乐，谁还去管其他的呢？"齐桓公死后，齐孝公即位，诸侯纷纷背叛齐国。狐偃知道齐国已无法帮助重耳重返晋国夺取政权，也看到重耳安于齐国并有终老于此的想法，打算离开齐国，又担心重耳不肯走，就和重耳的随从一起在桑树下密谋策划。齐国宫中一个养蚕女子正好在这棵树上采桑叶，但树下之人谁也没有发觉。养蚕女子报告给姜氏，姜氏杀了她，然后对重耳说道："您的随从想要同您一起离开齐国，听到这件事的人我已经除掉了。您一定要听从他们，千万不能犹豫不决，犹豫不决之人无法成就天命。《诗》说：'上天的福祉照临着你，你千万不要迟疑。'先王是知晓天命的，犹豫不决怎么能行呢？您为逃晋国之难而到这里。自从您离开以后，晋国连年不宁，百姓没有一个稳定的国君。上天并没有要灭亡晋国，晋国先君也没有其他的儿子了，拥有晋国者不是您还能是谁？您要好好努力！上天选中了您，迟疑不决一定会有祸殃。”

公子曰：“吾不动矣，必死于此。”姜曰：“不然。《周诗》曰：‘莘莘征夫，每怀靡及。’[①]夙夜征行，不遑启处[②]，犹惧无及，况其顺身纵欲怀安，将何及矣！人不求及，其能及乎？日月不处，人谁获安？西方之书有之曰：‘怀与安，实疚大事。’[③]《郑诗》云：‘仲可怀也，人之多言，亦可畏也。’[④]昔管敬仲有言，小妾闻之，曰：‘畏威如疾，民之上也。从怀如流，民之下也。见怀思威，民之中也。畏威如疾，乃能威民。威在民上，弗畏有刑。从怀如流，去威远矣，故谓之下。其在辟也[⑤]，吾从中也。《郑诗》之言，吾其从之。’此大夫管仲之所以纪纲齐国，裨辅先君而成霸者也[⑥]。子而弃之，不亦难乎？齐国之政败矣，晋之无道久矣，从者之谋忠矣，时日及矣，公子几矣。君国可以济百姓，而释之者，非人也。败不可处，时不可失，忠不可弃，怀不可从，子必速行。吾闻晋之始封也[⑦]，岁在大火[⑧]，阏伯之星也[⑨]，实纪商人。商之飨国三十一王。瞽史之纪曰：‘唐叔之世，将如商数。’今未半也。乱不长世，公子唯子，子必有晋。若何怀安？”公子弗听。

注释

①引自《诗经·小雅·皇皇者华》首章。莘莘：众多。征：行。

②遑：暇。启处：安坐。

③西方之书：指《周书》。

④引自《诗经·郑风·将仲子》第三章。

⑤辟：同“譬”，晓谕。

⑥裨：益，弥补。辅：助。

⑦始封：指晋国的始封君唐叔虞。

⑧大火：十二星次之一，标志星为心宿二。

⑨阏伯：陶唐氏的火正，住在商丘，主祀大火，死后配祭大火，故称大火为阏伯之星。

译文

重耳说：“我哪儿也不去，定要终老齐国。”姜氏说：“不是这样。《周诗》上说：‘那些来来往往的行人，时常担心不能及时把事情办好。’昼夜兼程，无暇安处，尚且担心不能及时办好事情，何况那些随遇而安、放纵嗜欲、贪图安逸的人，他们怎么赶得及呢？一个人不求及时完成目标，又怎能达到目的呢？岁月匆匆，人又岂能只顾安逸！《周书》上有句话说：‘恋恋不舍与贪图安逸，是要耽误大事的。’《郑诗》上说：‘仲子令我思念，可外人闲话太多，也非常可畏啊。’以前管仲之言，妾身也曾听闻。他说：‘敬畏天威如同畏惧疾病的人，是最上等的人。任凭私心发展的人，是最下等的人。每逢私心蠢动就想起天威可畏的人，是中等之人。只有让人敬畏天威如同畏惧疾病一样，才能在百姓面前树立起权威。有权威才能高高在上，无视权威者严惩不贷。任凭私心发展下去，距离权威就越来越远了，因此说是最下等的人。在这几个晓谕中，我选择做中等之人。《郑诗》上所说的话，我是乐于遵从的。’这就是管仲能够治理齐国，辅佐先君成就霸业的原因。您如果舍弃这样的金玉良言，不是难成大事吗？齐国的霸业已经衰败，而晋君无道也已经持续很长时间，随从们的谋划够忠心的了，时机已到，公子入主晋国的日子不远了。做晋国国君可以救百姓于水火之中，如若放弃，那就不是人了。政治败坏之地不宜久居，有利的时机不可错过，忠实的追随者不可舍弃，眼前的安逸不可贪恋，您一定要尽速离开。我听闻晋国始祖唐叔受封时，岁星运行到大火的位置，心宿二是阏伯主祭的星辰，代表着商代的运数。商代传国三十一王。乐官和史官的记载都说：‘唐叔后裔享有晋国的时间同商代国君的数目相同’，但现在晋国尚未过半。晋国的乱局不会长久，献公之子如今只有您健在，您肯定能拥有晋国。为何只贪图眼前的安逸呢？”重耳听不进这些劝告。

3. 姜与子犯谋[1]，醉而载之以行。醒，以戈逐子犯，曰："若无所济，吾食舅氏之肉，其知餍乎！"舅犯走，且对曰："若无所济，余未知死所，谁能与豺狼争食？若克有成，公子无亦晋之柔嘉[2]，是以甘食。偃之肉腥臊，将焉用之？"遂行。

注释

① 姜：指重耳的妻子姜氏。

② 柔：脆。嘉：美。

译文

姜氏与子犯商量，把重耳灌醉后用车拉走。重耳酒醒后，拿起兵器就追打子犯，说："假如无所成事，我就是吃舅舅的肉，也不能解恨啊！"子犯一边躲闪一边回答说："假如大事不成，我还不知道死在哪里，谁能与豺狼争抢我的肉呢？假如大事能成，公子就有了晋国最松脆美味的食物，可以美美地享用。狐偃的肉又腥又臊，要他何用？”于是继续前行。

8. 遂如楚，楚成王以周礼享之[1]，九献[2]，庭实旅百[3]。公子欲辞，子犯曰：“天命也，君其飨之。亡人而国荐之，非敌而君设之，非天，谁启之心！”既飨，楚子问于公子曰：“子若克复晋国，何以报我？”公子再拜稽首对曰：“子女玉帛，则君有之。羽旄齿革，则君地生焉。其波及晋国者，君之余也，又何以报？”王曰：“虽然，不穀愿闻之。”对曰：“若以君之灵，得复晋国，晋、楚治兵，会于中原，其避君三舍[4]。若不获命，其左执鞭弭[5]，右属櫜鞬[6]，以与君周旋。”

注释

① 楚成王：楚武王之孙，楚文王之子，芈姓，熊氏，名恽。

② 九献：宴请上公的礼节，献酒九次。

③ 庭实：把礼物陈列在庭院之中，这是当时诸侯国之间的一种交往礼节。

④ 三舍：九十里。古代战争期间，每天行军三十里就驻扎休息，称一舍。

⑤ 弭：没有装饰的弓。

⑥ 橐：装箭矢的袋子。韔：装弓的袋子。

译文

重耳一行到了楚国，楚成王用周王室接待诸侯的礼节款待他，宴会上九次献酒，院子里陈列的礼物数以百计。重耳想要推辞，子犯说："这是天命，您还是安心接受。逃亡之人竟接受进献国君的礼节，身份地位不相当却像对待国君那样陈设礼物，如非天意，谁会令楚王有这样的想法呢？"宴会之后，楚成王问重耳说："您如果能够重返晋国，拿什么报答我呢？"重耳跪拜叩头说："美女、玉石和布帛，您都不缺。鸟羽、旄牛尾、象牙和犀皮，您的土地上都出产。那些流散到晋国的，都是您剩下来的，我又能拿什么报答您呢？"楚成王说："虽然如此，我还是希望听听您是如何报答我的。"重耳回答说："若是托您之福，得以光复晋国，万一晋、楚两国交兵，在中原相遇，我会退军九十里。如果这样还得不到您的谅解，我会左手执鞭与弓，右边挂弓囊箭袋，好与您周旋。"

令尹子玉曰[①]："请杀晋公子。弗杀，而反晋国，必惧楚师。"王曰："不可。楚师之惧，我不修也。

我之不德，杀之何为！天之祚楚，谁能惧之？楚不可祚，冀州之土[②]，其无令君乎？且晋公子敏而有文，约而不谄，三材侍之[③]，天祚之矣。天之所兴，谁能废之？”子玉曰：“然则请止狐偃。”王曰：“不可。《曹诗》曰：‘彼己之子，不遂其媾。’[④]邮之也[⑤]。夫邮而效之，邮又甚焉。效邮，非礼也。”于是怀公自秦逃归[⑥]。秦伯召公子于楚[⑦]，楚子厚币以送公子于秦。

注释

① 令尹：楚国官名，地位相当于中原列国的上卿。子玉：楚国若敖之曾孙，名得臣。

② 冀州：九州之一，晋国位于冀州之地。

③ 三材：指狐偃、赵衰、贾佗。

④ 引自《诗经·曹风·候人》第三章。遂：终。媾：厚。

⑤ 邮：过失。

⑥ 怀公：晋献公之孙，晋惠公之子，名子圉。

⑦ 秦伯：即秦穆公。

译文

令尹子玉说：“请杀掉晋公子重耳。不杀的话，等到他返回晋国，必然会威胁到楚军。”楚成王说：“不行。

楚军受威胁，那是我不修德的缘故。我自己不修德，杀他又有何用？如果上天保佑楚国，谁还能威胁到楚国？如果上天不能保佑楚国，晋国的土地上，难道不会出现其他贤明之君吗？何况晋公子敏锐而又富于文采，身处穷困却无谄谀之容，有三位卿相之材辅佐他，这是上天在保佑他啊。天意要他复兴，有谁能够毁掉他呢？”子玉说：“那么就请把狐偃扣留起来。”楚成王说：“不行。《曹诗》上说：‘那个人呀，不能长有优厚的待遇。’这是在指责人的过失。明知是错还要仿效，就是错上加错。仿效错误，这不符合礼法啊。”与此同时，晋怀公从秦国逃回晋国。秦穆公派人到楚国来请公子重耳，楚成王以厚礼送重耳去秦国。

9. 秦伯归女五人，怀嬴与焉[①]。公子使奉匜沃盥[②]，既而挥之。嬴怒曰：“秦、晋匹也，何以卑我？”公子惧，降服囚命[③]。秦伯见公子曰：“寡人之适，此为才。子圉之辱，备嫔嫱焉[④]，欲以成婚，而惧离其恶名[⑤]。非此，则无故。不敢以礼致之，欢之故也。公子有辱，寡人之罪也。唯命是听。”

注释

① 怀嬴：秦穆公之女，嬴姓，晋怀公入秦为人质期

间，曾嫁与怀公为妻，故名怀嬴。

② 匜 yí：一种礼器，在沃盥之礼上供客人洗手时用。

③ 降服：脱去上衣。囚命：自囚以听命。

④ 嫔嫱：宫廷中的女官。

⑤ 离：同“罹”，遭受。

译文

秦穆公把五个女子嫁给重耳，怀嬴也在其中。重耳命怀嬴捧匜为他浇水洗手，洗完后挥手命她走开。怀嬴发怒道：“秦、晋两国地位相当，为何如此轻贱于我？”重耳感到害怕，便脱去衣冠，将自己囚禁起来以听候处置。秦穆公会见重耳，说：“寡人嫁女给你，怀嬴最有才能。子圉在秦国为人质期间，她曾备女官之数。如今与公子成婚，又怕她曾是子圉的妻子而让您遭受不好的名声。除此之外，别无他故。我不敢以正式的婚礼把她嫁给你，正是喜爱她的缘故。公子这次降服受辱，是我的罪过。如何处置，全凭公子之命。”

公子欲辞，司空季子曰[①]：“同姓为兄弟。黄帝之子二十五人，其同姓者二人而已，唯青阳与夷鼓皆为己姓[②]。青阳，方雷氏之甥也[③]。夷鼓，彤鱼氏之甥也[④]。其同生而异姓者，四母之子别为十二姓。

凡黄帝之子，二十五宗，其得姓者十四人为十二姓[⑤]。姬、酉、祁、己、滕、箴、任、荀、僖、姞、儇、依是也。唯青阳与苍林氏同于黄帝，故皆为姬姓。同德之难也如是。昔少典娶于有蟜氏[⑥]，生黄帝、炎帝。黄帝以姬水成，炎帝以姜水成。成而异德，故黄帝为姬，炎帝为姜，二帝用师以相济也[⑦]，异德之故也。异姓则异德，异德则异类。异类虽近，男女相及，以生民也。同姓则同德，同德则同心，同心则同志。同志虽远，男女不相及，畏黩敬也[⑧]。黩则生怨，怨乱毓灾[⑨]，灾毓灭姓。是故娶妻避其同姓，畏乱灾也。故异德合姓，同德合义。义以导利，利以阜姓。姓利相更，成而不迁，乃能摄固[⑩]，保其土房。今子于子圉，道路之人也，取其所弃，以济大事，不亦可乎？”

注释

①司空：官名。季子：晋国大夫胥臣臼季。

②青阳：黄帝之子，古代东夷族首领少昊，号金天氏。夷鼓：黄帝之子。

③方雷氏：黄帝时期的古国名，西陵氏的姓。

④彤鱼氏：黄帝时期的古国名。

⑤得姓：因德授官而赐予的姓。

⑥少典：传说中黄帝和炎帝的父亲。有蟜氏：黄帝的母族。

⑦济：当为“挤”之误，挤，排斥，消灭。

⑧黩：玷污，亵渎。

⑨毓：养育。

⑩摄：保持。

译文

重耳准备推辞，司空季子说：“同姓是兄弟。黄帝有二十五个儿子，同姓的只有两个人，只有青阳与夷鼓都姓己。青阳是方雷氏的外甥，夷鼓是彤鱼氏的外甥。他们兄弟同父所生而异姓，四个母亲的儿子分别为十二个姓氏。黄帝的儿子共有二十五宗，其中获得赐姓的有十四人十二姓，分别是姬、酉、祁、己、滕、箴、任、荀、僖、姞、儇和依。只有青阳与苍林氏秉性与黄帝相同，因此都姓姬。德行相同竟这样困难。以前少典娶有蟜氏之女，生下黄帝和炎帝。黄帝依姬水而兴起，炎帝依姜水而兴起，兴起后两人的德行不同，因此黄帝姓姬，炎帝姓姜。两人以武力相互争斗，就是因为他们德行不同的缘故。姓不同德行就不同，德行不同就不是一类人。不同类的人即便关系亲近，双方男女也可以通婚，以繁衍后代。姓相同德行就相同，德行相同心就相同，心相同志向就相同。志向相同的话，即便关系疏远，男女双方也不可通婚，是怕亵渎了恭敬之情。亵渎就会产生怨恨，怨恨和祸乱会孕育灾难，灾难生成就会消灭同姓。所以娶妻要避开同姓，是害怕灾难的发生。因此德行不同可以通婚，德行相同可以合以道义。道义可以引导利，利又可以使同姓相厚。姓和利相互推衍，相辅相成而不离散，就能保持稳固，守卫土地和住处。如今您和子圉形同路人，娶他所抛弃的人，以成就大事，不也很好吗？”

公子谓子犯曰：“何如？”对曰：“将夺其国，何有于妻，唯秦所命从也。”谓子余曰[①]：“何如？”对曰：“《礼志》有之曰：‘将有请于人，必先有入焉。欲人之爱己也，必先爱人。欲人之从己也，必先从人。无德于人，而求用于人，罪也。’今将婚媾以从秦[②]，受好以爱之，听从以德之，惧其未可也，又何疑焉？”乃归女而纳币[③]，且逆之[④]。

注释

①子余：赵衰的字。

②婚媾：婚姻，嫁娶。

③纳币：古代婚礼的六大环节之一，男女双方订立

婚约之后，男方送聘礼到女方家称纳币。

④逆：亲迎。

译文

重耳对子犯说："你看如何？"子犯回答说："将要夺取他的国家，娶他的妻子又有什么难处呢？只管听从秦国的命令就行。"重耳又问赵衰："你看如何？"赵衰回答说："礼书上说：'将有求于人，一定要先接受别人的请求。想要别人爱自己，一定要先爱别人。想要别人听从自己，一定要先听从别人。对别人没有恩惠，却想求助于人，这是罪过。'如今您要与秦国联姻以服从他们，接受他们的恩惠并爱他们，听从他们以报恩，这样还生怕不行，现在又有什么可迟疑的呢？"于是重耳就向秦国纳聘礼，并且亲自迎娶怀嬴。

10. 他日，秦伯将享公子，公子使子犯从。子犯曰："吾不如衰之文也，请使衰从。"乃使子余从。秦伯享公子如享国君之礼，子余相如宾。卒事，秦伯谓其大夫曰："为礼而不终，耻也。中不胜貌，耻也。华而不实，耻也。不度而施，耻也。施而不济[①]，耻也。耻门不闭，不可以封[②]。非此，用师则无所矣。二三子敬乎！"

注释

①济：成功。

②封：国，这里指立国。

译文

过了几天，秦穆公准备宴请重耳，重耳请子犯随从。子犯说："我不如赵衰长于辞令，请让赵衰与您同往。"于是，重耳请赵衰随从前往。秦穆公以接待国君的礼节款待重耳，赵衰完全按照宾礼制度相礼。宴会之后，秦穆公对大夫们说："举行礼仪而不能善始善终，是耻辱。内心所想和外在表现不一致，是耻辱。形式华丽而内容空洞，是耻辱。不事前量度而滥施恩德，是耻辱。施德于人而大事不成，是耻辱。羞耻之门不关闭，不足以立国。不如此，对外用兵就会无所成功。你们一定要慎重行事啊！"

明日宴，秦伯赋《采菽》[①]，子余使公子降拜。秦伯降辞。子余曰："君以天子之命服命重耳，重耳敢有安志，敢不降拜？"成拜卒登，子余使公子赋《黍苗》[②]。子余曰："重耳之仰君也，若黍苗之仰阴雨也。若君实庇荫膏泽之，使能成嘉谷，荐在宗庙，君之力也。君若昭先君之荣[③]，东行济河，整师以复强周室，重耳之望也。重耳若获集德而归载[④]，使主晋民，成封国，其何实不从。君若恣志以用重耳，四方诸侯，其谁不惕惕以从命！”秦伯叹曰：“是子将有焉，岂专在寡人乎！”秦伯赋《鸠飞》[⑤]，公子赋《河水》[⑥]。秦伯赋《六月》[⑦]，子余使公子降拜。秦伯降辞。子余曰：“君称所以佐天子、匡王国者以命重耳[⑧]，重耳敢有惰心，敢不从德？”

注释

①《采菽》：《诗经·小雅》中的一篇，是天子赐诸侯命服时用的音乐。首章有：“君子来朝，何锡予之？虽无予之，路车乘马。又何予之？玄衮及黼。”秦穆公赋此诗暗示会帮助重耳夺取政权。

②《黍苗》：《诗经·小雅》中的一篇。首章有：“芃芃黍苗，阴雨膏之。悠悠南行，召伯劳之。”重耳用召伯勤政，慰劳前来述职的诸侯，表达对秦穆公的感谢之情。

③ 先君：指秦襄公，他在周平王东迁过程中勤王有功，又在讨伐西戎的战争中功勋卓著，被封为诸侯。

④ 集：成。载：祭祀。

⑤《鸠飞》：指《诗经·小雅·小宛》首章。诗曰：

“宛彼鸣鸠，翰飞戾天。我心忧伤，念昔先人。明发不寐，有怀二人。”秦穆公夫人为晋献公之女，穆公以此诗暗示自己会站在亲戚的立场上帮助重耳返国。

⑥《河水》：即《诗经·小雅·沔水》，诗曰：“沔彼流水，朝宗于海。”重耳以此含蓄地表达了对秦国的仰仗之意和仰慕之情。

⑦《六月》：出自《诗经·小雅》，诗中有：“王于出征，以匡王国。”“以佐天子。”称赞重耳将来定能称霸诸侯、匡扶王室。

⑧称：举出。

译文

第二天宴会上，秦穆公赋《采菽》之诗，赵衰让重耳降阶拜谢。秦穆公降阶辞谢。赵衰说：“您用天子赐诸侯命服规格的诗歌寄望重耳，重耳怎敢有苟安的想法，又怎敢不降阶拜谢呢？”拜谢完毕后再次登堂，赵衰让重耳赋《黍苗》之诗。赵衰说：“重耳仰慕您，就像黍苗仰慕阴雨天一样。如果得到您的庇护滋润，使黍苗长成嘉谷，进奉到宗庙，这些全是您的功劳。您若能发扬光大秦襄公当年的荣耀，东渡黄河，整顿军队，辅佐周王室再度强大起来，这是重耳殷切盼望的。重耳如果因为您的这些恩惠而归祀宗庙，成为晋国百姓的君主，成就封国，怎么会不追随您呢？您如果全力支持重耳，四方的诸侯，还有谁敢不小心翼翼地听候您的命令呢？”秦穆公叹道：“这些他都能获得，哪是单靠我呢！”秦穆公赋《鸠飞》之诗，重耳赋《沔水》之诗。秦穆公赋《六月》之诗，赵衰让重耳降阶拜谢。秦穆公降阶辞谢。赵衰说：“您把辅佐天子、匡正诸侯的使命嘱托给重耳，重耳怎敢有怠惰之心，又怎敢不遵从有德者的命令呢？”

12. 十月，惠公卒。十二月，秦伯纳公子。及河，子犯授公子载璧[①]，曰：“臣从君还轸，巡于天下[②]，怨其多矣！臣犹知之，而况君乎？不忍其死，请由此亡。”公子曰：“所不与舅氏同心者，有如河水[③]。”沉璧以质。

注释

①授：归还。载璧：祭祀用的玉璧。

②巡：行，周游。

③如：往。

译文

十月，晋惠公去世。十二月，秦穆公把重耳送回晋国。到了黄河边上，狐偃把祭祀用的玉璧交给重耳，说："我跟随您乘车周游，巡行天下，臣的罪过已经太多了。我自己尚且知道，何况您呢？您如果不忍心我因此而死，请允许我从此离开。"重耳说："假如我不跟舅舅同心同德，还不如投河而死。"重耳把那块玉璧扔进黄河以为誓信。

董因迎公于河①，公问焉，曰："吾其济乎？"对曰："岁在大梁②，将集天行③。元年始受④，实沈之星也⑤。实沈之墟⑥，晋人是居⑦。所以兴也。今君当之，无不济矣。君之行也，岁在大火。大火，阏伯之星也，是谓大辰⑧。辰以成善⑨，后稷是相⑩，唐叔以封⑪。瞽史记曰：'嗣续其祖，如谷之滋。'必有晋国。臣筮之，得《泰》之八⑫。曰：'是谓天地配亨，小往大来⑬。'今及之矣，何不济之有？且以辰出而以参入⑭，皆晋祥也，而天之大纪也。济且秉成，必霸诸侯。子孙赖之，君无惧矣。"

注释

①董因：晋国太史，是周太史辛有的后代。

②大梁：十二星次之一。

③集：成。天行：天道。

④元年：指晋文公元年。受：指木星从大梁运行到实沈。

⑤实沈：十二星次之一，紧邻大梁。

⑥墟：次。

⑦居：指木星居于实沈之次，这个星次对应的土地是晋国，晋人主祀位于实沈之墟的岁星。

⑧大辰：即大火。

⑨成善：指大辰是农业丰收的象征。

⑩后稷：周人的始祖。相：视。

⑪唐叔，晋人始祖。封：得国。

⑫《泰》：六十四卦之一，乾下坤上。

⑬小：指子圉。大：指晋文公。

⑭辰：又称商星，大火，二十八宿中的心宿，位于十二星次的大火。参：二十八宿之一，参星位于十二星次的实沈。

译文

董因在黄河边上迎接重耳，重耳问道："我能成功吗？"董因回答说："如今岁星在大梁之次，这意味着您将成就天道。您即位的第一年，岁星运行至实沈之次。实沈所对应的地方，正是晋人所居之地，晋国因此而兴盛。如今星象正好应合在您身上，没有不成功的。您出逃的时候，岁星在大火星次的位置。大火是阏伯之星，又称大辰星。辰星代表农事吉祥，周的始祖后稷据此成就农事，晋国始祖唐叔也是岁星在大火星次那年受封。瞽史记载说：‘子孙后代延续先祖之业，如同谷物的滋长。’因此必定能拥有晋国。微臣曾占筮，得到《泰》卦不变动的卦象。卦辞上说：‘这是天地相配诸事亨通，小的去大的来。’如今正当其时，怎么会不成功呢？而且您是岁星在大火之时出走，岁星在实沈之时回国，这些都是晋国吉祥的征兆，是上天的大历数。成功在握，必定称霸诸侯。子孙后代都仰仗此举，您无须担忧。”

公子济河，召令狐、臼衰、桑泉[①]，皆降。晋人惧，怀公奔高梁[②]。吕甥、冀芮帅师[③]，甲午，军于庐柳[④]。秦伯使公子縶如师，师退，次于郇[⑤]。辛丑，狐偃及秦、晋大夫盟于郇。壬寅，公入于晋师。甲辰，秦伯还。丙午，入于曲沃。丁未，入绛，即位于武宫。戊申，刺怀公于高梁。

注释

①令狐、臼衰、桑泉：皆为晋地，在今山西省境内。

②高梁：晋地，在今山西省临汾市东北。

③吕甥：晋国大夫吕饴甥，封地在阴，又名阴饴甥。冀芮：即郤芮，晋国大夫，封地在冀，故又称冀芮。

④庐柳：晋地，在今山西省临猗县北部。

⑤郇：晋地，在今山西省临猗县西南。

译文

重耳渡过黄河，召集令狐、臼衰、桑泉三地的长官，他们都投降。晋国人感到害怕，晋怀公逃到高梁。由吕甥、冀芮统率军队，甲午日，驻扎在庐柳。秦穆公派公子絷到晋军中进行交涉，晋军退走，驻扎在郇邑。辛丑日，狐偃与秦、晋两国的大夫在郇邑盟誓。壬寅日，重耳进入晋军。甲辰日，秦穆公返回秦国。丙午日，重耳进入曲沃。丁未日，进入绛都，在晋武公庙举行即位仪式。戊申日，派人到高梁刺杀了晋怀公。

15. 元年春，公及夫人嬴氏至自王城①。秦伯纳卫三千人，实纪纲之仆。公属百官②，赋职任功③。弃责薄敛④，施舍分寡⑤。救乏振滞，匡困资无。轻关易道⑥，通商宽农⑦。懋穑劝分⑧，省用足财⑨。利器明德，以厚民性。举善援能，官方定物⑩，正名育类⑪。昭旧族，爱亲戚，明贤良，尊贵宠，赏功劳，事耇老⑫，礼宾旅，友故旧。胥、籍、狐、箕、栾、郤、柏、先、羊舌、董、韩⑬，实掌近官⑭。诸姬之良，掌其中官⑮。异姓之能，掌其远官⑯。公食贡，大夫食邑，士食田，庶人食力，工商食官，皂隶食职，官宰食加[17]。政平民阜，财用不匮。

注释

①公：晋文公。嬴氏：文公夫人文嬴。

②属：会见。

③赋：授予。

④责：通“债”。

⑤施：施德。舍：舍弃旧的禁令。分寡：分财给穷人。

⑥轻关：减轻关税。易道：除盗贼。

⑦宽农：不占用农时。

⑧懋：勉励。

⑨省用：减省国家费用。

⑩方：常。物：事。

⑪育：长。类：善。

⑫耇 gǒu 老：老年人。

⑬胥、籍、狐、箕、栾、郤、柏、先、羊舌、董、韩：十一族皆是晋国旧贵族。

⑭近官：在朝中为官。

⑮中官：宗族内部官员。

⑯远官：地方官。

⑰加：指大夫的加田。

译文

晋文公元年春天，文公和夫人嬴氏从王城归来，秦穆公派卫士三千人护送，以充实宫中护卫。文公会见百官，按照功劳大小授予官职。废除旧债，减免赋税，广施恩惠，废弃旧的禁令，分财给穷困之人，救济贫困，起用有才德而长期沉沦下僚的人，资助没有财产的人。减轻关税，扫平打劫的路匪，便利通商，宽免农民劳役。鼓励农业生产，提倡互爱互助，节省国用以使财用充足。改良器用，宣明德化，培养纯朴的民性。推举有道德的人，任用有才能的人，为官员制定规章，明确上下之间的名分，培养人民的美德。昭显旧有家族，关爱亲戚，彰明贤良，尊宠权贵，奖赏有功之人，敬事老人，礼待宾客，亲近故旧。胥、籍、狐、箕、栾、郤、柏、先、羊舌、董、韩等族，出任朝廷近官。姬姓中贤良之人，担任朝廷内务官。异姓中有才能之人，担任各种地方官。王公享用贡赋，大夫享用采邑赋税，士人享用禄田，平民自食其力，工商之官领受官廪，皂隶靠职务生活，家臣食用大夫赏赐的加田。晋国政治清明，民生丰足，财用充足。

冬，襄王避昭叔之难[①]，居于郑地汜[②]。使来告难，亦使告于秦。子犯曰："民亲而未知义也，君盍纳王以教之义。若不纳，秦将纳之，则失周矣，何以求诸侯？不能修身，而又不能宗人，人将焉依？继文之业，定武之功，启土安疆，于此乎在矣，君其务之。"公说，乃行赂于草中之戎与丽土之狄③，以启东道。

注释

① 襄王：周惠王之子，名郑。昭叔：周襄王的弟弟叔带，封为甘昭公，故称昭叔。叔带与襄王夫人私通，襄王废黜王后隗氏，狄人伐周，襄王避难。

② 汜：郑地，在今河南省襄城县南部。

③ 草中：戎地。丽土：狄地。两地都在晋国东部。

译文

冬天，周襄王为躲避昭叔之难，出居于郑国汜地。派人到晋国告急，同时还派人到秦国求援。子犯说："百姓亲近您，但还不懂道义，您何不送周襄王回国以教导百姓何为道义呢？如果您不送，秦国也会送还，您就失去勤王的机会，还凭什么求得诸侯霸主的地位呢？既不能修德，又不能尊奉天子，别人为何要依附于您？继承晋文侯的事业，建立晋武公的功烈，开拓疆域，安定边防，就在此举，希望您务必做好此事。”文公非常高兴，于是贿赂草中之戎和丽土之狄，打开东进的道路。

21. 文公问元帅于赵衰，对曰：“郤縠可[①]，行年五十矣，守学弥惇[②]。夫先王之法志[③]，德义之府也。夫德义，生民之本也。能惇笃者，不忘百姓也。请使郤縠。”公从之。公使赵衰为卿，辞曰：“栾枝贞慎[④]，先轸有谋，胥臣多闻[⑤]，皆可以为辅佐，臣弗若也。”乃使栾枝将下军，先轸佐之。取五鹿，先轸之谋也。郤縠卒，使先轸代之。胥臣佐下军。公使原季为卿[⑥]，辞曰：“夫三德者，偃之出也。以德纪民，其章大矣，不可废也。”使狐偃为卿，辞曰：“毛之智[⑦]，贤于臣，其齿又长。毛也不在位，不敢闻命。”乃使狐毛将上军，狐偃佐之。狐毛卒，使赵衰代之，辞曰：“城濮之役，先且居之佐军也善[⑧]，军伐有赏[⑨]，善君有赏，能其官有赏。且居有三赏，不可废也。且臣之伦，箕郑、胥婴、先都在。”乃使先且居将上军。公曰：“赵衰三让。其所让，皆社稷之卫也。废让，是废德也。”以赵衰之故，蒐于清原，作五军。使赵衰将新上军，箕郑佐之；胥婴将新下军[⑩]，先都佐之。子犯卒，蒲城伯请佐[⑪]，公曰：“夫赵衰三让不失义。让，推贤也。义，广德也。

德广贤至，又何患矣？请令衰也从子。”乃使赵衰佐新上军。

注释

①郤縠：晋国大夫。

②弥：益，更加。惇：厚。

③志：记录。

④栾枝：晋国大夫。贞：正。

⑤胥臣：晋国大夫，又名臼季，司空季子。

⑥原季：即赵衰。

⑦毛：狐偃的哥哥。

⑧先且居：先轸的儿子。

⑨伐：有功。

⑩胥婴：晋国大夫。

⑪蒲城伯：指先且居。

译文

晋文公向赵衰咨询担任元帅的人选，赵衰回答说：“郤縠可以。他今年已经五十岁了，学术功力日益深厚。先王的法典与言行记录，是美德与道义的府库。美德和道义是万民的根本。学问深厚道德笃定的人，是不会忘记百姓的。请让郤縠担任元帅之职。”文公听取了赵衰的建议。文公任命赵衰为正卿，赵衰推辞说："栾枝忠贞谨慎，先轸足智多谋，胥臣见多识广，都可以担任君之辅佐，微臣不如他们。"于是文公任命栾枝统帅下军，由先轸辅佐他。后来攻取五鹿，用的便是先轸的计谋。郤縠死后，又让先轸接替他任中军统帅。胥臣担任下军副元帅。文公又任命赵衰为正卿，赵衰推辞说："三件有大功德的事情都是狐偃所为，他以道德统御百姓，功绩特别突出，不能不任用他。"文公便任命狐偃为卿士，狐偃推辞说："狐毛的智略胜过微臣，他的年纪又比我大。狐毛如果不在其位，微臣不敢接受赐命。"文公于是指派狐毛统帅上军，狐偃辅佐他。狐毛死后，文公任命赵衰接任上军统帅，赵衰推辞说："城濮之战，先且居协助治军功勋卓著，有军功理应得到奖赏，引导国君向善理应得到奖赏，能胜任职责理应得到奖赏。先且居有这三种应得到奖赏的理由，不可不加以重用。何况像微臣这样的人，箕郑、胥婴、先都等尚且健在。"文公指派先且居统帅上军。文公说："赵衰三次推让，他所推让的，都是国家得力干将。不接受辞让，便是废弃美德。"因为赵衰的缘故，文公阅兵清原，把军队扩充为五军。任命赵衰为新上军统帅，由箕郑担任副职；胥婴统领新下军，由先都担任副职。狐偃死后，蒲城伯先且居请求委派副职，文公说："赵衰三次推让皆不失礼义。

谦让是为了推荐贤才，礼义是为了光大美德。道德广大，贤才自来，还有什么可担忧的呢！请让赵衰做您的副职。”于是，晋文公便任命赵衰担任上军副职。

25. 文公即位二年，欲用其民。子犯曰：“民未知义，盍纳天子以示之义[①]？”乃纳襄王于周。公曰：“可矣乎？”对曰：“民未知信，盍伐原以示之信？”乃伐原。曰：“可矣乎？”对曰：“民未知礼，盍大蒐，备师尚礼以示之。”乃大蒐于被庐，作三军。使郤縠将中军，以为大政[②]，郤溱佐之[③]。子犯曰：“可矣。”遂伐曹、卫，出谷戍[④]，释宋围，败楚师于城濮，于是乎遂伯。

注释

① 纳天子：指周襄王当时为避王子带之难，出奔郑国。

② 大政：指国政。

③ 郤溱：晋国大夫。

④ 谷：齐国地名，原来被楚国占领，后来晋国逐渐强盛，楚国撤回驻军，由晋国接手驻防。

译文

晋文公即位的第二年，就打算征调百姓征讨四方。

子犯说："百姓还不懂得道义，何不平定王室之乱，把周天子护送回去以彰显道义呢？"于是文公发兵护送周襄王返回成周。文公又问："现在可以了吧？"子犯回答说："百姓还不懂得诚信，何不攻打原地，以此彰显诚信呢？"于是文公出兵攻打原地。文公又问："现在可以了吧？"子犯回答说："百姓还不懂得礼义，何不举行一场大阅兵，整顿军队的同时崇尚礼节，以便向百姓宣扬礼义。"于是文公在被庐举行大规模的阅兵活动，建立了上、中、下三军。任命郤縠为中军统帅，执掌国政，由郤溱辅佐。子犯说："现在可以了。"于是文公发兵攻打曹、卫两国，赶走戍守谷地的楚军，解救宋国的围困，在城濮之战中打败了楚军，从此称霸诸侯。

卷十一　晋语五

1. 臼季使[1]，舍于冀野[2]。冀缺薅[3]，其妻馌之[4]，敬，相待如宾。从而问之，冀芮之子也，与之归。既复命，而进之曰："臣得贤人，敢以告。"文公曰："其父有罪[5]，可乎？"对曰："国之良也，灭其前恶，是故舜之刑也殛鲧[6]，其举也兴禹。今君之所闻也。齐桓公亲举管敬子[7]，其贼也。"公曰："子何以知其贤也？"对曰："臣见其不忘敬也。夫敬，德之恪也[8]。恪于德以临事，其何不济！"公见之，使为下军大夫。

注释

① 臼季：即胥臣，晋国大夫。

② 冀：晋国城邑。

③ 冀缺：即郤缺，晋国大夫。

④ 馌 yè：给田间劳作的人送饭。

⑤ 其父有罪：晋文公元年，冀芮、吕甥图谋杀害晋文公，未果，被秦穆公设计诛杀。

⑥ 殛：诛杀。

⑦管敬子：即管仲，谥敬。

⑧恪：敬。

译文

臼季奉命出使，临时住宿在冀邑郊外，看到冀缺在田间锄草，他的妻子给他送饭，夫妻互相敬重，如同宾主相见。臼季上前询问，原来是冀芮的儿子，就带他一同返回。臼季汇报完自己的使命，向文公举荐冀缺，说："微臣遇到一位贤才，冒昧地向您报告。"文公说："冀缺的父亲有罪，还能重用他吗？"臼季回答说："国之贤才，就应该不计前嫌。因此舜按刑法处死了鲧，后来选拔人才又起用了禹。如今您也听说过，齐桓公亲自提拔了管仲，那可是伤害过他的仇敌啊。"文公问道："您是如何知道冀缺贤能呢？"臼季回答说："我见他身处草野而不忘敬。敬是美德的表现。严格遵守道德去做事，还有什么事情办不成呢！"文公接见冀缺，任命他为下军大夫。

5. 灵公虐，赵宣子骤谏[①]，公患之，使鉏麑贼之[②]。晨往，则寝门辟矣[③]，盛服将朝，早而假寐[④]。麑退，叹而言曰："赵孟敬哉！夫不忘恭敬，社稷之镇也[⑤]。贼国之镇，不忠；受命而废之，不信。享一名于此，不如死。"触庭之槐而死。灵公将杀赵盾，不克[6]。赵穿攻公于桃园[7]，逆公子黑臀而立之[8]，实为成公。

注释

①骤：屡次。

②钽麑：晋国著名力士。

③寝门：古礼，天子五门，诸侯三门，大夫二门。最内之门曰寝门，又称路门。辟：开。

④假寐：不脱冠带，侧卧或以手支颐小睡。

⑤镇：重，这里指栋梁或柱石。

⑥克：胜。

⑦赵穿：晋国大夫，赵盾的堂弟。

⑧黑臀：晋文公的儿子，晋襄公的弟弟，为晋成公。

译文

晋灵公暴虐无道，赵盾屡次劝谏，灵公非常厌烦，就派力士钽麑去刺杀赵盾。钽麑清晨前往赵家，看到赵家内门大开，赵盾身着朝服准备上朝，由于时间尚早，正以手支颐闭目养神。钽麑退了出来，感叹地说："赵盾真恭敬啊！不忘恭敬之人，是国家的柱石。杀害国家的柱石，就是不忠；接受命令而不执行，就是无信。担上这两个罪名中的任何一个，都不如死了的好。"说完就撞死在院中的槐树上。灵公再次打算谋杀赵盾，又没成功。后来赵穿在桃园杀死晋灵公，迎接公子黑臀回国，这就是晋成公。

9. 靡笄之役[①]，郤献子伤，曰："余病喙[②]。"张侯御[③]，曰："三军之心，在此车也，其耳目在于旗鼓。车无退表[④]，鼓无退声，军事集焉[⑤]。吾子忍之，不可以言病。受命于庙[⑥]，受脤于社[⑦]，甲胄而效死，戎之政也。病未若死，祇以解志[⑧]。"乃左并辔，右援枹而鼓之[⑨]，马逸不能止[⑩]，三军从之。齐师大败，逐之，三周华不注之山[⑪]。

注释

①靡笄：齐国山名。鲁成公二年，郤克率晋军伐齐，齐、晋战于鞌。齐军大败，晋军追至靡笄山下。

②病：伤重。喙：气短。

③张侯：晋国大夫解张。

④表：旌旗。

⑤集：成功。

⑥受命于庙：古代军队出发之前，先要到祖庙祭祀祖先，然后在祖庙接受国君出征的诫命。

⑦脤 shèn：祭祀社稷时用的生肉。社：指土神。

⑧祇：适，只。

⑨援：拉，拽。枹：鼓槌。

⑩逸：奔跑。

⑪华：齐国地名。不注：齐国山名。

译文

在靡笄之役中，郤献子受伤，说："我伤重快要喘不过气来了。"解张为他驾车，说："三军的灵魂就是我们这辆战车，三军的耳目就是我们车上的旗鼓。只要我们车上不挥动撤退的旗帜，不擂起退兵的战鼓，战事就可以成功。您就忍忍吧，千万不要说自己受了重伤。出征前在祖庙接受国君诫命，在社神前接受祭肉，披挂盔甲为国尽忠，这是军人的天职。虽然伤重，好在还没死，你应该坚持，否则只会瓦解我们的斗志。"于是把马缰绳全部交到左手，右手拽过鼓槌猛擂战鼓，战马狂奔不止，三军将士跟着向前冲锋。齐军大败，晋军猛追，围着华地的不注山绕了三圈。

11. 靡笄之役，郤献子见，公曰[①]："子之力也夫[②]！"对曰："克也以君命命三军之士，三军之士用命，克也何力之有焉？"范文子见，公曰："子之力也夫！"对曰："燮也受命于中军，以命上军之士，上军之士用命，燮也何力之有焉？”栾武子见[3]，公曰：“子之力也夫！”对曰：“书也受命于上军，以命下军之士，下军之士用命，书也何力之有焉？”

注释

①公：晋景公，晋成公之子，名獳。

②力：功劳。

③栾武子：晋国卿士，栾枝之孙，名书，当时为晋国下军统帅。

译文

靡笄之役后，郤献子进见晋景公，景公说：“这次胜利是您的功劳啊！”献子回答说：“郤克以国君的命令号令三军将士，三军将士听从您的命令，郤克能有什么功劳可言呢？”范文子进见，景公说：“这次胜利是您的功劳啊！”文子回答说：“范燮从中军元帅那里接到命令，用来命令上军将士，上军将士服从命令，范燮又有什么功劳可言呢？”栾武子进见，景公说：“这次胜利是您的功劳啊！”武子回答说：“栾书从上军统帅那里接受命令，用来命令下军将士，下军将士服从命令，栾书又有什么功劳可言呢？”

14. 伯宗朝[①]，以喜归。其妻曰："子貌有喜，何也？"曰："吾言于朝，诸大夫皆谓我智似阳子[②]。"对曰："阳子华而不实，主言而无谋[③]，是以难及其身。子何喜焉？"伯宗曰："吾饮诸大夫酒，而与之语，尔试听之。"曰："诺。"既饮，其妻曰："诸大夫莫子若也。然而民不能戴其上久矣[④]，难必及子乎！盍亟索士，慭庇州犁焉[⑤]。"得毕阳[⑥]。及栾弗忌之难[⑦]，诸大夫害伯宗，将谋而杀之。毕阳实送州犁于荆[⑧]。

注释

① 伯宗：晋国大夫孙伯纠之子。

② 阳子：指晋国大夫阳处父。

③ 主：崇尚。

④ 戴：尊奉，爱戴。

⑤ 慭 yìn：愿。州犁：伯宗之子伯州犁。

⑥ 毕阳：晋国处士。

⑦ 栾弗忌：晋国大夫。鲁成公十五年，晋国"三郤"（郤锜、郤犨、郤至）谋杀栾弗忌。弗忌是伯宗的同党，因而波及伯宗。

⑧ 荆：楚国。

译文

伯宗退朝，面带喜色回到家中。他的妻子问道："您今天面带喜色，这是为何？"伯宗说："我在朝堂上发言，大夫们都称赞我机智善辩如同阳处父。"妻子说："阳子华而不实，崇尚言辞但无谋略，因此会有杀身之祸。您有什么好高兴的呢？"伯宗说："我宴请大夫们一同饮酒，与他们谈话，你不妨听一听。"妻子说："那好吧。"宴会之后，他的妻子说："大夫们确实不如您。然而人们不能尊奉智略超人的贤者，这种情况已经持续很久，灾祸一定会降临到您头上的！何不快快物色贤能之士，希望能够保护儿子伯州犁。"伯宗找到了毕阳。等到栾弗忌被害的时候，大夫们因为嫉恨伯宗，阴谋杀害他。是毕阳把伯州犁安全护送到楚国。

卷十二　晋语六

3. 厉公六年[①]，伐郑，且使苦成叔及栾黡兴齐、鲁之师[②]。楚恭王帅东夷救郑[③]。楚半阵，公使击之。栾书曰："君使黡也兴齐、鲁之师，请俟之[④]。"郤至曰："不可。楚师将退，我击之，必以胜归。夫阵不违忌，一间也[⑤]；夫南夷与楚来而不与阵[⑥]，二间也；夫楚与郑阵而不与整，三间也；且其士卒在阵而哗，四间也；夫众闻哗则必惧，五间也。郑将顾楚，楚将顾夷，莫有斗心，不可失也。"公说。于是败楚师于鄢陵[⑦]，栾书是以怨郤至。

注释

① 厉公：晋景公之子，名寿曼。六年：即鲁成公十六年（前 575）。

② 栾黡 yǎn：晋国大夫，栾书之子。

③ 楚恭王：楚庄王之子，名箴。东夷：楚国东部各少数民族。

④ 俟：等待。

⑤ 间：指可乘之机。

⑥南夷：即东夷，相对而言位于晋国南部，故晋人称南夷。

⑦鄢陵：郑国地名，在今河南省鄢陵县。

译文

晋厉公六年，晋国讨伐郑国，同时派苦成叔和栾黡分别前往齐国、鲁国要求两国协助出兵。楚恭王率领东夷各部来救郑国。楚军还未摆好阵势，晋厉公下令攻击。栾书说："您派栾黡他们前往齐国、鲁国请求发兵相助，还是等他们到来之后再发动进攻。"郤至说："不行。楚军就要撤退，我们这时发动攻击，必能凯旋而归。楚军列阵而不忌讳月底晦日的阴气，这是第一个可乘之机；南夷各部与楚军同来却不参与列阵，这是其二；楚军与郑军虽然列阵却很不整齐，是其三；况且他们的士兵在阵内大声喧哗，是其四；众人听到喧哗必然恐惧，这是其五。郑军观望楚军，楚军观望南夷，全都没有斗志，我们千万不能坐失良机。"晋厉公听了很高兴。于是在鄢陵大败楚军，栾书也因此怨恨郤至。

4. 鄢之战，郤至以韎韦之跗注[①]，三逐楚共王卒[②]，见王必下奔退战。王使工尹襄问之以弓[③]，曰："方事之殷也[④]，有韎韦之跗注，君子也，属见不谷而下[5]，无乃伤乎？”郤至甲胄而见客，免胄而听命，曰：“君之外臣至，以寡君之灵，间蒙甲胄[6]，不敢当拜君命之辱，为使者故，敢三肃之[7]。”君子曰：勇以知礼。

注释

①韎 mèi：赤黄色。韦：熟牛皮。跗 fū 注：军服，其形制上下一体，直到脚背。

②楚共王：即楚恭王。

③工尹：楚国官名。襄：人名。问：遗，赠送。

④事：指战事。殷：盛。

⑤属：适才。

⑥间：得以参与。蒙：身披。

⑦肃：军中肃拜之礼，弯腰作揖至地。

译文

鄢陵之战中，郤至身穿赤黄色的牛皮军服，多次追赶楚共王的士兵，每次看到楚共王都要跳下战车奔跑，退出战斗的行列。楚共王派工尹襄赠给郤至一张弓，说：“方才战事正酣之时，有一位身穿赤黄色军服的人，是位君子，遇见寡人就下车奔跑，没有因此累坏吧？”郤至身披盔甲接见工尹襄，摘下头盔听他转达楚共王的话，说："贵国国君的外臣郤至，托贵国国君之福，得以身披盔甲为国而战，不能下拜接受贵国国君的下问，为了贵国国君专程派使者前来，请允许我行三次肃拜之礼！"君子认为：郤至勇敢而且懂得礼仪！

7. 鄢之役，晋伐郑，荆救之。栾武子将上军，范文子将下军。栾武子欲战，范文子不欲，曰："吾闻之，唯厚德者能受多福，无德而服者众，必自伤也。称晋之德，诸侯皆叛，国可以少安。唯有诸侯，故扰扰焉[①]。凡诸侯，难之本也。且唯圣人能无外患又无内忧，讵非圣人[②]，不有外患，必有内忧，盍姑释荆与郑以为外患乎！诸臣之内相与，必将辑睦[③]。今我战又胜荆与郑，吾君将伐智而多力[④]，怠教而重敛，大其私暱而益妇人田[⑤]，不夺诸大夫田，则焉取以益此？诸臣之委室而徒退者[⑥]，将与几人？战若不胜，则晋国之福也；战若胜，乱地之秩者也[⑦]，其产将害大[⑧]，盍姑无战乎！"

注释

① 扰扰：纷乱复杂的样子。

② 讵：若，如果。

③ 辑睦：和睦。

④ 伐：自夸。力：武功。

⑤ 暱：亲信，指嬖臣。

⑥ 徒：空手。

⑦ 秩：常规。

⑧ 产：生变。

译文

鄢陵之役，晋国讨伐郑国，楚国发兵来救。栾武子统率上军，范文子统率下军。栾武子打算出击，范文子不赞成，说："我听闻，唯有德行淳厚之人才能承受天赐之福，没有德行却拥有众多归服者，必然会对自己造成伤害。掂量晋国的德行，只有诸侯都背叛晋国，国内才能稍稍安宁。正因为有诸侯归附我们，才闹得鸡犬不宁。这些诸侯，是造成晋国内乱的根源。况且只有圣人才能做到既无外患，又无内忧；若非圣人，没有外患，必有内忧；何不暂且抛开楚国和郑国，把他们当作我们的外患呢！这样大臣之间在国内的关系必然和睦。如果我们现在攻打并战胜了楚国和郑国，我们的国君将会夸耀他的智慧和武功，荒废教化而加重赋敛，增加宠臣俸禄并多赐宠妾田地，不夺取大夫们的田地，又从哪里获取这些东西赏赐嬖臣、宠妾呢？大臣们肯交出田地空手退隐者能有几个呢？打仗没有取胜，那是晋国的福气；如若取胜，就会打乱原有的土地所有秩序，这种变化的危害非常大，何不暂且休战呢！”

栾武子曰：“昔韩之役①，惠公不复舍。邲之役，三军不振旅②。箕之役，先轸不复命③。晋国固有大耻三。今我任晋国之政④，不毁晋耻，又以违蛮、夷重之⑤，虽有后患，非吾所知也。”范文子曰：“择福莫若重，择祸莫若轻，福无所用轻，祸无所用重，晋国故有大耻，与其君臣不相听以为诸侯笑也，盍姑以违蛮、夷为耻乎。”

注释

①韩之役：鲁僖公十五年，秦国在韩原之战中俘虏了晋惠公。

②邲之役：鲁宣公十二年，晋军为楚军所败。不振旅：指军队士气不振。

③箕之役：鲁僖公三十三年，晋国在箕地与狄国交战，晋军大将先轸死于军中。

④任：当，主持。

⑤违：躲避。

译文

栾武子说："以前的韩原之战，惠公被俘不能继续带兵；邲之战，晋败于楚导致三军士气不振；箕之战，先轸不能生还复命。这是晋国史上的三大耻辱。如今我主持晋国大政，不能洗雪晋国的耻辱，反而避开蛮夷之国以加重这种耻辱，即便有后患，也不是我所能顾及到的。"范文子说："选择福不如拣重的，选择祸不如拣轻的，福不能选轻的，祸不能要重的。晋国是有奇耻大辱，但与其眼看晋国君臣失和而被诸侯耻笑，何不姑且选择躲避蛮夷之国这样的耻辱呢？"

栾武子不听，遂与荆人战于鄢陵，大胜之。于是乎君伐智而多力，怠教而重敛，大其私暱，杀三郤而尸诸朝[①]，纳其室以分妇人[②]。于是乎国人不蠲[③]，遂弑诸翼[④]，葬于翼东门之外，以车一乘。厉公之所以死者，唯无德而功烈多，服者众也。

注释

①三郤：指郤锜、郤犨、郤至。尸：指陈尸示众。

②纳：取。

③蠲 juān：洁，以之为洁。

④翼：晋国故都，在今山西省翼城县。

译文

栾武子没有听从范文子的意见，随即与楚国在鄢陵交战，大获全胜。于是晋国国君经常夸耀自己的智慧和武功，荒废教化而加重赋敛，大大增加嬖臣们的俸禄，诛杀三郤并陈尸朝堂之上，强夺他们的妻室并将收缴来的财物分给宠妾。于是就引起了国人的不满，在翼城杀了他，埋葬在翼城东门外，只用一乘车陪葬。晋厉公之所以横死，就是因为他没有德行却武功显赫，归附他的诸侯又多的缘故。

9. 反自鄢，范文子谓其宗、祝曰①：“君骄泰而有烈②，夫以德胜者犹惧失之，而况骄泰乎？君多私，今以胜归，私必昭③。昭私，难必作，吾恐及焉。凡吾宗、祝，为我祈死，先难为免。”七年夏④，范文子卒。冬，难作，始于三郤，卒于公。

注释

① 宗：宗人。祝：祝史。

② 骄泰：傲慢放纵。烈：功业。

③ 私：指私暱，亲信。

④ 七年：晋厉公七年。

译文

从鄢陵回国以后，范文子对家族中主持祭祀的宗人、祝史说："国君傲慢放纵却功业彪炳，靠美德获得的胜利尚且害怕失去，更何况傲慢放纵的人呢？国君宠信的近臣太多，如今得胜归来，宠信近臣的行为会更加严重。宠信近臣，祸乱必然发生，我恐怕难以幸免。凡是我族中的宗人、祝史，请你们为我祈祷死亡，死在乱前就可以免祸了。"晋厉公七年夏天，范文子去世。冬天，晋国乱起，开始于厉公诛杀三郤，结束于厉公身死。

10. 既战，获王子发钩[①]。栾书谓王子发钩曰："子告君曰：'郤至使人劝王战，及齐、鲁之未至也。且夫战也，微郤至王必不免[②]。'吾归子。"发钩告君，君告栾书，栾书曰："臣固闻之，郤至欲为难，使苦成叔缓齐、鲁之师，己劝君战，战败，将纳孙周[③]，事不成，故免楚王。然战而擅舍国君，而受其问[④]，不亦大罪乎？且今君若使之于周，必见孙周。"君曰："诺。"栾书使人谓孙周曰："郤至将往，必见之！"郤至聘于周，公使覘之[⑤]，见孙周。是故使胥之昧与夷羊五刺郤至、苦成叔及郤锜[⑥]，郤锜谓郤至曰："君不道于我，我欲以吾宗与吾党夹而攻之，虽死必败，君必危，其可乎？”郤至曰：“不可。至闻之，武人不乱，智人不诈，仁人不党。夫利君之富，富以聚党，利党以危君，君之杀我也后矣。且众何罪，钧之死也，不若听君之命。”是故皆自杀⑦。既刺三郤，栾书弑厉公，乃纳孙周而立之，实为悼公。

注释

①发钩：楚国公子，名茷。

②微：无。

③孙周：晋悼公，名周。

④受其问：指楚恭王派工尹襄慰问并赠弓之事。

⑤觇 chān：偷看。

⑥胥之昧与夷羊五：皆晋厉公的嬖臣。

⑦自杀：当为“见杀”之讹（从吴曾祺说）。《左传》成公十七年：“三郤将谋于榭……以戈杀之。”可见“自杀”之说有误。

译文

鄢陵之战期间，晋军俘获了楚国王子发钩。栾书对王子发钩说：“您就告诉晋厉公说：‘郤至曾私下派人劝说楚王，趁齐、鲁两国军队还未到之机与晋国开战。而且在战场上，如果不是因为郤至，楚王肯定无法逃脱。’

事成之后，我会设法放你回国。”发钩按照栾书的意思对晋厉公说了一遍，厉公转告栾书，栾书说：“我早有耳闻，郤至准备发难，让苦成叔故意延缓齐、鲁两国的行动，自己力劝国君作战，一旦晋军战败，就接应孙周回国为君，后来阴谋没有得逞，就故意放走楚王。然而在战场上擅自放走楚王，还接受楚王的慰问，这不是天大的罪过吗？况且您如果派他出使东周的话，他肯定会去见孙周。”厉公说：“好。”栾书派人对孙周说：“郤至要来，您一定要想法见见他！”郤至到东周行聘问之礼，晋厉公派人暗中监视，郤至果然去见了孙周。厉公因此派胥之昧、夷羊五两人前去刺杀郤至、郤犨和郤锜，郤锜对郤至说：“国君对我们不讲道义，我打算率领我们同族和同党两面夹击，明知必死，也要与国君闹个鱼死网破。这样行吗？”郤至说：“不行。我听闻，勇武之人不会叛乱，智慧之人不用欺诈手段，仁义之人不结党营私。如果利用国君的宠幸得到财富，致富之后聚集同党，利用同党危害国君，国君现在才派人杀我们已经太晚了。况且族人又有何罪？同样是死，不如听从国君的命令而死。”所以三郤都被杀害。刺杀三郤之后，栾书又杀害了晋厉公，于是接回孙周并立为国君，这就是晋悼公。

12. 栾武子、中行献子围公于匠丽氏[①]，乃召韩献子，献子辞曰："弑君以求威，非吾所能为也。威行为不仁，事废为不智，享一利亦得一恶，非所务也。昔者吾畜于赵氏[②]，赵孟姬之谗[③]，吾能违兵。人有言曰：'杀老牛莫之敢尸[④]。'而况君乎？二三子不能事君，安用厥也！"中行偃欲伐之，栾书曰："不可。其身果而辞顺。顺无不行，果无不彻[⑤]，犯顺不祥，伐果不克，夫以果戾顺行[⑥]，民不犯也，吾虽欲攻之，其能乎！"乃止。

注释

①栾武子：即栾书。中行献子：晋国大夫中行偃。匠丽氏：晋厉公的嬖臣。

②畜：养育。

③赵孟姬：赵盾的儿媳，赵朔之妻，晋景公的姐姐。鲁成公八年，孟姬向景公进谗言，杀害了赵同和赵括。

④尸：主，这里指出头。

⑤彻：成功。

⑥戾：至，这里有再加上的意思。

译文

栾武子、中行献子把晋厉公包围在匠丽氏家中，然后召韩献子前来，韩献子拒绝说：“杀害国君以求立威，我是做不到的。淫威得逞是不仁，大事不成是不智。得到一种好处，同时背上一项恶名，这事我不干。从前我在赵氏家中长大，孟姬进谗言陷害赵氏，我能抗命不出兵。有句俗话说：‘杀老牛没有人敢于出头。’更何况要杀国君呢？你们几位不愿侍奉国君，何必拉上我韩厥呢！”中行偃准备攻打韩献子，栾书说：“不行。韩厥行事果断而且言辞在理。理顺则事无不成，果断则无往不利。违背事理不吉，讨伐果断的人不胜。韩厥果断再加上顺理行事，百姓不会冒犯他，我们虽然想进攻他，能办得到吗？”于是就不了了之。

卷十三　晋语七

1. 既弑厉公，栾武子使智武子、彘恭子如周迎悼公[①]。庚午，大夫逆于清原[②]。公言于诸大夫曰："孤始愿不及此，孤之及此，天也。抑人之有元君[③]，将禀命焉。若禀而弃之，是焚谷也[④]；其禀而不材，是谷不成也。谷之不成，孤之咎也；成而焚之，二三子之虐也。孤欲长处其愿，出令将不敢不成，二三子为令之不从，故求元君而访焉[⑤]。孤之不元，废也，其谁怨？元而以虐奉之，二三子之制也[⑥]。若欲奉元以济大义，将在今日；若欲暴虐以离百姓，反易民常，亦在今日。图之进退，愿由今日。"大夫对曰："君镇抚群臣而大庇荫之，无乃不堪君训而陷于大戮，以烦刑、史[⑦]，辱君之允令[⑧]，敢不承业。"乃盟而入。

注释

① 智武子：晋国卿士荀罃。彘恭子：晋国大夫士鲂，食邑在彘。悼公：晋悼公孙周，也称公子周，当时只有十四岁。

②清原：晋国边境城邑，在今山西省稷山县东南。

③元：善，英明。

④焚谷：喻肆意践踏国君的政令。

⑤访：谋求，寻找。

⑥制：专制。

⑦刑：刑官，司寇。史：太史。

⑧允：信，善。

译文

杀害晋厉公之后，栾武子派智武子、彘恭子到东周迎晋悼公回国。庚午那天，大夫们都到清原迎接。晋悼公对大夫们说："寡人本来没想到能有今天，寡人能有今天，是天命。臣民们希望拥立贤明之君，是为了接受英明的指令。如果接受命令又不听从，就如同烧掉收获的谷物；如果接到的命令不完善，就好比谷物还没成熟。谷物没有成熟，这是寡人的罪过；谷物成熟却将它烧掉，那就是你们的暴虐了。寡人希望长久地保有君位，发号施令将不敢不成熟，你们如果不听从寡人的政令，尽管去访求贤明之君。寡人不善，被废除君位，又能怨谁呢？如果寡人贤明而你们暴虐以对，那就是你们太专横了。如果想拥立贤君以成大义，就在今天；如果想倒行逆施离散百姓，改变百姓一贯奉行的常法，也在今天。

何去何从，你们好好考虑一下，全在你们今日的决定。”大夫们回答说：“您镇抚群臣而且极力庇佑我等，只怕我等不能很好地执行您的政令而陷于受死的境地，还要烦劳刑官和史官，有辱您英明的决策，我等怎敢不尽心侍奉呢？”于是双方订结盟约之后才进入国都。

辛巳，朝于武宫[①]。定百事，立百官，育门子[②]，选贤良，兴旧族，出滞赏，毕故刑，赦囚系，宥闲罪[③]，荐积德，逮鳏寡[④]，振废淹[⑤]，养老幼，恤孤疾，年过七十，公亲见之，称曰王父，敢不承。

注释

① 武宫：晋武公的祖庙。

② 门子：大夫的嫡子。

③ 宥：宽恕。闲罪：有可疑之处的罪名。

④ 逮：及。

⑤ 振：兴起，起用。淹：久。

译文

辛巳那天，晋悼公到武公庙朝祭。随后，议定国家大事，任命百官，培育大夫嫡子，选贤任良，提拔旧家族的子孙，奖赏前朝有功之臣，停用旧的刑罚，大赦囚犯，宽赦嫌犯，选拔任用德行淳厚之人，救济鳏夫寡妇，起用长久沉沦的贤才，赡养老人和儿童，抚恤孤儿和残疾人，年过七十的老人，悼公亲自接见，称他们为王父，百官无不乐于服从命令。

3. 始合诸侯于虚朾以救宋①，使张老延君誉于四方②，且观道逆者③。吕宣子卒，公以赵文子为文也，而能恤大事，使佐新军④。三年，公始合诸侯。四年，诸侯会于鸡丘⑤，于是乎布命、结援、修好、申盟而还。令狐文子卒，公以魏绛为不犯，使佐新军。使张老为司马，使范献子为候奄⑥。公誉达于戎。五年，诸戎来请服，使魏庄子盟之⑦，于是乎始复霸。

注释

①虚朾：宋国地名。鲁成公十八年，宋国大夫鱼石背叛宋国逃到楚国，楚国攻下宋国彭城封给鱼石。晋悼公因此合诸侯以救宋。

②延：传播。

③道：有道者。逆：无道者。

④佐：当为“将”之误。从王引之说。

⑤鸡丘：晋国地名，在今河北省鸡泽县。

⑥范献子：范文子族弟，名士富。候奄：古代军中负

责侦察敌情的官员。

⑦ 魏庄子：即魏绛。

译文

晋悼公首次在虚朾会合诸侯，目的是驰援宋国。他先派遣张老到各诸侯国为国君宣扬声誉，同时观察诸侯们有道与无道的情况。吕宣子死后，悼公认为赵文子有文德，而且能够关心军国大事，便命他统率新军。晋悼公三年，悼公开始会合各国诸侯。悼公四年，诸侯在鸡丘会盟，于是发布命令，缔结援助条约，重修旧好，重申盟誓，然后回国。令狐文子死后，悼公认为魏绛能严守军纪，便命他辅佐新军。任命张老为司马，范献子为候奄。悼公的声誉传到戎族各部。悼公五年，戎族各部落派使者前来请求归服，悼公命魏庄子与他们结盟，于是晋国开始重新称霸。

四年，会诸侯于鸡丘，魏绛为中军司马，公子扬干乱行于曲梁[①]，魏绛斩其仆[②]。公谓羊舌赤曰[③]：“寡人属诸侯[④]，魏绛戮寡人之弟，为我勿失。”赤对曰：“臣闻绛之志，有事不避难，有罪不避刑，其将来辞。”言终，魏绛至，授仆人书而伏剑[⑤]。士鲂、张老交止之[⑥]。仆人授公，公读书曰：“臣诛于扬干，不忘其死。日君乏使[7]，使臣狃中军之司马[8]。臣闻师众以顺为武，军事有死无犯为敬[9]，君合诸侯，臣敢不敬，君不说，请死之。”公跣而出[10]，曰：“寡人之言，兄弟之礼也。子之诛，军旅之事也，请无重寡人之过。”反役，与之礼食，令之佐新军。

注释

①扬干：晋悼公的弟弟。曲梁：晋国地名。

②仆：车御。

③羊舍赤：羊舍职之子铜鞮伯华。

④属：会。

⑤伏剑：自杀。

⑥交：夹，交叉。

⑦日：昔日。

⑧狃：当为“粗”之误。粗，同“糅”，参与，混杂。从俞樾说。

⑨军事：军政大事。

⑩跣：赤脚。

译文

晋悼公四年，在鸡丘会盟诸侯，魏绛是中军司马，公子扬干在曲梁扰乱了军中队列，魏绛就杀了他的车御。悼公对羊舌赤说："寡人会盟诸侯，魏绛却羞辱寡人的弟弟，给我抓住他，千万不能让他逃脱。"羊舌赤回答说："我听闻魏绛为人，遇事不避危难，有罪不避刑罚，他定会前来说明原委。"话刚说完，魏绛就到了，他把信交给悼公的仆人然后就要拔剑自刎。士鲂和张老双双上前劝阻。仆人把信呈给悼公，悼公读道："微臣降责于扬干，知道犯下死罪。以前您缺乏下手，让微臣担任中军司马。微臣听闻军队服从命令才叫威武，军中宁死而不犯军法才是恭敬。您会合诸侯，微臣不敢不敬。您为此事不悦，微臣愿求一死。"悼公连忙赤脚跑了出来，说："寡人所说的话，是出于兄弟之礼。您治扬干之罪，是依军法行事，请您不要再加重寡人的过错了。"回国之后，悼公依礼设宴款待魏绛，任命他为新军的副统帅。

4. 祁奚辞于军尉[①]，公问焉，曰："孰可？"对曰："臣之子午可。人有言曰：'择臣莫若君，择子莫若父。'午之少也，婉以从令[②]，游有乡，处有所，好学而不戏。其壮也，强志而用命[③]，守业而不淫。其冠也，和安而好敬，柔惠小物[④]，而镇定大事[⑤]，有直质而无流心[⑥]，非义不变，非上不举[⑦]。若临大事，其可以贤于臣。臣请荐所能择而君比义焉。"公使祁午为军尉，殁平公[⑧]，军无秕政[⑨]。

注释

①辞：告老辞职。

②婉：顺。

③志：识，记。命：指父命。

④柔：仁。惠：爱。

⑤镇：安定。

⑥流：放纵。

⑦举：动，为。

⑧殁：终。平公：晋悼公之子，晋平公彪。

⑨秕：谷物颗粒不饱满。此以秕糠喻败政。

译文

祁奚请求辞去军尉之职，晋悼公问他，说："谁能接替您的职位？"祁奚回答说："微臣的儿子祁午就行。人们常说：'挑选臣子莫如国君，挑选儿子莫如父亲。'祁午小的时候，温顺听话，外出游历必先告知父母自己的去向，有事逗留必定告知父母所处之地，好学而不爱嬉戏。长大之后，博闻强识而遵从父命，坚守学业而心无旁骛。二十岁加冠之后，为人平和安静，恭敬有礼，小事上仁爱近人，大事上从容镇静，性格耿直而不放纵，不合道义之事不做，非长上之命不擅自行动。处理军国大事，他能够比微臣做得更好。微臣请求推荐自己所认识的人中最合适的人选，由您决定是否合适。”悼公便任命祁午为军尉。直至晋平公去世，军政从未出现过纰漏。

6. 韩献子老[①]，使公族穆子受事于朝[②]。辞曰：“厉公之乱，无忌备公族，不能死。臣闻之曰：‘无功庸者[③]，不敢居高位。’今无忌，智不能匡君，使至于难，仁不能救，勇不能死，敢辱君朝以忝韩宗[④]，请退也。”固辞不立。悼公闻之，曰：“难虽不能死君而能让，不可不赏也。”使掌公族大夫。

注释

① 韩献子：韩厥。

② 公族穆子：韩厥长子，名无忌，为公族大夫。

③ 功：对国家有功劳叫功。庸：对百姓有功劳叫庸。

④ 忝：辱。

译文

韩献子年老辞职，晋悼公让公族穆子继任卿位在朝中掌事。穆子推辞说：“厉公之乱时，无忌作为公族大夫，不能以身殉难。微臣听闻：‘没有功劳之人，不敢忝居高位。’如今无忌，智不能匡正国君，而使他遭受祸难，仁义不能救君于危难，勇不能以身殉难，怎敢再辱没您的朝堂并羞辱韩氏宗族呢？请允许我辞退。”坚辞不就。悼公听到后，说：“虽然不能殉君之难，但能谦让，不能不奖赏。”就让他掌管公族大夫。

7. 悼公使张老为卿[①]，辞曰：“臣不如魏绛。夫绛之智能治大官，其仁可以利公室不忘，其勇不疚于刑[②]，其学不废其先人之职。若在卿位，外内必平。且鸡丘之会，其官不犯而辞顺[③]，不可不赏也。”公五命之，固辞，乃使为司马。使魏绛佐新军。

注释

①为卿：指佐新军，出任新军副统帅。

②疚：病，愧。

③不犯：不受侵犯，指魏绛斩扬干仆人一事。

译文

晋悼公准备任命张老为卿，张老推辞说：“微臣不如魏绛。魏绛的智慧能胜任高官，他的仁爱能够让他时刻不忘国家利益，他的英勇无愧于执法，他的学问能不荒废先人的职事。如果让他处在卿的职位，国内外必然信服。况且在鸡丘之会上，他居官大义凛然而言辞逊顺，不能不奖赏他。”悼公五次任命张老为卿，他都坚决推辞，于是便让他担任中军司马。任命魏绛为新军副统帅。

9. 悼公与司马侯升台而望①，曰：“乐夫！”对曰：“临下之乐则乐矣，德义之乐则未也。”公曰：“何谓德义？”对曰：“诸侯之为②，日在君侧，以其善行，以其恶戒，可谓德义矣。”公曰：“孰能？”对曰：“羊舌肸习于《春秋》③。”乃召叔向使傅太子彪④。

注释

① 司马侯：晋国大夫汝叔齐。

② 为：行为，事迹。

③ 羊舌肸：晋国名臣叔向之名。《春秋》：这里指春秋时期各国的历史。

④ 太子彪：晋平公。

译文

晋悼公与司马侯一起登台远望，说：“真快乐啊！”司马侯回答说：“居高临下的快乐确实是快乐了，然而德义的快乐却还谈不上。”悼公问道:“什么叫作德义?”司马侯回答说:“诸侯的所作所为,天天都在您的身边发生,效法他们的善行,惩戒他们的恶行,就称得上德义了。”悼公问道:“谁能够做到这些呢?”司马侯回答说:“叔向熟悉各国历史书籍。”于是悼公就召见叔向并让他做太子彪的老师。

卷十四　晋语八

1. 平公六年，箕遗及黄渊、嘉父作乱[①]，不克而死。公遂逐群贼[②]，谓阳毕曰[③]："自穆侯以至于今[④]，乱兵不辍，民志不厌[⑤]，祸败无已。离民且速寇[⑥]，恐及吾身，若之何？"阳毕对曰："本根犹树[⑦]，枝叶益长，本根益茂，是以难已也。今若大其柯[⑧]，去其枝叶，绝其本根，可以少闲[⑨]。"

注释

① 箕遗、黄渊、嘉父：三人都是晋国大夫，栾盈的同党。栾盈是栾书的孙子，栾黡的儿子。栾盈的母亲是范宣子的女儿叔祁，栾黡死后，叔祁与人私通，栾盈对母亲的行为非常不满。叔祁感到害怕，就在执掌晋国大权的父亲面前诬告栾盈将要作乱。栾盈乐善好施，党徒众多，知道范宣子要对自己动手，就群起作乱。

② 群贼：指栾盈之党。

③ 阳毕：晋国大夫。

④ 穆侯：唐叔八世孙，桓叔之父。

⑤厌：极，足。

⑥离：背弃。速：招致。

⑦本根：指动乱的根源。

⑧柯：斧柄，代指斧头。

⑨闲：平息，停息。

译文

晋平公六年，箕遗、黄渊、嘉父等人聚众作乱，事败被杀。平公于是尽逐乱党，对阳毕说："从穆侯以来直到今天，叛乱从未停过，民心不知满足，祸乱连绵不断。背弃百姓还不断招致外寇，大祸恐怕会落在我身上，怎么办？"阳毕回答说："祸乱的根本就如同大树，枝叶繁茂，本根也就更粗壮，所以祸乱难以平息。现在如果用大斧，砍去枝叶，断绝树根，就能稍稍平息事态。"

公曰："子实图之。"阳毕曰："图在明训[①]，明训在威权，威权在君。君抡贤人之后有常位于国者而立之[②]，亦抡逞志亏君以乱国者之后而去之[③]，是遂威而远权[④]。民畏其威，而怀其德，莫能勿从。若从，则民心皆可畜。畜其心而知其欲恶，人孰偷生[⑤]？若不偷生，则莫思乱矣。且夫栾氏之诬晋国久也，栾书实覆宗，弑厉公以厚其家，若灭栾氏，则民威矣[⑥]。今吾若起瑕、原、韩、魏之后而赏立之[⑦]，则民怀矣。威与怀各当其所，则国安矣。君治而国安，欲作乱者谁与？”

注释

①训：教。

②抡：择。常位：指有爵无位、家道中落的世家大族。

③逞：快。

④遂：申。权：谋。

⑤偷：苟且。

⑥威：畏。

⑦瑕：瑕嘉。原：原轸。韩：韩万。魏：毕万之后。这四人都是有大功的晋国贤大夫。

译文

平公说：“您来筹划此事。”阳毕回答说：“筹划需要明确的训令，明确的训令出于权威，权威掌握在国君手中。您选择那些有功于国而家道中落的贤人后代授以职位，还要挑选那些损公肥私者的后代加以驱逐，这既伸张了您的权威又深谋远虑。百姓既畏惧您的权威，同时又怀念您的恩德，就不会有不服从的。既然服从，那民心就可以凝聚了。凝聚民心并且知道他们的好恶，谁还会苟且偷生呢？如果不苟且偷生，就不会有人包藏祸心了。况且栾氏欺罔晋国由来已久，是栾书颠覆了晋国的大宗，杀害厉公以培植自家权势。如果消灭栾氏，百姓就会畏惧您的权威。现在如果起用瑕嘉、原轸、韩万、毕万的后代，赏赐并授以职权，那么百姓就会感念您的恩德。畏惧与感恩各得其所，国家就安定了。您治国而国家安定，又有谁会图谋作乱呢？”

君曰："栾书立吾先君[①]，栾盈不获罪，如何？”阳毕曰："夫正国者，不可以暱于权[②]，行权不可以隐于私。暱于权，则民不导[③]；行权隐于私，则政不行。政不行，何以导民？民之不导，亦无君也，则其为暱与隐也，复害矣[④]，且勤身。君其图之！若爱栾盈，则明逐群贼，而以国伦数而遣之[⑤]，厚箴戒图以待之[⑥]。彼若求逞志而报于君，罪孰大焉，灭之犹少。彼若不敢而远逃，乃厚其外交而勉之[⑦]，以报其德，不亦可乎？”

注释

①先君：指晋悼公。

②暱：近。

③导：训导。

④复：反而。

⑤伦：伦理，纲常。

⑥箴：规劝。待：戒备。

⑦厚其外交：指私下通融栾盈寄身的国家，要厚待栾盈。

译文

平公说：“栾书是拥立我先君的功臣，栾盈也没有真的犯罪，这该如何是好？”阳毕说：“导国向善之人，不能只图眼前的方便，即便行使权宜之计也不能因私恩而隐蔽罪过。只图眼前的方便，就无法训导百姓；行使权宜之计而因私恩隐蔽罪过，政令便无法推行。政令无法推行，拿什么来训导百姓？百姓无法训导，就等于没有国君，那么由于私恩而隐蔽罪过的行为，反而会危害国家，而且还会劳苦国君。您好好考虑一下此事。如果喜爱栾盈，那就公开驱逐他的同党，用国家纲纪历数他的罪行之后打发他走，多多规劝并严防他图谋不轨。如果栾盈执意要报复您的话，那就是罪大恶极，即使灭绝了他的宗族犹嫌不足。他若不敢谋反而是远远逃开，那就私下打点他所逃往的国家请他们给予照顾，以此回报他的恩德，这样做不也可以吗？”

公许诺，尽逐群贼而使祁午及阳毕适曲沃逐栾盈①，栾盈出奔楚。遂令于国人曰："自文公以来有力于先君而子孙不立者，将授立之②，得之者赏。"居三年，栾盈昼入，为贼于绛。范宣子以公入于襄公之宫③，栾盈不克，出奔曲沃，遂刺栾盈，灭栾氏。是以没平公之身无内乱也。

注释

①祁午：晋国中军尉，祁奚之子。

②授：指授爵。立：指授官职。

③范宣子：晋国正卿，范文子之子，名匄。

译文

平公同意了，于是驱逐了栾氏所有党羽，并派祁午、阳毕到曲沃驱逐栾盈，栾盈出奔到楚国。然后平公遍令全国，说："自从文公以来，凡是有功于先君而子孙没有做官的人，将授予爵位和官职，能访得这类人物的人将给以奖赏。"过了三年，栾盈设法在白天潜入晋国，为乱绛城。范宣子把平公送到襄公之庙暂避风头，栾盈没有成功，逃到曲沃，晋军杀死栾盈，灭掉栾氏宗族。所以直到平公去世，晋国再没有发生过内乱。

4. 鲁襄公使叔孙穆子来聘[1]，范宣子问焉，曰：“人有言曰‘死而不朽’，何谓也？”穆子未对。宣子曰：“昔匄之祖，自虞以上为陶唐氏，在夏为御龙氏，在商为豕韦氏，在周为唐、杜氏[2]。周卑，晋继之，为范氏，其此之谓也？”对曰：“以豹所闻，此之谓世禄[3]，非不朽也。鲁先大夫臧文仲[4]，其身殁矣，其言立于后世，此之谓死而不朽。”

注释

① 叔孙穆子：鲁国卿士，名豹。

② 唐、杜氏：豕韦氏在商末迁于唐，于是改族号为唐。周公灭唐，把唐地封给了周武王的幼子叔虞。唐氏迁于杜，并将族号改为杜。

③ 世禄：世代继承禄位。

④ 臧文仲：鲁国卿士，春秋史上著名的政治家和外交家。

译文

鲁襄公派叔孙穆子到晋国行聘问之礼，范宣子问道：“古人说‘死而不朽’，这是何意？”穆子没有回答。范宣子说：“从前我的祖先，在虞舜之前称陶唐氏，在夏朝时改为御龙氏，在商朝改为豕韦氏，在周朝先后改为唐氏和杜氏。周王室衰微，晋国称雄，改为范氏，‘死而不朽’是指此而言吧？”穆子回答说：“据我所知，这叫作世代继承禄位，并非是不朽。鲁国已故大夫臧文仲，他虽身死，但言论却流传后世，这才叫‘死而不朽’。”

7. 平公说新声[①]，师旷曰[②]：“公室其将卑乎！君之萌兆于衰矣[③]。夫乐以开山川之风也[④]，以耀德于广远也[⑤]。风德以广之[⑥]，风山川以远之，风物以听之，修诗以咏之，修礼以节之。夫德广远而有时节[⑦]，是以远服而迩不迁[⑧]。”

注释

① 说：乐，喜欢。新声：郑、卫两国流行的乐曲新调。

② 师旷：晋国乐师，名子野。

③ 兆：形，显现。

④ 开：通，这里指了解。

⑤ 耀：明，这里指散播。

⑥ 风：宣化。

⑦ 时：时令。节：礼节。

⑧ 迩：近。

译文

晋平公喜欢上了卫国新曲，师旷说："晋国公室恐怕要式微了啊！国君已经出现了衰败的征兆。音乐是用来了解各地风化的，并将国君的美德传播到遥远的地方。宣扬美德来推广音乐，教化万民让音乐无所不至，感化万物使音乐处处可闻，作诗以吟咏它，制礼以节制它。美德宣化四方就会使农业应时而百姓遵礼，因此远方之人前来归服，近处居民不会迁居。"

8. 平公射鴳[①]，不死，使竖襄搏之[②]，失。公怒，拘将杀之。叔向闻之，夕，君告之。叔向曰："君必杀之。昔吾先君唐叔射兕于徒林[③]，殪[④]，以为大甲，以封于晋。今君嗣吾先君唐叔，射鴳不死，搏之不得，是扬吾君之耻者也。君其必速杀之，勿令远闻。"君忸怩，乃趣赦之[⑤]。

注释

① 鴳 yàn：小鸟，鹌鹑的一种。

② 竖：宫中小吏。襄：人名。

③ 兕：古书中记载的一种犀牛类猛兽，色青，头部有独角。徒林：林囿之名。

④ 殪 yì：一箭射死。

⑤趣：急忙，赶快。

译文

晋平公射鴳鸟，没能射死，派竖襄去捕捉，又没捉到。平公大怒，把竖襄关押起来，准备杀掉。叔向听说了这件事，连夜求见平公，平公把这件事告知叔向。叔向说："您一定要杀了他。从前我们先君唐叔在徒林射青兕，一箭射死，然后用兕皮做成一副完整的铠甲，以此被封于晋国。现在您继承先君唐叔之位，射鴳鸟没有射死，派人去捉又没捉到，这分明是在宣扬我们国君的耻辱啊。您一定要赶快杀掉他，不要让这件事传开。"平公惭愧不安，就赶忙赦免了竖襄。

14. 赵文子为室，斫其椽而砻之[①]，张老夕焉而见之，不谒而归[②]。文子闻之，驾而往，曰："吾不善，子亦告我，何其速也？"对曰："天子之室，斫其椽而砻之，加密石焉[③]；诸侯砻之；大夫斫之；士首之[④]。备其物，义也；从其等，礼也。今子贵而忘义，富而忘礼，吾惧不免，何敢以告。"文子归，令之勿砻也。匠人请皆斫之，文子曰："止。为后世之见之也，其斫者，仁者之为也[⑤]，其砻者，不仁者之为也。"

注释

①斫：削，砍。砻 lóng：磨。

②谒：拜见。

③密石：纹理细密的磨石。

④首：椽子的头部也用斧头砍削而成。

⑤为：行为。

译文

赵文子建房子，椽子砍削之后又经打磨，张老傍晚时分去见文子，没有拜见就回去了。文子听说之后，乘车去见张老，说："我如果有什么不对的地方，您也应该告诉我，何必走得这么快呢？"张老回答说："天子的宫殿，椽子经砍削之后要粗磨，然后再用密纹石细磨；诸侯宫室的椽子要粗磨；大夫家的椽子要砍削；士家的椽子砍掉椽头就行了。备物合规矩，这是义；遵守尊卑等级，这是礼。如今您显贵之后忘记了义，富有之后忘记了礼，我怕连自己都不能免祸，怎么敢告诉您呢？"文子回到家中，命令停止打磨椽子。木匠建议全部重新砍削，文子说："不必。我要让后人看到，那些砍削过的椽子是仁人的作为，那些打磨过的椽子是不仁之人的作为。"

20. 叔向见韩宣子，宣子忧贫，叔向贺之，宣子曰："吾有卿之名，而无其实①，无以从二三子，吾是以忧，子贺我何故？"对曰："昔栾武子无一卒之田②，其宫不备其宗器③，宣其德行，顺其宪则，使越于诸侯④，诸侯亲之，戎、狄怀之，以正晋国，行刑不疚，以免于难⑤。及桓子骄泰奢侈⑥，贪欲无艺⑦，略则行志⑧，假贷居贿⑨，宜及于难，而赖武之德，以没其身。及怀子改桓之行⑩，而修武之德，可以免于难，而离桓之罪，以亡于楚。夫郤昭子⑪，其富半公室，其家半三军，恃其富宠，以泰于国，其身尸于朝，其宗灭于绛。不然，夫八郤，五大夫三卿⑫，其宠大矣，一朝而灭，莫之哀也，唯无德也。今吾子有栾武子之贫，吾以为能其德矣，是以贺。若不忧德之不建，而患货之不足，将吊不暇，何贺之有？"宣子拜稽首焉，曰："起也将亡，赖子存之，非起也敢专承之⑬，其自桓叔以下嘉吾子之赐⑭。"

注释

① 实：财富。

② 栾武子：栾书。

③ 宗器：祭器。

④越：指名声跨越国界，闻名诸侯。

⑤难：指栾书弑厉公之事。

⑥桓子：指栾书之子栾黡。

⑦艺：极。

⑧略：触犯。则：国法。

⑨居：囤积。

⑩怀子：桓子之子栾盈。

⑪郤昭子：晋国卿士郤至。

⑫五大夫三卿：指郤氏家族同时出现五位大夫和三位卿士。三卿，指郤至、郤犨、郤锜。

⑬专：独自。承：受。

⑭桓叔：指韩氏之祖曲沃桓叔。桓叔的儿子名万，受封于韩，又称韩万。

译文

叔向去见韩宣子，宣子正为自己家贫而犯愁，叔向却向他道贺。宣子说："我徒有正卿的虚名，却没有正卿的财富，无法和大夫们往来应酬，我正为此发愁，您却向我道贺，是何缘故？"叔向回答说："从前栾武子田地不足百顷，家里连祭祀的礼器都置备不齐，可他却能宣扬其德行，遵循法制，使自己名闻诸侯，诸侯之国亲近他，戎、狄之国信服他，他凭借这些治理好了晋国，执法行刑没有弊端，所以能够避免弑君之难。到了桓子这代人，就变得骄纵奢侈，贪得无厌，无视法纪而恣意妄为，借贷牟利并囤积财物，本该遭遇祸难，但靠武子的余荫得以善终。到了怀子，一改桓子的作风，转而发扬武子的美德，本来可以免祸，但是受桓子罪恶的连累，最终远逃楚国。郤昭子，他的财富抵得上晋国公室的一半，他的族人占去三军将领一半的职位，依仗着财富和国君的荣宠，傲视整个晋国，最终落得陈尸朝堂，宗族被连根拔起。如果不是这样，郤氏八人，有五位大夫三位卿士，他们荣宠够盛了，一朝被灭，无人同情，就是因为无德之故。如今您拥有栾武子的清贫境况，我认为您也具备他那样的美德，所以向您道贺。如果您不是担忧自己不能立德，反而为财物不足而发愁，我哀悼还来不及，又有什么可祝贺的呢？”韩宣子下拜叩头，说：“我韩起将要灭亡之际，是您挽救了我，这不是韩起所敢单独承受的，恐怕自我的祖先桓叔以下的所有子孙都要感激您的厚赐。”

卷十五　晋语九

1. 士景伯如楚[①]，叔鱼为赞理[②]。邢侯与雍子争田[③]，雍子纳其女于叔鱼以求直。及断狱之日，叔鱼抑邢侯，邢侯杀叔鱼与雍子于朝。韩宣子患之，叔向曰："三奸同罪，请杀其生者而戮其死者[④]。"宣子曰："若何？"对曰："鲋也鬻狱[⑤]，雍子贾之以其子，邢侯非其官也而干之[⑥]。夫以回鬻国之中[⑦]，与绝亲以买直，与非司寇而擅杀，其罪一也。"邢侯闻之，逃。遂施邢侯氏[⑧]，而尸叔鱼与雍子于市。

注释

① 士景伯：晋国法官士弥牟。

② 叔鱼：羊舌鲋，叔向的弟弟。赞：佐，辅助。

③ 邢侯：原楚国大夫申公巫臣之子。雍子：原楚大夫，后逃奔晋国。

④ 戮：陈尸示众。

⑤ 鬻：卖。

⑥ 干：干预，触犯。

⑦ 回：邪。中：公平。

⑧施：判罪。

译文

士景伯到楚国行聘问之礼，叔鱼代为审理案件。邢侯和雍子争讼田地边界，雍子把女儿嫁给叔鱼以求胜诉。到了判决那天，叔鱼故意压制邢侯，邢侯在朝堂上杀了叔鱼和雍子。韩宣子非常不安，叔向说：“三个奸人罪行相同，请杀死活着的人并将死者陈尸示众。”宣子问：“为何这样处理？”叔向回答说：“叔鱼贪赃枉法，雍子用女儿行贿，邢侯不是法官而干预刑法。以奸邪出卖国家法律的公平，与用亲人换取胜诉，与不是法官而擅自杀人，罪行相同。”邢侯听说后，立刻出逃。于是就判处邢侯一族之罪，并将叔鱼和雍子的尸首陈列于市场示众。

2. 中行穆子帅师伐狄[①]，围鼓[②]。鼓人或请以城叛，穆子不受，军吏曰：“可无劳师而得城，子何不为？”穆子曰：“非事君之礼也。夫以城来者，必将求利于我。夫守而二心，奸之大者也。赏善罚奸，国之宪法也。许而弗予，失吾信也；若其予之，赏大奸也。奸而盈禄，善将若何？且夫狄之憾者以城来盈愿，晋岂其无？是我以鼓教吾边鄙贰也[③]。夫事君者，量力而进，不能则退，不以安贾贰[4]。”令军吏呼城，儆将攻之，未傅而鼓降[5]。

注释

① 中行穆子：晋国卿士，中行偃之子中行伯荀吴。

② 鼓：国名，白狄的一支。

③ 鄙：边境。贰：二心。

④ 贾：买。

⑤ 傅：接触。

译文

中行穆子领兵攻打狄人，包围了鼓国。鼓国有人暗中请求献城叛降，穆子没有接受。军吏说：“可以不劳师动众就得到城邑，您为什么不接受？”穆子回答说：“这不是侍奉国君的礼节。叛降来献城之人，一定想在我这里得到好处。守城而怀有二心，这是大奸之人。赏善罚奸，这是国家的大法。如果答应他们献城投降而不予奖赏，就会丧失我们的信用；如果给予奖赏，就是奖赏大奸之徒。奸邪者获得优厚的俸禄，善良之辈又将如何？况且狄人中有心怀不满的人以献城来满足自己的私欲，晋国难道就没有这种人吗？我如果这样做，就是在用鼓国为例怂恿我国边疆人民怀有二心啊。侍奉君主，要量力而行，实力达不到就撤退，不能为了获得个人安乐而收买怀有二心之人。”于是命令军吏向城中喊话，告诫他们将要发起进攻，结果还未交战鼓人就投降了。

中行伯既克鼓，以鼓子苑支来[①]。令鼓人各复其所，非僚勿从[②]。鼓子之臣曰夙沙釐[③]，以其孥行[④]，军吏执之，辞曰："我君是事，非事土也。名曰君臣，岂曰土臣？今君实迁，臣何赖于鼓？"穆子召之，曰："鼓有君矣[⑤]，尔心事君，吾定而禄爵。"对曰："臣委质于狄之鼓[⑥]，未委质于晋之鼓也。臣闻之：委质为臣，无有二心。委质而策死，古之法也。君有烈名[⑦]，臣无叛质。敢即私利以烦司寇而乱旧法，其若不虞何[⑧]！"穆子叹而谓其左右曰："吾何德之务而有是臣也？"乃使行。既献[⑨]，言于公，与鼓子田于河阴[⑩]，使夙沙釐相之。

注释

①子：爵位。苑支：鼓国国君，名鸢鞮。

②僚：指亲信侍从。

③夙沙釐：鼓国大夫。

④孥：指妻子、儿女。

⑤君：指晋国指定的鼓国新国君，名涉佗。

⑥委质：臣子归附国君，不但要献贽礼，还要在策书上留名，以示必死。

⑦烈：光明，显赫。

⑧虞：度，预料。

⑨献：指献功。

⑩河阴：晋国黄河以南的某处地方。

译文

中行穆子拿下鼓国以后，带鼓国国君苑支回国。命令鼓人各回各处，非鼓君侍从不得随行。鼓君有个臣子叫夙沙釐，带上妻子儿女跟从鼓君，军吏把他抓了起来，他说："我侍奉的是我的国君，不是侍奉国土。称作君臣，难道能叫土臣吗？如今国君远迁，我在鼓国还依赖何人？"穆子召见他，说："鼓国已有新君，你既然一心事君，我替你安排俸禄和爵位。"夙沙釐回答说："我是狄族鼓君的臣子，而不是晋国鼓君的臣子。我听闻：向国君献贽称臣，就再无二心。献贽并策书留名就要效忠到死，这是古代流传下来的做法。国君有显赫的名声，臣子没有背叛的事实。我怎敢因追逐私利而烦劳您，这不是违背旧法了吗？如果都像我这样，遇到意料不到的事晋国该怎么处理？"穆子感叹地对身边的人说："我应当怎样修德才能有这样的臣子呢？"于是就让夙沙釐随行。穆子献过战功之后，把这件事告诉给晋顷公，顷公把黄河以南的一块田地给了鼓君，并让夙沙釐辅佐鼓君。

6. 梗阳人有狱[①]，将不胜，请纳赂于魏献子[②]，献子将许之。阎没谓叔宽曰[③]："与子谏乎！吾主以不贿闻于诸侯，今以梗阳之贿殃之，不可。"二人朝，而不退。献子将食，问谁于庭[④]，曰："阎明、叔褒在。"召之，使佐食。比已食[⑤]，三叹。既饱，献子问焉，曰："人有言曰：唯食可以忘忧。吾子一食之间而三叹，何也？"同辞对曰："吾小人也，贪。馈之始至，惧其不足，故叹。中食而自咎也，曰：岂主之食而有不足？是以再叹。主之既已食，愿以小人之腹，为君子之心，属餍而已[⑥]，是以三叹。"献子曰："善。"乃辞梗阳人。

注释

① 梗阳：魏氏封邑，在今山西省清徐县。

② 魏献子：晋国正卿魏舒。

③ 阎没：阎明。叔宽：汝叔齐之子叔褒。二人都是晋国大夫。

④于：在。

⑤比：等到。已：完毕，停止。

⑥属：适，恰好。餍：饱。

译文

有个梗阳人与别人打官司，眼看就要败诉，便向魏献子行贿说情，魏献子准备答应他。阎没对叔宽说："我们一同劝谏吧！我们的主人一向以不受贿赂闻名于诸侯，如今因为梗阳人行贿而毁了清誉，那绝对不行。"两人朝见完献子之后，不肯回去。献子准备吃饭了，问谁还在庭院里，侍从回答说："阎明、叔褒在。"魏献子叫他们进来，让他们陪同自己进膳。一顿饭之间，两人先后叹息了三次。吃完饭，魏献子问起此事，说："人们常说：'只有进食时可以忘记忧愁。'你们一顿饭时间叹息了三次，所为何事？"两人异口同声地回答说："我们都是小人，心怀贪念。食物刚送上来的时候，害怕不够吃，因此叹息。吃到一半时不禁暗暗自责：主人赐给我们的食物哪有不够吃的道理？所以再次叹息。等您吃完，我们才知道自己是以小人之腹去揣测君子的心思，您只要吃饱就够了，所以第三次叹息。"魏献子说："很好。"于是拒绝了梗阳人的贿赂。

14. 赵简子曰："吾愿得范、中行之良臣[①]。"史黯侍[②]，曰："将焉用之？"简子曰："良臣，人之所愿也，又何问焉？"对曰："臣以为不良故也。夫事君者，谏过而赏善，荐可而替否[③]，献能而进贤，择材而荐之，朝夕诵善败而纳之。道之以文，行之以顺，勤之以力，致之以死。听则进，否则退。今范、中行氏之臣不能匡相其君，使至于难；君出在外[④]，又不能定，而弃之，则何良之为？若弗弃，则主焉得之？夫二子之良，将勤营其君，复使立于外，死而后止，何日以来？若来，乃非良臣也。"简子曰："善。吾言实过矣。"

注释

① 范：指范吉射。中行：指中行寅。

② 史黯：晋国太史，当时为赵简子家的史官。

③ 荐：进献。替：去除。

④ 君出在外：鲁哀公五年，范吉射、中行寅在朝歌发动叛乱，事败之后，逃奔齐国。

译文

赵简子说："我希望能得到范吉射、中行寅手下的良臣。"史黯侍立一旁，说："用他们的臣子做什么？"

简子说："良臣是大家都想要的，又有什么好问的呢？"史黯回答说："微臣认为他们算不上良臣，所以才会发问。侍奉君主的人，应当劝谏君主的过失并鼓励他的善行，进谏可行的，去除不可行的，贡献自己的才能并引进贤人，选择有才能的加以举荐，每天给君主讲述善恶成败的历史经验。用文德来引导他，帮他走正道，勤心尽力，死而后已。君主能听从就在朝任事，不能听从就退隐。如今范氏、中行氏的臣子不仅不能匡扶他们的君主，反而使君主陷入困境；君主出奔在外，又不能安定君主，反而弃之而去，这算什么良臣呢？倘若他们不抛弃自己的君主，您又如何能得到他们？范氏、中行氏真正的良臣，现在应该为他们的君主苦心谋划经营，使他们的君主在国外重获土地与爵位，一直奋斗到死，何日能到这儿呢？倘若来了，那也就算不上良臣了。"赵简子说："对！我的话确实过头了。"

17. 赵襄子使新稚穆子伐狄[①]，胜左人、中人[②]，遽人来告[③]，襄子将食，寻饭有恐色[④]。侍者曰："狗之事大矣，而主之色不怡[⑤]，何也？"襄子曰："吾闻之：德不纯而福禄并至，谓之幸。夫幸非福，非德不当雍[⑥]，雍不为幸，吾是以惧。"

注释

①赵襄子：晋国正卿，赵简子之子，名无恤。新稚穆子：晋国大夫新稚狗。

②左人、中人：狄人的两座城邑。

③遽人：驿站传令的吏卒。

④寻：当为“专”之误，“专”是“抟”的古字。抟饭，把饭抟成团，是下意识的举动。

⑤怡：悦，高兴。

⑥雍：和乐。

译文

赵襄子派新稚穆子讨伐狄人，攻下了左人和中人两地，驿卒来报，赵襄子正准备吃饭，闻讯之后下意识地将饭捏成团，脸带忧惧之色。侍者说：“新稚狗获胜的事是大喜事，而您却面色不快，这是为何？”赵襄子说：“我听闻：道德不纯一而福禄齐至，这叫侥幸。侥幸非福，无德承受不起和乐，和乐不是靠侥幸就能获得的，我因此感到忧惧。”

18. 智宣子将以瑶为后[①]，智果曰[②]：“不如宵也[③]。”宣子曰：“宵也佷[④]。”对曰：“宵之佷在面，瑶之佷在心。心佷败国，面佷不害。瑶之贤于人者五，其不逮者一也[⑤]。美鬓长大则贤，射御足力则贤，伎艺毕给则贤[⑥]，巧文辩惠则贤，强毅果敢则贤。如是而甚不仁。以其五贤陵人，而以不仁行之，其谁能待之[⑦]？若果立瑶也，智宗必灭。”弗听。智果别族于太史为辅氏[⑧]。及智氏之亡也，唯辅果在。

注释

①智宣子：晋国卿士，荀跞之子，名甲。瑶：智襄子智伯。

②智果：晋国大夫，智氏族人。

③宵：智宣子的庶子。

④佷 hěn：狠戾，残忍。

⑤逮：及。

⑥伎：通“技”。

⑦待：忍耐。

⑧太史：官名，掌管档案文书。

译文

智宣子想要立嫡子智瑶为继承人，智果说：“不如立智宵好。”宣子说：“智宵狠戾。”智果回答说：“智宵的狠戾在表面，智瑶的狠戾在内心。内心狠戾败坏国家，表面狠戾则无大碍。智瑶有五点比别人强，一点赶不上别人。鬓发美观、身材高大比人强；射箭驾车、力大气雄比人强；技艺无所不通比人强；巧于文辞、口辩心慧比人强；刚强坚毅、果断勇敢比人强。他有这些长处却非常不仁爱。他用自己五种过人之处去欺凌别人，而且用不仁去行事，谁能容忍得了他呢？如果真的立智瑶为继承人，智氏家族必定灭亡。”宣子不听。智果就到太史那里和智氏分族，改称辅氏。等到智氏灭亡后，唯有辅果一支得以保全。

20. 还自卫[①]，三卿宴于蓝台[②]，智襄子戏韩康子而侮段规[③]。智伯国闻之[④]，谏曰：“主不备，难必至矣。”曰：“难将由我，我不为难，谁敢兴之！”对曰：“异于是。夫郤氏有车辕之难[⑤]，赵有孟姬之谗[⑥]，栾有叔祁之愬[⑦]，范、中行有亟治之难[⑧]，皆主之所知也。《夏书》有之曰：‘一人三失，怨岂在明？不见是图。’[⑨]《周书》有之曰：‘怨不在大，亦不在小。’[⑩]夫君子能勤小物，故无大患。今主一宴而耻人之君相，又弗备，曰‘不敢兴难’，无乃不可乎？夫谁不可喜，而谁不可惧？蚋蚁蜂虿[⑪]，皆能害人，况君相乎！”弗听。自是五年，乃有晋阳之难[⑫]。段规反，首难，而杀智伯于师，遂灭智氏。

注释

①还自卫：智襄子讨伐郑国，又途经卫国返回。

②三卿：指智襄子、韩康子、魏桓子。蓝台：地名。

③韩康子：晋国卿士，韩庄子之子，名虎。段规：魏桓子之相。

④智伯国：晋国大夫，属智氏一族。

⑤车辕之难：鲁成公十七年，郤犨与长鱼矫争夺田地，郤氏把长鱼矫连同其父母妻子一起捉住，捆绑到车辕上。后来长鱼矫得宠于晋厉公，灭三郤。

⑥孟姬之馋：赵文子之母庄姬在赵盾死后与赵婴私通，赵婴的哥哥赵同和赵括把赵婴放逐到齐国，庄姬羞怒之下，在哥哥晋景公面前进谗言诋毁赵氏，杀了赵同和赵括。

⑦叔祁：范宣子之女，栾盈之母。叔祁与室老州宾私通，引起栾盈不满，叔祁恐慌，在范宣子面前诋毁栾盈，成为栾氏被灭的一个诱因。愬：同“诉”。

⑧亟治：范皋夷的封邑。范皋夷在范氏宗主范吉射面前不得宠，阴谋作乱。中行寅与范吉射是姻亲，所以范皋夷就设计灭了范氏和中行氏。

⑨引文见今本伪古文《尚书·夏书·五子之歌》。三失：多次失误而丧失人心。

⑩引文见今本《尚书·周书·康诰》。

⑪蚋 ruì：一种吸食人血的小飞虫。虿 chài：蝎子一类的毒虫。

⑫晋阳之难：智伯与韩、魏两家联合攻打赵氏，赵襄子困守晋阳。后来智伯反被赵氏联合韩、魏两家灭掉。

译文

从卫国返回晋国之后，智襄子与韩康子、魏桓子这三位卿士在蓝台宴饮，席间智襄子戏弄韩康子并侮辱段规。智伯国听说后，劝谏他说："您若不早做防备，灾难必定降临。"智襄子说："是不是发难要看我，我不发难就不错了，谁敢对我发难呢！"智伯国说："事实并非如此。郤氏有车辕之难，赵氏被孟姬进谗言害死，栾盈被母亲叔祁诬告而逃亡，范氏和中行氏有亟治之难，这些您都是知道的。《夏书》上说：'一个人屡犯过失，结怨岂在明处？应当在阴谋未形成前就加以防范。'《周书》上说：'怨恨不一定在于大，也不一定在于小。'君子能防微杜渐，所以才没有大患。如今您在一次宴会上就羞辱了人家的君主和相国，又不加以防范，还说他们

‘不敢发难’，这样恐怕不行吧？谁不能够让人高兴，谁又不能够让人惧怕呢？连蜹、蚁、蜂、虿都能害人，更何况是君主和相国呢！”智襄子不听。五年之后，就发生了晋阳之难。段规首先发难，在军中杀了智伯，随后就灭了智氏。

卷十六　郑语

1. 桓公为司徒[①]，甚得周众与东土之人，问于史伯曰[②]：“王室多故，余惧及焉，其何所可以逃死？”史伯对曰：“王室将卑，戎、狄必昌，不可偪也[③]。当成周者[④]，南有荆蛮、申、吕、应、邓、陈、蔡、随、唐；北有卫、燕、狄、鲜虞、潞、洛、泉、徐、蒲；西有虞、虢、晋、隗、霍、杨、魏、芮；东有齐、鲁、曹、宋、滕、薛、邹、莒；是非王之支子母弟甥舅也，则皆蛮、荆、戎、狄之人也。非亲则顽，不可入也。其济、洛、河、颍之间乎[⑤]！是其子男之国[⑥]，虢、郐为大[⑦]，虢叔恃势[⑧]，郐仲恃险[⑨]，是皆有骄侈怠慢之心，而加之以贪冒[⑩]。君若以周难之故，寄孥与贿焉[⑪]，不敢不许。周乱而弊，是骄而贪，必将背君，君若以成周之众，奉辞伐罪，无不克矣。若克二邑，邬、弊、补、舟、依、𫘤、历、华[⑫]，君之土也。若前华后河，右洛左济，主芣、騩而食溱、洧[⑬]，修典刑以守之，是可以少固。”

注释

①桓公：郑国始封君，周厉王少子，周宣王之弟，名友。宣王封于郑。

②史伯：周朝太史。

③偪 bī：同“逼”，迫。

④成周：东都洛邑。

⑤济、洛、河、颖：水名。

⑥子、男：公、侯、伯、子、男五等爵位中的最末两等。

⑦虢、郐：两个诸侯小国。

⑧虢叔：虢国国君。

⑨郐仲：郐国国君。

⑩贪冒：贪图财利。

⑪孥：妻子、儿女。贿：财物。

⑫邬、弊、补、舟、依、𪏆、历、华：八处城邑。

⑬芣 fú、騩 guī：山名。溱、洧：水名。

译文

郑桓公担任王室的司徒，颇得宗周百姓和宗周以东百姓之心，他问史伯说：“王室多难，我担心被波及，到哪里才能躲过这一劫呢？”史伯回答说：“王室将会衰微，戎、狄必然昌盛，不能靠近他们。在东都洛邑，南面有荆蛮、申、吕、应、邓、陈、蔡、随、唐等国；北面有卫、燕、狄、鲜虞、潞、洛、泉、徐、蒲等国；西面有虞、虢、晋、隗、霍、杨、魏、芮等国；东面有齐、鲁、曹、宋、滕、薛、邹、莒等国；这些国家若非周王的同姓分支、母弟甥舅之类的亲戚之国，就是蛮、夷、戎、狄之类的少数民族。不是亲戚就是凶顽之民，也不能到那里去。剩下的大概只有济水、洛水、黄河、颍水之间那一带吧！这一带都是些子、男爵位的小国，以虢国和郐国最大，虢叔依仗地势，郐仲凭借天险，他们因此而心生骄奢怠慢，再加上贪财图利。您如果以王室遭难为借口，把妻子、儿女、财物寄放到那里，他们不敢不答应。周王室混乱而衰败，他们骄横而贪婪，必然会背叛您，您如果率领洛邑之师，奉天子之命去讨伐他们，没有不成功的道理。如果攻下两国，邬、弊、补、舟、依、鞣、历、华八邑，也都会是您的国土。如果前有华邑，后有黄河，右有洛水，左有济水，主祭芣山和騩山，取食溱、洧一带的良田，遵循常法以守卫社稷，就可以稍稍稳固了。”

公曰：“南方不可乎[①]？”对曰：“夫荆子熊严生子四人[②]：伯霜、仲雪、叔熊、季紃[③]。叔熊逃难于濮而蛮[④]，季紃是立，薳氏将起之[⑤]，祸又不克。是天启之心也[⑥]，又甚聪明和协，盖其先王。臣闻之，天之所启，十世不替[⑦]。夫其子孙必光启土[⑧]，不可偪也。且重、黎之后也[⑨]，夫黎为高辛氏火正，以淳燿敦大[⑩]，天明地德，光照四海，故命之曰‘祝融’，其功大矣。

注释

①南方：指成周之南，中国、邓国一带。

②熊严：西周时期楚国国君。

③伯霜：楚国国君熊霜，熊严长子。仲雪：熊严次子，死于熊霜之后的夺嫡之争。叔熊：熊严第三子，名堪，夺嫡失败后逃难在外。季紃xún：楚国国君熊紃，熊严幼子，继伯霜之后为楚国国君。

④濮：楚国地名，在今湖北省石首市南。

⑤薳氏：楚国大夫。薳氏准备拥立叔熊夺回君位，因故未能成功。

⑥启：开。句中“心”字为衍字。

⑦替：废止。

⑧光：发扬光大。

⑨重、黎：上古官名。

⑩淳：博大。燿：光明。敦：厚。

译文

桓公说："南方不行吗？" 史伯回答说："楚子熊严生了伯霜、仲雪、叔熊、季纠四个儿子。叔熊逃难到濮地并追从蛮地风俗，季纠继立为国君，薳氏打算重新拥立叔熊为君，又遇祸难没能成功。这是上天对季紃另眼相看啊，他人又聪明，能团结并协调好楚国臣民之间的关系，风头超过了他的先王。微臣听闻，上天所开导之人，十代之后也不会废弃。他的子孙必将大开疆土，不能靠近啊。而且他们是重、黎的后代，黎是高辛氏的火官，为人敦厚博大，有日月之明、大地厚德，光辉普照四海，所以被命为'祝融'，他的功劳太大了。

"夫成天地之大功者，其子孙未尝不章，虞、夏、商、周是也。虞幕能听协风[①]，以成乐物生者也。夏禹能单平水土[②]，以品处庶类者也[③]。商契能和合五教[④]，以保于百姓者也。周弃能播殖百谷蔬[⑤]，以衣食民人者也。其后皆为王公侯伯。祝融亦能昭显天地之光明，以生柔嘉材者也，其后八姓于周未有侯伯[⑥]。佐制物于前代者，昆吾为夏伯矣[⑦]，大彭、豕韦为商伯矣[⑧]。当周未有。己姓昆吾、苏、顾、温、董[⑨]，董姓鬷夷、豢龙[⑩]，则夏灭之矣。彭姓彭祖、豕韦、诸稽[⑪]，则商灭之矣。秃姓舟人[⑫]，则周灭之矣。妘姓邬、郐、路、偪阳[13]，曹姓邹、莒[14]，皆为采卫[15]，或在王室，或在夷、狄，莫之数也，而又无令闻，必不兴矣。斟姓无后。融之兴者，其在芈姓乎？芈姓夔越[16]，不足命也。闽芈蛮矣[17]，唯荆实有昭德，若周衰，其必兴矣。姜、嬴、荆芈，实与诸姬代相干也[18]。姜，伯夷之后也[19]，嬴，伯翳之后也[20]。伯夷能礼于神以佐尧者也，伯翳能议百物以佐舜者也。其后皆不失祀而未有兴者，周衰其将至矣。”

注释

①虞幕：虞舜的先祖。

②单：尽。

③品：等级。庶：众。

④契：商人的始祖，舜的司徒，掌管教化。五教：指父义、母慈、兄友、弟恭、子孝。

⑤弃：周人的始祖，后稷。

⑥八姓：祝融的后代，己、董、彭、秃、妘、曹、斟、芈。

⑦昆吾：祝融之孙，陆终长子，名樊，己姓，封于昆吾。

⑧大彭：陆终第三子，名篯铿，彭姓，封于大彭，史称彭祖。豕韦：彭姓别封于豕韦的一支。

⑨昆吾、苏、顾、温、董：己姓五国，都是昆吾后代封于别处的国家。

⑩董姓：是己姓后代分出的一支。鬷夷、豢龙：这两个国家是董姓分支。

⑪彭祖：即大彭。豕韦、诸稽：是彭祖后人别分出的两支。

⑫秃姓：彭祖后人分出的别支。舟人：国名。

⑬妘姓：陆终第四子名求信，受姓为妘，封于郐。邬、郐、路、偪阳：四国皆妘姓别支。

⑭曹姓：陆终第五子名安，受姓为曹，封于邹。邹、莒皆曹姓之后。

⑮采：采服，距离王城二千五百里。卫：卫服，距离王城三千里。

⑯芈 mǐ 姓：楚国先祖之姓。夔越：芈姓的一支。

⑰闽芈：芈姓的一支。

⑱代：更替。干：犯，这里指称雄，执牛耳。

⑲伯夷：炎帝之后，唐尧的臣子，属四岳之族。

⑳伯翳：少昊氏之后，虞舜的臣子，又称伯益。

译文

“凡是能够成就经天纬地之功的人，其子孙后代无不兴旺发达，虞、夏、商、周都是这样。虞幕能分辨和风，帮助万物更好地生长。夏禹能平定天下洪水，使天地万物各得其所。商人始祖契能使五教关系顺畅，以教化安定百姓。周人始祖弃能播种、繁殖各种谷物和蔬菜，使百姓的衣食有了保障。他们的后代都成了王公侯伯。祝融也能彰显天地光明之德，培育成嘉美的五谷材木，他八个姓氏的后代在周朝没有一个成为诸侯之长。他们辅助天子治理国事的后代中，昆吾是夏朝的诸侯之长，大彭、豕韦是商朝的诸侯之长。周朝则没有这样的后人了。己姓的昆吾、苏、顾、温、董五支，董姓鬷夷和豢龙被夏朝消灭。彭姓彭祖、豕韦和诸稽三支，被商朝消灭。秃姓的舟人一支，被周朝消灭。妘姓的邬、郐、路、偪阳四支，曹姓的邹、莒两支，都在边远的采服和卫服地区，他们的后人有的在王室附近，有的远在夷狄，无法准确统计，而且没有好名声，肯定无法兴起。斟姓没有后嗣。祝融后代能够兴起的，难道会是芈姓吗？芈姓中夔越不足以受命，闽蛮已经蛮化，只有楚国拥有明德，如果周朝衰亡，楚国必然兴起。姜姓、嬴姓和楚国的芈姓，他们与姬姓交替称雄。姜姓是伯夷的后代，嬴姓是伯翳的后代。伯夷能用礼敬事神灵以辅佐尧，伯翳能使百物各得其宜来辅佐舜。他们的后代都没有中断祭祀，但也没有兴旺发达，周朝的衰亡已经不远了。”

公曰："谢西之九州[①]，何如？"对曰："其民沓贪而忍[②]，不可因也[③]。唯谢、郏之间[④]，其冢君侈骄[⑤]，其民怠沓其君，而未及周德；若更君而周训之，是易取也，且可长用也。"

注释

①谢：谢国，在今河南省南阳市。州：两千五百家曰州。

②沓：贪婪。

③因：接近。

④谢、郏之间：郏南谢北，属虢、郐两国的领地，后归郑国。郏指今天河南省郏县，位于南阳市北部。

⑤冢：大。

译文

桓公说："谢国西面的九个州，怎么样？"史伯回答说："那里的百姓贪婪而残忍，不能接近他们。只有谢国和郏地之间的地方，那里的国君奢侈骄横，那里的百姓怠慢他们的国君，还未受周德的感化；如果更换国君而用周德教化他们，是很容易得到的，而且可以长久统治下去。"

公曰："周其弊乎？"对曰："殆于必弊者也。《泰誓》曰[①]：'民之所欲，天必从之。'今王弃高明昭显[②]，而好谗慝暗昧[③]；恶角犀丰盈[④]，而近顽童穷固[⑤]。去和而取同[⑥]。夫和实生物，同则不继。以他平他谓之和，故能丰长而物归之；若以同裨同[⑦]，尽乃弃矣。故先王以土与金木水火杂[⑧]，以成百物。是以和五味以调口，刚四支以卫体[⑨]，和六律以聪耳，正七体以役心[⑩]，平八索以成人[⑪]，建九纪以立纯德[⑫]，合十数以训百体[⑬]。出千品，具万方，计亿事，材兆物，收经入[⑭]，行姟极[⑮]。故王者居九畡之田[⑯]，收经入以食兆民，周训而能用之，和乐如一。夫如是，和之至也。于是乎先王聘后于异姓，求财于有方[⑰]，择臣取谏工而讲以多物，务和同也。声一无听，物一无文，味一无果，物一不讲。王将弃是类也而与刬同[⑱]。天夺之明，欲无弊，得乎？

注释

①《泰誓》：见今本《尚书·周书》。

② 今王：指周幽王姬宫涅。

③ 慝 tè：奸邪。

④ 角犀：指额角发际交接处隆起，如同伏犀。丰盈：指面颊丰满。古代以为这种面相之人显贵贤明。

⑤固：陋。

⑥和、同：和与同是先秦时期提出的一对重要哲学范畴。和，指矛盾的对立面之间能够互济互补。同，指无条件、无原则趋于同一。

⑦裨：增益，补充。

⑧杂：糅合。

⑨刚：强健。

⑩七体：七窍。役：驱使，运用。

⑪平：正。八索：八体，指头、腹、足、股、目、口、耳、手，古人用人体的这八个重要部分对应八卦。

⑫九纪：九种主要内脏器官，心、肝、脾、肺、肾、胃、肠、胆、膀胱。

⑬十数：从天子到庶民分为十个等级。百体：百官各有职属。

⑭亿、兆：古代计数单位。关于古代计数单位，说法不同。一说十万为一亿，十亿为一兆。一说一万万为一亿，一万亿为一兆。材：通“裁”。经入：指经常性的财政收入。

⑮姟 gāi：古人心目中最大的数，万万兆为一姟。

⑯九畡 gāi 之田：九州所有土地。

⑰有方：四方。四方诸侯各以其地所有之财物进贡天子。

⑱钊 zhuān：专一，同一。

译文

桓公说:“周朝会衰败下去吗?”史伯回答说:“基本上是必定要衰败。《泰誓》上说:‘老百姓所盼望的,上天必定遵从。’当今天子弃光明正大有德行之人于不顾,反而喜欢口蜜腹剑、奸邪阴险的小人;厌恶贤明正直之人,而亲近顽固鄙陋之人。这种做法无异于放弃和谐专取同一。和谐才能化育万物,同一则难以为继。在不同的事物之间取得平衡叫和谐,所以能化育万物并使万民归服;如果一味用相同的事物去增益同一事物,这种事物就会最终荒废。所以先王把土与金、木、水、火相配合,以成就万物之和。因此用五味来调和人的饮食,强健四肢来护卫身体,调和六律以悦人耳,端正七窍服务于心,协调身体的八个部位以成就真正意义上的人,分设九脏以树立个人纯正的德行,聚合十种等级的制度以训导百官。于是衍生出千种品级,具备了万种方法,用以计算上亿之事,裁断上兆的财物,取得经常性的财政收入,采取无穷的行动。所以天子拥有九州之田,征收正常的赋税以供养万民,用忠信教化万民进而役使他们,使他们和睦安乐如同一家。只有这样,才是和谐的极致。正因为如此,先王才从异姓家族聘娶王后,向四方征收财物,选择敢于直谏的人做臣子处理众多的政务，务必做到和而不同。声音单调则不堪听闻，色彩单一就毫无文采，味道贫乏则难成美味，事物同一就无法比较衡量。当今天子却要抛弃和谐之法，专喜同一。上天剥夺了他的圣明之德，想不衰败，可能吗？

“夫虢石父[①]，谗谄巧从之人也，而立以为卿士，与刬同也。弃聘后而立内妾，好穷固也。侏儒戚施[②]，实御在侧，近顽童也。周法不昭，而妇言是行，用谗慝也。不建立卿士，而妖试幸措[③]，行暗昧也。是物也，不可以久。且宣王之时有童谣曰：‘檿弧箕服[④]，实亡周国。’于是宣王闻之，有夫妇鬻是器者，王使执而戮之。府之小妾生女而非王子也，惧而弃之。此人也，收以奔褒。天之命此久矣，其又何可为乎？《训语》有之曰[⑤]：‘夏之衰也，褒人之神化为二龙，以同于王庭，而言曰：“余，褒之二君也。”夏后卜杀之与去之与止之[⑥]，莫吉。卜请其漦而藏之[⑦]，吉。乃布币焉而策告之，龙亡而漦在，椟而藏之，传郊之。’及殷、周，莫之发也。及厉王之末，发而观之，漦流于庭，不可除也。王使妇人不帏而噪之[⑧]，化为玄鼋[⑨]，以入于王府。府之童妾未既龀而遭之[⑩]，既笄而孕[⑪]，当宣王时而生。不夫而育，故惧而弃之。为弧服者方戮在路，夫妇哀其夜号也，而取之以逸，逃于褒。褒人褒姁有狱[12]，而以为入于王，王遂置之，而嬖是女也，使至于为后，而生伯服[13]。天之生此久矣，其为毒也大矣，将使候淫德而加之焉。毒之酋腊者[14]，其杀也滋速。申、缯、西戎方强[15]，王室方骚，将以纵欲，不亦难乎？王欲杀太子以成伯服，必求之申，申人弗畀[16]，必伐之。若伐申，而缯与西戎会以伐周，周不守矣！缯与西戎方将德申，申、吕方强，其隩爱太子亦必可知也[17]，王师若在，其救之亦必然矣。王心怒矣，虢公从矣，凡周存亡，不三稔矣[18]！君若欲避其难，其速规所矣，时至而求用，恐无及也！”

注释

①虢石父：虢国国君，名石父。

②侏儒：身材矮小的残疾人。戚施：蟾蜍，喻驼背之人。二者皆俳优。

③试：用。措：置，立。

④檿 yǎn 弧：山桑木做的弓。箕服：箕木做的箭袋。

⑤《训语》：指《周书·训语》。

⑥夏后：夏桀。

⑦漦 dú：动物口中流下的涎沫。

⑧帏：下裳的正幅。课：同“噪”，大声呼叫。

⑨玄鼋 yuán：形似蜥蜴的怪兽，古人以为像龙。

⑩龀 chèn：儿童换牙。

⑪笄：古代妇女用以挽发的簪子，这里指女孩子到了十五岁开始用簪子挽发的年龄。

⑫褒姁 xǔ：褒国国君。

⑬伯服：褒姒所生之子。

⑭酋腊：指毒性因酝酿时间长久而醇厚。

⑮申、缯、西戎：三者皆为国名。

⑯畀：给予，交出。

⑰隩 ào：同“奥”，深，隐。

⑱稔：年，古代以谷物一熟为一年。

译文

“虢石父是个善于挑拨离间、巴结逢迎的人，却被立为卿士，说明天子专断而喜欢同一。抛弃正式聘娶的王后而立内妾褒姒，说明他惯于固执己见。俳优之人常随身边以取乐，说明他喜欢亲近顽固鄙陋的人。周朝法制不明，女人的话却大行其道，说明他任用的都是些挑拨是非的奸邪之人。不任用贤人为卿士，却宠信妖孽佞幸之人，是行为昏昧。这些做法是不会长久的。而且周宣王时有童谣说：‘出售山桑木弓、箕木箭袋之人，就是灭亡周朝之人。’宣王听说此事，路遇一对夫妇经营这种器物，宣王便派人责令他们停售。王府里有小妾生了个女孩，但不是周王的孩子，她因为害怕而抛弃了女婴。那对夫妇捡到了女婴，带上女婴逃到了褒国。上天安排此事已经很久了，又怎能改变呢？《周书·训语》上说：‘夏朝衰亡的时候，褒国的神灵变为两条龙，停留在王庭，说道：“我们是褒国的两位国君。”夏王卜问是杀掉还是放走或是留下，结果都不吉。占卜请把龙涎贮藏起来，大吉。于是就陈列玉帛，书写简策以求告龙。龙去涎在，就用柜子把龙涎贮藏起来，存于郊外祭祀。’历经商、周二代，从未打开。到厉王末年，打开观看，龙涎流到庭前，无法清除。厉王命妇人们不穿下衣大声喊叫，龙涎化为黑鼋，闯进王府。王府里有位童妾还未换牙，遇上了它，等到十五岁的时候就怀孕了，宣王时生下一名女婴。无夫生子，所以就惊恐地抛弃了婴儿。那对卖弓和箭袋的夫妇正在路上被追杀，可怜夜里啼哭的女婴，就抱上她一起逃走，逃到了褒国。褒国国君褒姁有罪，就把褒姒献给周王，周王便赦免了褒姁，而且十分宠爱褒姒，立她为王后，生下伯服。上天安排这场祸事已经很久了，它的后患也足够大，只是等待周王失德而降下灾难。毒性越是长久醇厚，杀人也越快。申国、缯国和西戎国势正盛，周王室动荡不安，天子还要放纵私欲，想不衰败这不是很困难吗？幽王想要杀掉太子宜臼，改立伯服，必定会要求申国交出太子，申国不交，幽王一定会派兵讨伐。如果讨伐申国，缯国与西戎就会联合起来反攻周朝，周王朝就保不住了。缯国与西戎正要报答申国，申国、吕国势头正盛，它们深爱太子也是可以预料的。王师如果攻打申国，它们去救援申国也是必然的。天子愤怒，虢公必定顺从，周朝的存亡，不出三年。您如果想逃避这场灾难，要赶快考虑好后路，等灾难降临再想办法，恐怕就来不及了！”

公曰："若周衰，诸姬其孰兴？"对曰："臣闻之，武实昭文之功[①]，文之祚尽[②]，武其嗣乎！武王之子，应、韩不在[③]，其在晋乎！距险而邻于小，若加之以德，可以大启。"公曰："姜、嬴其孰兴？"对曰："夫国大而有德者近兴，秦仲、齐侯[④]，姜、嬴之隽也[⑤]，且大，其将兴乎？"公说，乃东寄帑与贿，虢、郐受之，十邑皆有寄地[⑥]。

注释

①武：周武王。文：周文王。

②祚：天赐之福。

③应、韩：国名。

④秦仲：嬴姓，周宣王的大夫。齐侯：姜姓，这里指

齐庄公。

⑤隽：同“俊”，优秀。

⑥十邑：指虢、郐、邬、蔽、补、舟、依、𫐐、历、华。

译文

桓公说：“如果周朝衰落，姬姓诸侯中哪个会兴起？”史伯回答说：“微臣听闻，武王真正发扬了文王的功德，文干的福祚耗尽，应该由武王的后嗣继承吧！武王的儿子，应侯和韩侯的国祚已经断绝，恐怕会是晋国吧！晋国距守险要地势，和它接邻的又都是小国，如果加上修德善政，就会大有作为。”桓公说：“姜姓和嬴姓诸侯中哪个会兴起？”史伯回答说：“国土广大而且有德的国家最有希望兴起，秦仲和齐侯是姜姓、嬴姓中的杰出人物，又是大国，他们应该会兴起吧？”桓公听了很高兴，于是就把妻儿和财货托付给东方国家，虢国、郐国接受了这种委托，十邑都有桓公寄放东西的地方。

卷十七　楚语上

1. 庄王使士亹傅太子箴[①]，辞曰："臣不才，无能益焉。"王曰："赖子之善善之也。"对曰："夫善在太子，太子欲善，善人将至；若不欲善，善则不用。故尧有丹朱[②]，舜有商均[③]，启有五观[④]，汤有太甲[⑤]，文王有管、蔡[⑥]。是五王者，皆有元德也，而有奸子。夫岂不欲其善，不能故也。若民烦[⑦]，可教训。蛮、夷、戎、狄，其不宾也久矣[⑧]，中国所不能用也。"王卒使傅之。

注释

① 庄王：楚庄王，芈姓，名旅。士亹 wěi：楚国大夫。箴：楚太子之名。

② 丹朱：尧的儿子，封于丹。

③ 商均：舜的儿子，封于商。

④ 五观：启的儿子，无才德。

⑤ 太甲：汤的孙子，太丁之子，不遵祖法，伊尹将之流放到桐宫。

⑥ 管：管叔鲜。蔡：蔡叔度。两人都是文王的儿子，

武王死，周公摄政，管、蔡勾结商纣王的儿子武庚作乱，后被平定。

⑦烦：动乱。

⑧宾：臣服。

译文

楚庄王请士亹教导太子箴，士亹辞谢说："微臣没有才能，不能对太子有所助益。"庄王说："需要仰赖您的善德引导他向善。"士亹回答说："向善的关键在太子，太子希望向善，有才德的人就会来；如果太子不想向善，有才德的人从旁教导他也不会听。所以尧有丹朱，舜有商均，启有五观，汤有太甲，周文王有管叔、蔡叔那样的不肖子孙。这五位帝王，都有大德，却有不肖子孙。不是他们不想子孙向善，是子孙自己不善的缘故啊。如果百姓生乱，可以教育训导。蛮、夷、戎、狄之人不顺服已经很久了，中原国家并不能使他们顺从。"庄王最终还是让士亹教导太子。

问于申叔时[①]，叔时曰："教之《春秋》[②]，而为之耸善而抑恶焉[③]，以戒劝其心；教之《世》[④]，而为之昭明德而废幽昏焉，以休惧其动[⑤]；教之《诗》，而为之导广显德[⑥]，以耀明其志；教之礼，使知上下之则；教之乐，以疏其秽而镇其浮[7]；教之《令》[8]，使访物官[9]；教之《语》[10]，使明其德，而知先王之务用明德于民也；教之《故志》[11]，使知废兴者而戒惧焉；教之《训典》[12]，使知族类，行比义焉。

注释

①申叔时：楚国大夫。

②《春秋》：指各国史书，皆为编年体。韦昭注："以天时纪人事，谓之《春秋》。"

③耸：褒扬。抑：贬斥。

④《世》：指帝王世系。

⑤休：嘉，美好。动：行为。

⑥导：指引。

⑦疏：荡涤。镇：重，压制。浮：轻浮。

⑧《令》：指先王传下来的官法、时令。

⑨访：商议。物：事。

⑩《语》：指治理国家的嘉言善语。

⑪《故志》：指记载历代兴衰成败的书。

⑫《训典》：五帝之书。

译文

士亹向申叔时请教，叔时说："教给他《春秋》，使他懂得扬善抑恶，以诫勉他的心志；教给他先王的世系，使他明白如何显扬明德、废弃暗昧昏庸之行，以鼓励并约束他的行为；教给他《诗》，为他开导并扩充美善之德，以指引他的志向；教给他礼仪，使他知道尊卑的法度；教给他音乐，以涤荡他身上的邪秽之气，镇住他的轻浮之风；教给他先王之《令》，使他懂得如何商议百官职事；教给他《语》，使他发扬美德，知道先王务必以明德善待百姓；教给他《故志》，使他懂得兴衰成败的道理而引起警惕；教给他五帝之《训典》，使他知道族类之别，行为符合道义。

“若是而不从，动而不悛[①]，则文咏物以行之[②]，求贤良以翼之。悛而不摄[③]，则身勤之，多训典刑以纳之，务慎惇笃以固之。摄而不彻[④]，则明施舍以导之忠，明久长以导之信，明度量以导之义，明等级以导之礼，明恭俭以导之孝，明敬戒以导之事，明慈爱以导之仁，明昭利以导之文，明除害以导之武，明精意以导之罚，明正德以导之赏，明齐肃以耀之临[⑤]。若是而不济，不可为也。

注释

① 悛 quān：悔改。

②文：文辞。咏：讽。

③摄：稳固。

④彻：通达。

⑤齐：齐一。肃：敬肃。

译文

“如果这样还是不听从，举动失当而不知悔改，那就用文辞托物讽谏来劝导他，寻求贤良之士来辅佐他。改正了还不稳固，那就身体力行来劝勉他，经常用先王之法加以教导让他接受，务必以审慎笃厚的品德巩固他。稳固却不够通达，那就阐明推己及人之礼以引导他讲忠恕，阐明长治久安之理以引导他讲诚信，阐明度量适当之理以引导他处事得宜，阐明上下等级的秩序以引导他遵循礼法，阐明谦恭克俭之理以引导他孝敬长辈，阐明恭敬戒惧之理以引导他处世谨慎，阐明以慈爱之心待人的道理以引导他向仁讲德，阐明利人及物之理以引导他修养文德，阐明惩恶除暴之理以引导他树立武德，阐明明察秋毫之理以引导他刑罚严明，阐明正德无私之理以引导他赏赐公正，阐明做事专一严肃之理以使他明于处事。如果这样还不成功，那就说明孺子难教。

“且夫诵《诗》以辅相之，威仪以先后之，体貌以左右之，明行以宣翼之[①]，制节义以动行之，恭敬以临监之，勤勉以劝之，孝顺以纳之，忠信以发之，德音以扬之，教备而不从者，非人也。其可兴乎[②]！夫子践位则退[③]，自退则敬，否则赧[④]。”

注释

①宣：遍，全面。

②兴：犹“成”。

③夫子：指太子。

④赧 nǎn：忧惧。

译文

“况且吟诵《诗》来辅佐他，用严整的威仪来引导他，以礼相待来影响他，身体力行来辅助他，制订义节来约束他，端庄恭敬地监督他，殷勤恳切地劝勉他，把孝顺之义灌输到他心里，用忠信之义来启发他，用崇高的道德来激扬他，如此全面教导还不听从，那就不是可教之人了。岂能教养成人！太子即位您就引退，自己引退就会受到尊重，否则就会忧患缠身。”

5. 灵王为章华之台[①]，与伍举升焉[②]，曰：“台美夫！”对曰：“臣闻国君服宠以为美[③]，安民以为乐，听德以为聪，致远以为明。不闻其以土木之崇高、彤镂为美[④]，而以金石匏竹之昌大、嚣庶为乐[⑤]；不闻其以观大、视侈、淫色以为明，而以察清浊为聪[⑥]。

注释

①灵王：楚恭王庶子，楚灵王熊虔。章华：地名。

②伍举：即楚国大夫椒举。

③服宠：即宠服，古代国君贤明，天子赐服以示恩宠，故称宠服。

④彤：指把柱子涂成红色。镂：指在椽子的头部雕刻花纹。

⑤金：钟。石：磬。匏：笙。竹：箫管。嚣：喧哗。庶：众。

⑥察：辨别。清浊：指五音的清浊。

译文

楚灵王建造好了章华台，和伍举一起登台，说：“高台真美啊！”伍举回答说：“微臣听闻国君以宠服为美，以安定百姓为快乐，以能够听从有德之人为耳聪，以招致远方之人归附为贤明。没有听说以土木建筑的高大和雕梁画栋为美，以及以钟磬笙箫等演奏乐队的盛大和喧哗为乐；没有听说以建筑的外观宏大、外表奢侈、色彩绚丽为目明，而是以分辨音乐的清浊为耳聪。

“先君庄王为匏居之台①，高不过望国氛②，大不过容宴豆③，木不妨守备，用不烦官府，民不废时务，官不易朝常。问谁宴焉，则宋公、郑伯④；问谁相礼，则华元、驷骈⑤；问谁赞事⑥，则陈侯、蔡侯、许男、顿子，其大夫侍之。先君以是除乱克敌，而无恶于诸侯。今君为此台也，国民罢焉⑦，财用尽焉，年谷败焉，百官烦焉，举国留之⑧，数年乃成。愿得诸侯与始升焉，诸侯皆距无有至者⑨。而后使太宰启疆请于鲁侯⑩，惧之以蜀之役⑪，而仅得以来。使富都那竖赞焉⑫，而使长鬣之士相焉⑬，臣不知其美也。

注释

①庄王：楚庄王熊旅。匏居：台名。

②氛：旧时指能够预示吉凶的云气。

③宴：宴会。豆：盛放食品的高脚盘。

④宋公、郑伯：指两国国君承认楚国的霸主地位。

⑤华元：宋国上卿。驷骈：郑穆公之子，字子驷。

⑥赞：辅助。

⑦罢：通“疲”。

⑧留：做，服务。

⑨距：同“拒”。

⑩太宰：楚国官名，相当于中原诸国的卿士。启疆：楚国重臣薳启疆。

⑪蜀之役：蜀为鲁国地名。鲁成公二年，晋、鲁两国结盟，楚国以伐蜀相要挟，鲁国不得已请求与楚国结盟。

⑫富：富于容貌。都：神态飘逸。那：美好。竖：未成年的小官。

⑬长鬣：美须髯。

译文

“先君庄王建造匏居台，高度不过可以望国家吉凶之气，大小不过能够容纳举办宴会所需，征用木材不妨碍国家的守备，费用不增加官府的负担，百姓不会耽误农时，官吏不会影响日常政务。问起参加宴会的有谁，是宋公和郑伯；问起有谁辅助行礼，是华元和驷騑；问起有谁辅助宴会事务，是陈国、蔡国、许国和顿国国君，他们的大夫们各自陪侍自己的国君。先君就是这样消除祸乱、战胜敌国，并且不引起诸侯们的反感。如今您建造此台，百姓疲惫不堪，国家钱财耗尽，年成不好，百官奔忙，举国上下都为它服务，花费多年才建成。希望有诸侯一起登台庆贺，可诸侯们纷纷拒绝，无一前来。后来命太宰启疆去请鲁侯，甚至用征伐蜀地相威胁，他才勉强肯来。命俊美娴雅的少年辅佐宴会事务，长髯之士导引行礼，微臣不知道美在何处。

“夫美也者，上下、内外、小大、远近皆无害焉，故曰美。若于目观则美，缩于财用则匮[①]，是聚民利以自封而瘠民也[②]，胡美之为？夫君国者，将民之与处；民实瘠矣，君安得肥？且夫私欲弘侈，则德义鲜少；德义不行，则迩者骚离而远者距违[③]。天子之贵也，唯其以公侯为官正[④]，而以伯子男为师旅。其有美名也，唯其施令德于远近，而小大安之也。若敛民利以成其私欲，使民蒿焉忘其安乐[⑤]，而有远心，其为恶也甚矣，安用目观？

注释

①缩：取用。

②封：厚，肥。

③迩：国内。骚：忧愁。离：叛离。远：邻国。

④官正：官长。

⑤蒿：消耗，煎熬。忘：通“亡”，失去。

译文

“所谓美，是指对上下、内外、大小、远近都没有妨害，所以才叫美。如果用眼睛看起来是美的，取用财物的时候却出现匮乏，说明是在聚敛民财肥己而损民，何美之有？当国理政之人，要与百姓共处，百姓贫弱，国君怎么能独肥？况且私欲太多，德义自然减少；德义不能施行，就会出现国人忧愁叛离，远方之人抗拒违命。天子之所以尊贵，是因为他以公、侯为官长，用伯、子、男为部属。他享有美名，只是因为他四处布施美德，使大小国家都得到安定。如果聚敛民财以满足自己的私欲，使百姓饱受煎熬失去安乐，从而产生叛离之心，那作恶就大了，再好看又有何用呢？

“故先王之为台榭也[①]，榭不过讲军实[②]，台不过望氛祥。故榭度于大卒之居[③]，台度于临观之高。其所不夺穑地[④]，其为不匮财用，其事不烦官业[⑤]，其日不废时务。瘠硗之地[⑥]，于是乎为之；城守之木，于是乎用之；官僚之暇，于是乎临之；四时之隙，于是乎成之。故《周诗》曰：‘经始灵台，经之营之。庶民攻之，不日成之。经始勿亟，庶民子来。王在灵囿，麀鹿攸伏。’[⑦]夫为台榭，将以教民利也，不知其以匮之也。若君谓此台美而为之正，楚其殆矣！”

注释

①榭：建于高台上的木屋。

②讲：习。军实：兵事。

③大卒：国君的近卫队。

④穑地：农田。

⑤官业：徭役之类的政事。

⑥硗：坚硬。

⑦引诗出自《诗经·大雅·灵台》。攻：治。亟：急。囿：天子的园林。麀 yōu：母鹿。攸：所。

译文

“所以先王建造台榭，榭不过是用来讲习兵事，台不过是用来望气之吉凶。因此建榭只要考虑能够检阅士卒，筑台只要考虑能够达到望气之吉凶的高度就行。它选址不能侵占农田，建造不能耗尽国家财用，事务不能干扰日常政务，时间不能妨碍农时。坚硬贫瘠的土地，可以选址建造；城防剩余的木料，可以用来建造；官吏闲暇之余，可以前去指挥；四季农闲之时，可以建造完成。所以《周诗》上说：‘开始建造灵台，设计它，建造它。百姓来修建，没几天就完成。开始设计建造并不急迫，百姓如儿子一样前来。文王来到园囿，母鹿悠然卧伏。’建造台榭，是为了让百姓得到好处，没听说是为了使百姓匮乏。如果您认为建筑美轮美奂的高台这件事做得正确，楚国就危险了！”

8. 灵王虐，白公子张骤谏[①]。王患之，谓史老曰[②]：“吾欲已子张之谏，若何？”对曰：“用之寔难，已之易矣。若谏，君则曰：‘余左执鬼中，右执殇宫[③]，凡百箴谏，吾尽闻之矣，宁闻他言？’”

注释

① 子张：楚国大夫。骤：屡次。

② 史老：楚国大夫申公子亹。

③ 这两句是说自己能役使鬼神，万物之情状无不尽在掌握。中：指身体。殇：指死神。

译文

楚灵王暴虐无道，白公子张多次劝谏。灵王很反感，对史老说：“我想阻止子张的劝谏，怎么办？”史老回答说：“接受劝谏很难，阻止它却很容易。如果他再次劝谏，您就说：‘我左手握鬼身，右手执掌死神的居处，各种忠言劝谏，我全听到了，哪里需要听别的？’”

白公又谏，王如史老之言。对曰：“昔殷武丁能耸其德[①]，至于神明，以入于河[②]，自河徂亳[③]，于是乎三年，默以思道。卿士患之，曰：‘王言以出令也，若不言，是无所禀令也。’武丁于是作书，曰：‘以余正四方，余恐德之不类，兹故不言。’如是而又使以象梦旁求四方之贤[④]，得傅说以来[⑤]，升以为公，而使朝夕规谏，曰：‘若金，用女作砺。若津水，用女作舟。若天旱，用女作霖雨。启乃心，沃朕心。若药不瞑眩[⑥]，厥疾不瘳[⑦]。若跣不视地[⑧]，厥足用伤。’若武丁之神明也，其圣之睿广也，其智之不疚也，犹自谓未乂[⑨]，故三年默以思道。既得道，犹不敢专制，使以象旁求圣人。既得以为辅，又恐其荒失遗忘，故使朝夕规诲箴谏，曰：‘必交修余，无余弃也。’今君或者未及武丁，而恶规谏者，不亦难乎！

注释

① 武丁：殷高宗。耸：敬。

② 河：黄河，这里指河内。

③ 徂：往。亳：地名，在今河南商丘。

④ 象梦：据王引之《经义述闻》卷二一：“‘象梦’当

为‘梦象’，谓以所梦见之人作象而使求之也。”

⑤傅说：武丁时期的重臣，相传武丁按照梦中所见贤人样貌寻找傅说，最终在筑墙的工匠中找到了他，并委以重任。

⑥瞑眩：服药后出现的恶心、头眩、胸闷等反应。

⑦瘳：病愈。

⑧跣：赤脚。

⑨乂：治，指修身。

译文

白公再次劝谏，灵王转述了史老的话。白公回答说：“从前殷高宗武丁能敬慎德行，通于神明，迁都河内，又从河内迁到亳，此后三年沉默不语以思考治国之道。大臣们非常担忧，劝谏说：‘君王讲话用以发布命令，如果不说话，我们就无从接受命令。’武丁于是就颁布诏书，说：‘因为我要统治天下，我唯恐德行不够，所以才不讲话。’然后又派人根据梦中的形象四处寻访贤人，得以请来傅说，破格升他为上公，让他早晚规谏，说：‘我若是兵器，就以你为磨刀石。若我要渡河，就以你为船。如若天旱，就以你为甘霖。敞开你的心扉，滋润我的心田。如果药力不能使人感到眩晕，疾病就不会痊愈。如果光着脚走路不看地面，脚就容易受伤。’像武丁那样上通神明，他的圣心睿智广博，他的智慧完美无瑕，还自认为修养不够，所以沉默三年以思考治国之道。已明白为君之道，还不敢专断，派人根据梦中之象去寻访贤人。已经得到贤人辅佐，还唯恐疏忽遗忘，所以让他早晚教诲规谏，说：“一定要反复教诲我，不要抛弃我。’现在您也许不及武丁，却讨厌规谏您的人，要治理好国家不是太难了吗！

“齐桓、晋文，皆非嗣也，还轸诸侯[①]，不敢淫逸，心类德音[②]，以德有国。近臣谏，远臣谤，舆人诵，以自诰也[③]。是以其入也，四封不备一同[④]，而至于有畿田[⑤]，以属诸侯[⑥]，至于今为令君。桓、文皆然，君不度忧于二令君，而欲自逸也，无乃不可乎？《周诗》有之曰：‘弗躬弗亲，庶民弗信。’[⑦]臣惧民之不信君也，故不敢不言。不然，何急其以言取罪也？”

注释

①还轸：指流亡在外，居无定所。

②类：善，认同。

③诰：同“告”。

④备：满。同：方圆百里。

⑤畿：方圆千里。

⑥属：会。

⑦引诗出自《诗经·小雅·节南山》。

译文

“齐桓公和晋文公，都不是嫡长子，他们流亡于诸侯国之间，不敢贪图安逸，心中向往道德美誉，因为道德淳厚而成为国君。身边大臣劝谏，远方臣子批评，众人讽诵议论，他们用这些来告诫自己。因此他们刚回国即位时，疆域不足方圆百里，后来达到方圆千里，凭借这些会合诸侯，直到今天还被称为贤君。齐桓公、晋文公都是如此，您不担忧赶不上两位贤君，却想贪图安逸，恐怕不行吧？《周诗》上说：‘不亲自处理政事，百姓不会信任。’微臣唯恐百姓不信任您，因此不敢不大胆进谏。不然的话，我何必急着进谏而获罪呢？”

王病之，曰：“子复语。不穀虽不能用，吾慭寘之于耳[①]。”对曰：“赖君用之也，故言。不然，巴浦之犀、犛、兕、象[②]，其可尽乎，其又以规为瑱也[③]？”遂趋而退，归，杜门不出。七月，乃有乾溪之乱[④]，灵王死之。

注释

①慭 yìn：愿意。

②巴浦：楚国地名。犛 máo：同“牦”，牦牛。

③瑱 tián：古人冠冕上垂在两侧的装饰物，用玉、石、牙等制成，可以用来塞耳。

④乾溪：地名，位于楚国东部。

译文

灵王深感愧疚，说：“您接着说。我虽然不能照做，但我愿意把这些话听进耳里。”白公回答说：“希望您能接受我的规谏，所以我才说。否则，巴浦之地的犀牛、牦牛、兕、象的角和牙齿做的耳瑱，难道用得完吗？哪里还犯得着用规谏之词来做耳瑱呢？”于是便快步退下，回到家中，闭门不出。七个月之后，就发生了乾溪之乱，灵王死于叛乱之中。

卷十八　楚语下

1. 昭王问于观射父[①]，曰："《周书》所谓重、黎寔使天地不通者[②]，何也？若无然，民将能登天乎？"

注释

① 昭王：楚昭王熊轸，楚平王之子。观射父：楚国大夫。

②《周书》：指《尚书·周书·吕刑》。重、黎：颛顼帝时期的两位大臣。

译文

楚昭王问观射父说："《周书》上所说的重和黎断绝了天地相通之道，这是怎么回事？如果不是这样，百姓就能升天吗？"

对曰："非此之谓也。古者民神不杂。民之精爽不携贰者[①]，而又能齐肃衷正，其智能上下比义，其圣能光远宣朗[②]，其明能光照之，其聪能听彻之[③]，如是则明神降之，在男曰觋，在女曰巫。是使制神之处位次主，而为之牲器时服，而后使先圣之后之有光烈，而能知山川之号、高祖之主、宗庙之事、昭穆之世[④]、齐敬之勤、礼节之宜、威仪之则、容貌之崇、忠信之质、禋絜之服[⑤]，而敬恭明神者，以为之祝。使名姓之后，能知四时之生、牺牲之物、玉帛之类、采服之仪、彝器之量[⑥]、次主之度、屏摄之位[⑦]、坛场之所、上下之神、氏姓之出，而心率旧典者为之宗。于是乎有天地神民类物之官[⑧]，是谓五官，各司其序，不相乱也。民是以能有忠信，神是以能有明德，民神异业，敬而不渎，故神降之嘉生，民以物享，祸灾不至，求用不匮。

注释

①爽：（精神）清明。携：离，分散。

②圣：（思想）通达。朗：明。

③彻：通达，透彻。

④昭穆：宗法制度对宗庙或墓地排列顺序的规定。祖庙居中，左为昭，右为穆；父为昭，子为穆，孙复为昭，依次类推。

⑤禋絜：纯净精诚的祭祀。禋，祭天之礼。

⑥彝器：祭器。

⑦屏摄之位：祭祀时所处的位置，有严格的尊卑次序。

⑧类物之官：别善恶、利器用之官。

译文

观射父回答说："不是这种说法。古时候民与神之间泾渭分明。百姓中那些精气清明、专注不二而且又能敬肃中正的人，他们的才智能使天地上下各得其宜，他们圣德明达能光耀天下，他们目光如炬能洞烛幽微，他们听觉灵敏能通达万物之情，只有这样神明才会降临于他，男的叫觋，女的称巫。神明让这些人制定祭神的位置和尊卑次序，规定祭祀用的牲畜、祭器和不同季节的服饰，然后让先圣的后代中有功德之人，即那些能懂得山川的名位、祖庙的神主、宗庙的事务、昭穆的次序、庄敬认真、礼节得当、威仪中则、容貌严整、忠信诚实、祭服洁净而且能恭敬神明的人，让他们担任太祝。让那些名门之后，能懂得四季生长规律、祭祀用的牲畜、玉帛之物、祭服的规定、祭器的规格、尊卑的次序、祭祀的位置、祭坛的处所、大小的神灵、姓氏的由来而且崇尚先王之法的人担任宗伯。于是就有了分别掌管天、地、民、神、物的官员，这就是五官，各自主管他们的职事，不相杂乱。百姓因此能讲忠信，神灵因此而有明德，民和神各行其是，恭敬而不轻慢，所以神灵降福，谷物生长，百姓以谷物献祭神灵，灾祸不发生，财用不匮乏。

"及少皞之衰也[1]，九黎乱德[2]，民神杂糅，不可方物。夫人作享[3]，家为巫史[4]，无有要质[5]。民匮于祀，而不知其福。烝享无度，民神同位。民渎齐盟[6]，无有严威[7]。神狎民则[8]，不蠲其为[9]。嘉生不降，无物以享。祸灾荐臻[10]，莫尽其气[11]。颛顼受之[12]，乃命南正重司天以属神[13]，命火正黎司地以属民[14]，使复旧常，无相侵渎，是谓绝地天通。

注释

①少皞：黄帝之子。

②九黎：上古对南方各部落的泛称。

③夫人：人人。享：祭祀。

④巫史：能与神灵相交接的人。

⑤质：诚信。

⑥齐：同。

⑦严威：敬畏。

⑧狎：习以为常。

⑨蠲 juān：清洁。

⑩荐：重，反复。臻：至。

⑪气：精气，生气。

⑫颛顼：黄帝之孙。

⑬南：属阳位。

⑭正：长。指主管官员。属：会，沟通。

译文

“到少皞氏衰落的时候，九黎各部扰乱天德，民与神相混杂，难以分辨尊卑名分。人人可以祭祀，家家自为巫史，不再讲求诚信。百姓穷于祭祀，而得不到神灵赐福。祭祀没有节制，民和神地位相同。百姓轻慢盟誓，毫无敬畏之心。神灵对此习以为常，不讲求自己行为的严肃纯洁。谷物不生，百姓无物献祭。灾祸频频，万物气息奄奄。颛顼临危受命，就命令南正重主管天以会合神灵，命令火正黎主管地来会合百姓，以恢复原来的秩序，不再互相侵犯轻慢，这就是所说的断绝民和神相通之道。

“其后，三苗复九黎之德[①]，尧复育重、黎之后，不忘旧者，使复典之。以至于夏、商，故重、黎氏世叙天地[②]，而别其分主者也[③]。其在周，程伯休父其后也[④]，当宣王时，失其官守，而为司马氏。宠神其祖[⑤]，以取威于民，曰：‘重寔上天，黎寔下地。’遭世之乱，而莫之能御也[⑥]。不然，夫天地成而不变，何比之有？”

注释

①三苗：继九黎之后，对南方各部落的总称。

②叙：同“序”，排序。

③分：名位。

④程：国。伯：爵位。休父：人名。

⑤宠：尊。

⑥御：制止。

译文

“后来，三苗继承了九黎的凶德，尧重新任用重、黎的后代，让他们不忘记先人的事业，再度主管沟通天地之事。一直到夏朝、商朝，仍旧由重氏和黎氏世代主管天地神明之事，分辨民与神各自的名位和尊卑次序。在周朝，程伯休父是他们的后代，到周宣王的时候，失去了掌管天地的官位，改称司马氏。休父的后代尊崇神化他们的祖先，以此向百姓显威，说：‘重能上天，黎能入地。’适逢乱世，没有谁能制止他们。否则，天地形成以后不再变化，人怎么能与之相提并论呢？”

6. 子西叹于朝，蓝尹亹曰：“吾闻君子唯独居思念前世之崇替[1]，与哀殡丧，于是有叹，其余则否。君子临政思义，饮食思礼，同宴思乐，在乐思善，无有叹焉。今吾子临政而叹，何也？”子西曰：“阖庐能败吾师[②]。阖庐即世，吾闻其嗣又甚焉[③]。吾是以叹。”

注释

① 崇替：指国运的兴衰成败。崇，终结。替，废止。

② 阖庐：即吴王阖闾。败吾师：指柏举之战。

③ 嗣：指吴王夫差。

译文

子西在朝堂上叹息，蓝尹亹说：“我听闻君子只有独自一人思考前代兴衰成败，或者殡殓丧葬时，才发出叹息，其他时候不发叹息。君子处理政事时思考道义，饮食时思考礼仪，共同宴会时想到欢乐，在欢乐时想到行善，没有什么好叹息的。现在您临朝理政而发感叹，是何缘故？”子西说：“吴王阖闾能打败我国军队。阖闾去世，我听说他的继承人比他还厉害。我因此叹息。”

对曰：“子患政德之不修，无患吴矣。夫阖庐口不贪嘉味，耳不乐逸声，目不淫于色，身不怀于安，朝夕勤志，恤民之羸，闻一善若惊，得一士若赏，有过必悛，有不善必惧，是故得民以济其志[①]。今吾闻夫差好罢民力以成私好，纵过而翳谏[②]，一夕之宿，台榭陂池必成，六畜玩好必从。夫差先自败也已，焉能败人。子修德以待吴，吴将毙矣。”

注释

① 济：成功。

② 翳：障蔽。

译文

蓝尹亹回答说：“您应该担心自己的政事与德行没有做好，不必担心吴国。阖闾口不贪恋美味，耳不喜听轻快之音，目不留恋美色，身不贪图安逸，早晚勤理国事，体恤百姓疾苦。听到一句有益的话惊喜若狂，得到一位贤士如同受到赏赐，有过必改，有不好的行为必然忧虑，所以得到百姓的支持从而能够完成他的志愿。如今我听闻夫差喜欢滥用民力来满足个人爱好，纵容自己的过失而拒绝臣子进谏，哪怕在某处只住一夜，台榭园池必须建好，声色狗马之类玩物必须随行。夫差先搞垮了自己，又怎能打败别人呢？您修德以静观吴国，吴国就要灭亡了。”

7. 王孙圉聘于晋[①]，定公飨之[②]，赵简子鸣玉以相[③]，问于王孙圉曰："楚之白珩犹在乎[④]？"对曰："然。"简子曰："其为宝也几何矣。"

注释

① 王孙圉：楚国大夫。

② 定公：晋顷公之子，晋定公姬午。

③ 赵简子：晋国正卿赵鞅。相：相礼。

④ 珩：佩玉上面的横玉。

译文

王孙圉到晋国行聘问之礼，晋定公设宴招待他，赵简子佩带着叮咚作声的玉饰担任傧相，问王孙圉说："楚国的白珩还在吗？"王孙圉回答说："在。"简子说："它作为楚国的珍宝已经传承很久了。"

曰："未尝为宝。楚之所宝者，曰观射父[①]，能作训辞，以行事于诸侯，使无以寡君为口实[②]。又有左史倚相[③]，能道训典，以叙百物[④]，以朝夕献善败于寡君，使寡君无忘先王之业；又能上下说于鬼神，顺道其欲恶，使神无有怨痛于楚国。又有薮曰云连徒洲[⑤]，金木竹箭之所生也。龟、珠、角、齿、皮、革、羽、毛，所以备赋[⑥]，以戒不虞者也[⑦]。所以共币帛，以宾享于诸侯者也[⑧]。若诸侯之好币具，而导之以训辞，有不虞之备，而皇神相之[⑨]，寡君其可以免罪于诸侯，而国民保焉[⑩]。此楚国之宝也。若夫白珩，先王之玩也，何宝之焉？

注释

①观射父：楚国大夫。

②口实：话柄。

③倚相：楚国史官。

④叙：评议等级、次第。百物：指历史掌故。

⑤云连徒洲：即云梦泽，在今湖北监利县境内。

⑥赋：兵赋。

⑦虞：猜度，料想。

⑧享：献赠。

⑨皇：大。相：辅助。

⑩保：安定，保全。

译文

王孙圉说："未尝把它当作珍宝。楚国看作珍宝的，是观射父，他擅长公文辞令，派他到各诸侯国进行外交活动，他能使诸侯无法抓到我们国君的话柄。又有位左史名倚相，能谈论古代典籍，通过讲述各种史实，早晚向国君提供成败得失的经验教训，使国君不忘记先王的功业；又能取悦于天地众鬼神，顺应鬼神的好恶，使他们对楚国没有丝毫不满。又有大泽名云连徒洲，盛产金、木、竹、箭。又有龟甲、珍珠、兽角、象牙、虎豹皮、犀牛皮、鸟羽和牦牛尾，用来供给兵赋，以备不测之患。还可提供币帛，用来招待并献赠给来访的诸侯。如果诸侯喜爱这些物品，再用辞令小心疏导，又有预防不测的准备，更得到天神的庇佑，那我们国君就可以避免得罪诸侯，国家和百姓也能够得以保全。这些才是楚国的珍宝。至于白珩，不过是先王的玩物，有什么可宝贵的呢？

“圉闻国之宝六而已。明王圣人能制议百物，以辅相国家，则宝之；玉足以庇荫嘉谷①，使无水旱之灾，则宝之；龟足以宪臧否②，则宝之；珠足以御火灾，则宝之；金足以御兵乱，则宝之；山林薮泽足以备财用，则宝之。若夫哗嚣之美③，楚虽蛮夷，不能宝也。”

注释

① 玉：指祭祀之玉。

②宪：法。

③哗嚣：喧哗躁动。这里指佩玉的撞击声，借以讽刺赵简子。

译文

“我听说国家的珍宝不过六种而已。圣明的帝王能裁断评议世间万物，用来辅助治理国家，被视为珍宝；祭祀的玉器足以庇荫五谷的嘉美，使五谷没有水旱灾害，被视为珍宝；龟甲足以彰显善恶凶吉，被视为珍宝；珍珠足以防御火灾，被视为珍宝；金属足以抵御兵乱，被视为珍宝；山林湖泽足以提供财物器用，被视为珍宝。至于叮咚而鸣的美玉，楚国虽然是蛮夷之邦，也不会把它当作珍宝啊。”

9. 子西使人召王孙胜①，沈诸梁闻之②，见子西曰：“闻子召王孙胜，信乎？”曰：“然。”子高曰：“将焉用之？”曰：“吾闻之，胜直而刚，欲置之境。”

注释

①王孙胜：楚平王废太子建的儿子，白公，名胜。

②沈诸梁：楚国左司马沈尹戌的儿子，叶公，字子高。

译文

子西派人召王孙胜前来，叶公子高听说后，去见子西，说：“我听闻您要召王孙胜前来，是真的吗？”子西说：“是的。”子高问：“您打算怎么用他？”子西说：“我听闻，王孙胜正直而刚强，想把他安置到边境地区。”

子高曰：“不可。其为人也，展而不信[①]，爱而不仁，诈而不智，毅而不勇，直而不衷[②]，周而不淑[③]。复言而不谋身[④]，展也；爱而不谋长，不仁也；以谋盖人[⑤]，诈也；强忍犯义，毅也；直而不顾，不衷也；周言弃德，不淑也。是六德者，皆有其华而不实者也，将焉用之。

注释

① 展：诚实。

② 衷：中庸。

③ 周：周密，审慎。淑：完善，完美。

④ 复言：指说过的话能经得起时间的检验。

⑤ 盖：掩，这里指算计。

译文

子高说：“不可行。王孙胜的为人，诚实但并不可信，爱人但并不仁慈，狡诈但并不明智，果毅但并不勇敢，直率但不够中庸，行事周全但心肠不善。实践诺言而不考虑自身安危，叫作展；表面爱人却不懂得为人做长远打算，叫作不仁；用计谋算计别人，叫作诈；狠心而违背道义，叫作毅；直率而不顾别人感受，叫作不衷；行事周全却背弃道德，叫作不淑。这六种品性，都徒有其表而无其实，怎么能起用他呢？

“彼其父为戮于楚，其心又狷而不絜[①]。若其狷也，不忘旧怨，而不以絜悛德[②]，思报怨而已。则其爱也足以得人，其展也足以复之，其诈也足以谋之，其直也足以帅之，其周也足以盖之，其不絜也足以行之，而加之以不仁，奉之以不义，蔑不克矣[③]。

注释

① 狷：胸襟狭窄，性情急躁。絜：洁身自好。

② 悛：悔改。

③ 蔑：无。

译文

“他的父亲在楚国被杀，他的心胸狭隘偏执而又不注意洁身自好。如果他心胸狭隘偏执，不忘旧日恩怨，又不能洁身自好以改变他的德性，他一心所想的就只会是报仇。那么他的爱足以得到人们的拥护，他的诚信足以实践他的诺言，他的奸诈足以谋划大事，他的直率足以统率众人，他的行事周全足以掩盖他的罪行，他不注意洁身自好足以让他有所行动，再加上他的不仁，奉行他的不义，那没有做不成的。

“夫造胜之怨者①，皆不在矣。若来而无宠，速其怒也。若其宠之，毅贪无厌，既能得入，而耀之以大利②，不仁以长之，思旧怨以修其心，苟国有衅③，必不居矣。非子职之④，其谁乎？彼将思旧怨而欲大宠，动而得人，怨而有术，若果用之，害可待也。余爱子与司马⑤，故不敢不言。”

注释

①造胜之怨者：指费无极。费无极为王孙胜之父太子建的少傅，不受太子建宠信，恰逢太子建娶秦国女子，美艳无双。费无极怂恿楚平王纳娶秦女，离间他们父子之间的关系，最终导致太子建逃亡郑国。

②耀：示，诱。大利：指令尹、司马等高位。

③衅：隙，指有机可乘。

④职：主，指承担主要责任。

⑤司马：指子西的弟弟子期。

译文

“造成王孙胜怨恨的人，现在都已不在了。如果召他来而不尊崇他，只会加速他的怨恨。如果尊崇他，他会更加贪得无厌，既然重新得势，还会有更大的利益引诱他，他用不仁之心助长自己的私欲，以旧日的怨仇来激励自己的复仇之心，一旦国家有机可乘，他肯定不会安分。如果您不承受祸患的主要责任，又会是谁呢？他既心怀旧怨，又想得到更大的权势，行动会有人响应，复仇也有办法，如果您真的起用他，祸害指日可待。我爱您和子期，所以不敢不直言。”

子西曰：“德其忘怨乎！余善之，夫乃其宁。”子高曰：“不然。吾闻之，唯仁者可好也，可恶也，可高也，可下也。好之不偪，恶之不怨，高之不骄，下之不惧。不仁者则不然。人好之则偪，恶之则怨，高之则骄，下之则惧。骄有欲焉，惧有恶焉，欲恶怨偪，所以生诈谋也。子将若何？若召而下之，将戚而惧；为之上者，将怒而怨。诈谋之心，无所靖矣[①]。有一不义，犹败国家，今壹五六，而必欲用之，不亦难乎？吾闻国家将败，必用奸人，而嗜其疾味[②]，其子之谓乎？

注释

①靖：安定。

②嗜：嗜好，贪求。疾味：能够致病的美味，比喻表面美好而暗藏凶险的事物。

译文

子西说：“用德安抚可以使他忘掉旧怨吧！我善待他，他就会安宁。”子高说：“不是这样。我听闻，只有仁人你可以善待他，也可以冷落他，可以让他处高位，也可以让他处下僚。善待他，他不会侵凌君上；冷落他，他不会怨天尤人；地位高，他不会骄横；地位低，他不会忧惧。不仁的人不是这样。别人善待他，他就会侵凌犯上；冷落他，他就会心怀怨恨；地位高，他会骄横；地位低，他会忧惧。骄横会生贪欲，忧惧会怀怨恨，贪欲、恶念、怨恨和威逼，都是产生诈谋的原因。您准备怎么办？如果召他来而在您下面，他将不安而忧惧；对在他上面的人，他会愤怒和抱怨。充满狡诈的心，将无法安定。有上述一种不义的品行，就会败坏国家，如今他一身而兼有五六种不义的品行，而您却一定要起用他，不是很危险吗？我听闻国家将要败亡，必定任用奸人，并嗜好致病的美味，说的大概就是您吧？

“夫谁无疾眚[①]！能者早除之。旧怨灭宗，国之疾眚也，为之关籥蕃篱而远备闲之[②]，犹恐其至也，是之为日惕。若召而近之，死无日矣。人有言曰：‘狼子野心，怨贼之人也。’其又何善乎？若子不我信，盍求若敖氏与子干、子皙之族而近之[③]？安用胜也，其能几何？

注释

①眚 shěng：灾祸。

②关：同“管”，锁。籥 yuè：通“钥”，钥匙。蕃篱：篱笆。闲：通“阑”，屏障。

③若敖氏：指斗椒。子干、子皙：楚恭王的两个儿子，两人都死于与楚平王的夺嫡之争。

译文

“谁能没病没灾！有才能的人能及早除去它。因旧日怨恨而灭人宗族，是国家的灾病，设置锁钥、篱笆远远地加以提防，还恐怕它的到来，也就是说要日日警惕。如果您召他来并亲近他，那离死就不远了。俗语说：‘狼子野心，是因怨生乱的人啊。’他又有什么好呢？如果您不相信我，何不找来若敖氏和子干、子晳的族人加以亲近呢？何必非用公孙胜呢，他能安稳多久呢？

“昔齐驺马繻以胡公入于具水①，邴歜、阎职戕懿公于囿竹②，晋长鱼矫杀三郤于榭③，鲁圉人荦杀子般于次④，夫是谁之故也，非唯旧怨乎？是皆子之所闻也。人求多闻善败，以监戒也。今子闻而弃之，犹蒙耳也。吾语子何益，吾知逃也已。”

注释

① 驺马繻 rú：齐国大夫。胡公：姜太公的后代。具水：河流名。胡公曾虐待驺马繻，驺马繻杀了胡公并抛尸于具水。

② 邴歜 chù、阎职：齐国两位大夫。懿公：齐桓公的儿子，名商人。懿公为太子的时候，与邴歜之父争夺田地，不胜。后继承君位，邴歜之父已死，懿公掘坟刖尸，并让邴歜的仆人娶阎职的妻子。鲁文公十八年，懿公到申池游玩，被二人在竹林中杀害。

③ 长鱼矫：晋国大夫。三郤 xì：郤锜、郤犨、郤至。郤犨与长鱼矫争田，郤犨不但把长鱼矫抓了起来，

还把他和父亲、妻子一起捆到车辕上。后来长鱼矫得宠于晋厉公，便进谗言杀了三郤。

④圉人：养马人。荦：人名。子般：鲁庄公的太子。次：临时住所。子般为太子的时候曾鞭笞过圉人荦。后来子般继位之后，公子庆父与子般夫人私通，指使圉人荦杀了子般。

译文

“以前齐国的驺马繻把胡公的尸体扔进具水，邴歜和阎职在竹林里杀害了齐懿公，晋国的长鱼矫在台榭上杀死三郤，鲁国的养马人荦在临时住所杀死子般，这都是什么缘故？不都是因为旧日的怨恨吗？这些都是您听到过的。人们希望多听到一些善恶成败的教训，以此为借鉴。现在您听到之后却不采纳，就像蒙上了耳朵。我告诉您有什么用处？我只想逃避灾难罢了。”

子西笑曰：“子之尚胜也。”不从，遂使为白公。子高以疾闲居于蔡[①]。及白公之乱[②]，子西、子期死。叶公闻之，曰：“吾怨其弃吾言，而德其治楚国，楚国之能平均以复先王之业者，夫子也。以小怨置大德，吾不义也，将入杀之。”帅方城之外以入[③]，杀白公而定王室，葬二子之族。

注释

①蔡：原为诸侯小国，后为楚所灭，归入楚国。

②白公之乱：白公请求讨伐郑国以为父报仇，子西答应了下来。还未出师，恰逢晋国攻打郑国，楚国反而发兵救郑，结盟而还。白公一怒之下，杀了子西和子期。

③方城：楚国山名，在楚国北部。

译文

子西笑着说："您说王孙胜言过其实了。"不听子高之言，于是封王孙胜为白公。子高推托生病闲居于蔡。等到白公叛乱，子西和子期被杀。叶公听闻后，说："我恨他不听我的话，但感激他治理楚国，楚国能够平定乱局并恢复先王功业的人物，就是子西。因为小怨不顾大德，是我的不义，我要入郢都杀了白公。"于是率领方城之外的兵马进入郢都，杀死白公，安定王室，埋葬了子西、子期以及他们遇害的族人。

卷十九　吴语

1. 吴王夫差起师伐越[①]，越王勾践起师逆之[②]。大夫种乃献谋曰[③]："夫吴之与越，唯天所授，王其无庸战。夫申胥、华登简服吴国之士于甲兵[④]，而未尝有所挫也。夫一人善射，百夫决拾[⑤]，胜未可成也。夫谋必素见成事焉，而后履之，不可以授命。王不如设戎，约辞行成[⑥]，以喜其民，以广侈吴王之心[⑦]。吾以卜之于天，天若弃吴，必许吾成而不吾足也，将必宽然有伯诸侯之心焉[⑧]。既罢弊其民，而天夺之食，安受其烬，乃无有命矣。"

注释

① 夫差：吴王阖闾之子，姬姓。

② 勾践：越王允常之子，芈姓。逆：迎战。

③ 种：越国大夫文种。

④ 申胥：吴国大夫伍员，字子胥。楚国大夫伍奢之子。子胥父兄被楚王杀害，逃到吴国，吴王封之申地，故称申胥。华登：宋国逃亡到吴国的大夫。简：操练。服：使用。

⑤决：扳指，多以骨制，套于右手拇指上用以拉弓。拾：套袖，皮制，套于左臂之上用以护臂。

⑥约辞：逊辞。行成：讲和。

⑦侈：大，指野心而言。

⑧宽：缓，慢。伯：同“霸”。

译文

吴王夫差发兵攻打越国，越王勾践起兵迎战。大夫文种献计说：“吴国与越国都受命于天，大王无须用战争解决问题。申胥和华登从吴国军队中挑选和操练死士，而且战无不胜。一人善于射箭，就会有一百个人拿起射箭用具，我们将很难获胜。谋划大事需要预见到最终的结局，然后才能去做，不能随意而动。您不如按兵自守，以逊辞讲和，以讨好吴国百姓，使吴王的野心高度膨胀。我先卜问上天，上天倘若要抛弃吴国，必定会让吴国答应我们讲和并且不以我们的求和为满足，必然会渐渐生出称霸诸侯的野心。等到吴国百姓疲敝，上天夺去吴国禄食，我们就可以安然收拾残局，吴国就失去上天的眷顾了。”

越王许诺，乃命诸稽郢行成于吴[①]，曰：“寡君勾践使下臣郢不敢显然布币行礼[②]，敢私告于下执事曰：昔者越国见祸，得罪于天王。天王亲趋玉趾[③]，以心孤勾践[④]，而又宥赦之。君王之于越也，緊起死人而肉白骨也[⑤]。孤不敢忘天灾，其敢忘君王之大赐乎！今勾践申祸无良[⑥]，草鄙之人，敢忘天王之大德，而思边垂之小怨[⑦]，以重得罪于下执事？勾践用帅二三之老[⑧]，亲委重罪[⑨]，顿颡于边[⑩]。

注释

①诸稽郢：越国大夫。行成：求和。

②布：陈设。币：玉帛。

③玉趾：敬称，指脚。

④孤：弃。

⑤緊 yī：是。

⑥申：重，连续。良：善。

⑦边垂：边陲，边境。

⑧老：本指大夫的家臣。这里勾践用以自谦。

⑨委：指归咎于己。

⑩颡：额头。

译文

越王点头同意，于是派诸稽郢去吴国求和，说：“我们国君派我前来，不敢公然用玉帛表达敬意，只敢私下告知贵国办事人员：过去越国遭祸，得罪了天王。天王亲自领兵，打算灭掉勾践，最终又赦免了他。天王对于我们越国有让死人复活、让白骨重新长肉一样的恩德啊。勾践不敢忘记上天降下的灾祸，又怎敢忘记天王的恩赐呢！如今勾践不善而重遭灾祸，草野鄙陋之人，岂敢忘记天王的大德，反而计较边境小怨，以致再次获罪于天王的办事人员呢？勾践特地率领几位家臣，亲自前来领受犯下的重罪，在边境上叩头请罪。

“今君王不察，盛怒属兵[①]，将残伐越国。越国固贡献之邑也，君王不以鞭箠使之[②]，而辱军士使寇令焉。勾践请盟：一介嫡女，执箕帚以晐姓于王宫[③]；一介嫡男，奉槃匜以随诸御[④]；春秋贡献，不解于王府[⑤]。天王岂辱裁之？亦征诸侯之礼也。

注释

①属：会，集结。

②箠：马鞭。

③晐 gāi：备。《礼记·曲礼》：“纳女于天子，曰备百姓。”

④奉：通“捧”。槃匜：盥洗用具。槃，即盘，用以接水。匜，用以盛水的器皿。

⑤解：通“懈”。

译文

“如今君王没有细察，盛怒之下集结军队，准备沉重打击越国。越国本来就是给吴国纳贡的城邑，君王却不想用鞭子驱使了，反而屈尊您的将士前来攻打。勾践请求缔结盟约：送上一个嫡生女儿，拿着箕帚到王宫里侍奉您；送上一个嫡生儿子，捧着盘匜跟随仆人一起伺候您；春秋两季的贡品，决不懈怠。君王又何须屈尊来制裁越国呢？您这等于是天子向诸侯进行讨伐啊。

“夫谚曰：‘狐埋之而狐搰之[①]，是以无成功。’今天王既封植越国[②]，以明闻于天下，而又刈亡之[③]，是天王之无成劳也[④]。虽四方之诸侯，则何实以事吴？敢使下臣尽辞，唯天王秉利度义焉！”

注释

①搰hú：发掘，掘出。

②封植：树立。

③刈：割草。这里指消灭。

④劳：功。

译文

“谚语说：‘狐狸埋了东西又把它掘出来，所以不见成功。’如今天王既已扶植越国，以圣明闻名于天下，却又要消灭它，这是天王徒劳而无功啊。即使四方的诸侯想臣服吴国，（但也会看到越国的遭遇而想到）侍奉吴国有什么好处呢？请允许我冒昧地把话说透彻，只希望天王根据您的利益来考虑越国对您的情义。”

2. 吴王夫差乃告诸大夫曰：“孤将有大志于齐，吾将许越成，而无拂吾虑①。若越既改，吾又何求？若其不改，反行，吾振旅焉。”

注释

① 拂：违逆，违背。

译文

吴王夫差于是对大夫们说：“我将要实行征服齐国的宏图，我准备答应越国讲和的请求，你们不要违背我的想法。如果越国痛改前非，我还求什么？如果越国不改正，从齐国得胜归来，我自会兴师问罪。”

申胥谏曰：“不可许也。夫越非实忠心好吴也，又非慑畏吾兵甲之强也。大夫种勇而善谋，将还玩吴国于股掌之上[①]，以得其志。夫固知君王之盖威以好胜也[②]，故婉约其辞，以从逸王志[③]，使淫乐于诸夏之国，以自伤也。使吾甲兵钝弊，民人离落，而日以憔悴，然后安受吾烬。夫越王好信以爱民，四方归之，年谷时熟，日长炎炎[④]。及吾犹可以战也，为虺弗摧[⑤]，为蛇将若何？”

注释

①还：旋转。玩：耍弄。

②盖：崇尚。

③从：同“纵”，纵容。

④炎炎：本指日光强烈，这里指国势蒸蒸日上。

⑤虺 huǐ：小蛇。

译文

伍子胥劝告说：“不能答应。越国并非真心与吴国友好，也并非慑服于我们军队的强大。越国大夫文种勇敢而善于谋略，他是想把吴国玩弄于股掌之间，以达到他的目的。他深知您崇尚武力且好胜心强，所以就用委婉动听的话纵容您的意志，使您沉迷于争霸中原，以自取败亡；使我们的军队疲惫折损，民众流离失所，国力日趋衰竭，然后坐收渔利。越王重信且爱民，四方的人都归附于他。国家年年丰收，国势日盛。趁我们还有能力就要赶紧战胜他，（否则）就好比小蛇不打死它，长成大蛇又该怎么办？”

吴王曰：“大夫奚隆于越[①]，越曾足以为大虞乎[②]？若无越，则吾何以春秋曜吾军士？”乃许之成。

注释

① 隆：盛，推重。

② 虞：祸患。

译文

吴王说：“子胥大夫为何长越国志气，越国何曾足以成为我们的心腹大患呢？如果没有越国，那么春秋演兵时我向谁炫耀将士们的威风呢？”于是答应了越国的求和。

将盟，越王又使诸稽郢辞曰：“以盟为有益乎？前盟口血未干[①]，足以结信矣。以盟为无益乎？君王舍甲兵之威以临使之，而胡重于鬼神而自轻也？”吴王乃许之，荒成不盟[②]。

注释

① 口血未干：极言两次结盟时间间隔之短。古人读誓词之前，以牲血涂口，以示诚信。

② 荒：空。

译文

将要结盟之前，越王又派诸稽郢巧辩说：“你们认为盟誓有用吗？上次盟誓时留在嘴边的血迹还没有干，足以表示我们的诚信了。你们认为盟誓没有用吗？君王可以放弃武力威胁，亲自来役使我们就行了，何必看重鬼神而看轻自己呢？”吴王点头答应，空有口头讲和而没有举行盟誓仪式。

3. 吴王夫差既许越成，乃大戒师徒，将以伐齐。申胥进谏曰：“昔天以越赐吴，而王弗受。夫天命有反，今越王勾践恐惧而改其谋，舍其愆令[①]，轻其征赋，施民所善，去民所恶，身自约也，裕其众庶[②]，其民殷众，以多甲兵。越之在吴，犹人之有腹心之疾也。夫越王之不忘败吴，于其心也侙然[③]，服士以伺吾闲[④]。今王非越是图，而齐、鲁以为忧。夫齐、鲁譬诸疾，疥癣也，岂能涉江、淮而与我争此地哉？

将必越实有吴土。

注释

①舍：废弃。愆：过失，错误。

②裕：丰饶。

③伿 chì：小心谨慎，提心吊胆。

④闲：隙，闪失。

译文

吴王夫差答应了越国的求和之后，就大力地整顿军队，准备攻打齐国。伍子胥进谏说："过去上天把越国赐予吴国，而您没有接受。天命会有反复，如今越王勾践因为恐惧而改变了他的策略，废弃了错误的法令，减轻民众的兵役赋税，实施百姓喜欢的政策，废除百姓厌恶的政策，自己很节俭，让百姓生活富足。其国内人口繁盛，可以充实军队。越国对于吴国，就像一个人有心腹之患。越王不忘被吴国打败的教训，内心一直以此为戒，操练士卒以等待报复我们的时机。现在您不考虑对付越国，却去担心齐国和鲁国。如果把齐国和鲁国比作疾病，不过是疥癣而已，它们难道会渡过长江和淮河与我们争夺这儿的土地吗？将来夺取吴国土地的国家一定是越国。

“王其盍亦鉴于人，无鉴于水[①]。昔楚灵王不君，其臣箴谏以不入。乃筑台于章华之上，阙为石郭[②]，陂汉[③]，以象帝舜。罢弊楚国，以闲陈、蔡。不修方城之内，逾诸夏而图东国[④]，三岁于沮、汾以服吴、越[⑤]。其民不忍饥劳之殃，三军叛王于乾溪。王亲独行，屏营仿偟于山林之中[⑥]，三日乃见其涓人畴[⑦]。王呼之曰：‘余不食三日矣。’畴趋而进，王枕其股以寝于地。王寐，畴枕王以墣而去之[⑧]。王觉而无见也，乃匍匐将入于棘闱[⑨]，棘闱不纳，乃入芋尹申亥氏焉[⑩]。王缢，申亥负王以归，而土埋之其室。此《志》也，岂遽忘于诸侯之耳乎？

注释

① 鉴：镜。《尚书·酒诰》：“人无于水监，当于民监。”

② 阙：通“掘”。石郭：即石椁，安放棺木的石室。

③ 陂：壅塞。舜葬九嶷山，其山水流环绕，楚灵王为模仿其地形而营造自己的墓地，不惜改流汉水，耗费大量民力、物力。

④ 诸夏：指陈、蔡。东国：指徐、夷、吴、越。

⑤ 沮、汾：楚国东部边境的两条河流。

⑥ 屏营：惶恐貌。

⑦ 涓人：楚国官名，指宫中侍卫近臣。畴：人名。

⑧ 墣：土块。

⑨ 棘：楚国城邑。闱：城门。

⑩ 芋尹申亥：楚国大夫，芋尹无宇之子。

译文

"您何不也以人为鉴，不要仅仅以水为镜。过去楚灵王不行君道，臣下的告诫劝谏都听不进去。他在章华建造高台，凿石为椁，引来汉水环绕墓地，仿效舜的陵墓规格。他使楚国疲惫不堪，还暗中觊觎陈国和蔡国。他不修内政，却想越过陈、蔡征服东方国家，他在沮水和汾水一带苦心经营多年，想征服吴越两国。他的臣民不堪忍受饥饿和劳累之苦，三军在乾溪发动叛乱。楚灵王只身潜逃，惶惶不安地流窜于山林之中，三天后才碰见自己的近侍畴。楚灵王向他呼救说：'我已经三天没吃东西了。'畴快步走到灵王面前，灵王就地枕着他的腿睡着了。灵王熟睡中，畴用土块代为灵王的枕头，自己抽身而去。灵王醒后不见畴，就匍匐着想进棘邑城门，棘邑人不接纳他，最后被芋尹申亥收容。灵王上吊自杀，申亥背着灵王的尸体回到家中，把他埋在屋内。这是《志》书上的记载，难道这么快就被诸侯们遗忘了吗？

“今王既变鲧、禹之功[①]，而高高下下[②]，以罢民于姑苏。天夺吾食，都鄙荐饥。今王将很天而伐齐[③]。夫吴民离矣，体有所倾[④]，譬如群兽然，一个负矢，将百群皆奔，王其无方收也。越人必来袭我，王虽悔之，其犹有及乎？”王弗听。十二年，遂伐齐。齐人与战于艾陵[⑤]，齐师败绩，吴人有功。

注释

① 王：指夫差。

② 高高：指修台榭。下下：指挖水池。

③ 很：违背。

④ 倾：倾覆，岌岌可危。

⑤ 艾陵：齐国地名，在今山东莱芜东北。

译文

“现在您改变了鲧和禹治水的功业，而是筑台修池，使百姓为修姑苏台而疲惫不堪。上天降灾，都邑边境连年饥荒。您违背天意而攻打齐国，吴国百姓离心离德。国家将要倾覆，就像兽群，一只野兽中箭，整群野兽都会奔逃，您恐怕无法收拾局面啊。越国人必定会来偷袭我们，那时您即使后悔，还来得及吗？”吴王不听劝谏。夫差执政第十二年，起兵攻打齐国。齐国与吴国军队在艾陵交战，齐军战败，吴国取胜。

5. 吴王还自伐齐，乃讯申胥曰[①]：“昔吾先王体德明圣，达于上帝，譬如农夫作耦[②]，以刈杀四方之蓬蒿，以立名于荆[③]，此则大夫之力也。今大夫老，而又不自安恬逸，而处以念恶[④]，出则罪吾众，挠乱百度[⑤]，以妖孽吴国。今天降衷于吴，齐师受服。孤岂敢自多，先王之钟鼓，寔式灵之[⑥]。敢告于大夫。”

注释

①讯：责问。

②耦 ǒu：耦耕，两人并耕。

③荆：楚国。指伍子胥在柏举之战中威震楚国。

④处：居。恶：为恶。

⑤挠乱：扰乱。度：法度。

⑥寔：通“实”，确实，实在。式：用，因为。灵：神。

译文

吴王夫差得胜归来，便责问伍子胥说：“过去我的先王隆德明圣，深晓天意，就像农夫耦耕，两人一起割除四方的蒿草，得以扬名荆楚，这是您的功劳。如今您老了，却又不肯自安于闲适的生活，反而在家中图谋作恶，我出征您罗织罪名，扰乱法度，危害吴国。如今上天降福吴国，齐国归顺。我岂敢自夸，这是先王的军队得到神灵庇佑的缘故。冒昧告诉您这个消息。”

申胥释剑而对曰：“昔吾先王世有辅弼之臣，以能遂疑计恶[①]，以不陷于大难。今王播弃黎老[②]，而孩童焉比谋[③]，曰‘余令而不违。’夫不违，乃违也。夫不违，亡之阶也。夫天之所弃，必骤近其小喜，而远其大忧。王若不得志于齐，而以觉寤王心，而吴国犹世[④]。吾先君得之也，必有以取之；其亡之也，亦有以弃之。用能援持盈以没[⑤]，而骤救倾以时。今王无以取之，而天禄亟至[⑥]，是吴命之短也。员不忍称疾辟易[⑦]，以见王之亲为越之擒也。员请先死。”遂自杀。将死，曰：“以悬吾目于东门，以见越之入，吴国之亡也。”王愠曰：“孤不使大夫得有见也。”乃使取申胥之尸，盛以鸱夷[⑧]，而投之于江。

注释

① 遂：决断，判断。计：思虑，辨别。

② 播弃：抛弃。黎老：子胥自比。

③ 比：合。

④ 世：世代延续。

⑤ 盈：满。没：终。

⑥ 亟：屡次。

⑦ 辟易：狂疾。

⑧ 鸱夷：革囊。

译文

伍子胥解下佩剑回答说："过去我们先王一直有辅佐的贤臣，所以能够决断疑难、辨别是非，所以从未陷入大难。如今您抛弃老臣，去和无知孩童共商国策，说：'我的命令不得违背。'这种不违背，才是真正的违背啊。这种不违背，正是败亡的台阶啊。上天要抛弃谁，必定反复给他些小惠，而把大患置于远处。您若伐齐不利，内心会有所觉悟，吴国还可以世代延续。我们先王取得成就，必然会总结经验；凡是遭遇失败，也自会摒弃错误。凭借这些才能得以保住成业，而且多次及时挽回危局。现在您不具备取得成功的条件，而上天恩赐却屡屡降临，说明吴国的国运不长了。我不忍心称病佯狂，亲眼看到您被越国生擒。我请求先死！"于是就自杀了。临死前，伍子胥说："把我的眼睛悬挂在国都的东门之上，让我看到越国入侵，吴国的败亡。"吴王恼怒地说："我不会让他有看到的机会。"便派人把伍子胥的尸体装入革囊，投入江中。

6. 吴王夫差既杀申胥，不稔于岁[①]，乃起师北征。阙为深沟，通于商、鲁之间[②]，北属之沂[③]，西属之济[④]，以会晋公午于黄池[⑤]。

注释

① 稔：庄稼成熟。

② 商：指宋国。

③ 沂：水名，在鲁国境内。

④ 济：水名，源出王屋山，东流入海。这里指宋国境内的济水。

⑤ 晋公午：晋定公。黄池：地名，在今河南封丘西南。

译文

吴王夫差杀了伍子胥以后，不等庄稼成熟，便出兵北征。他下令开掘沟渠，直通宋国和鲁国的地界，北面到沂水，西面到济水，然后在黄池与晋定公举行盟会。

于是越王勾践乃命范蠡、舌庸[①]，率师沿海溯淮以绝吴路。败王子友于姑熊夷[②]。越王勾践乃率中军溯江以袭吴，入其郛[③]，焚其姑苏，徙其大舟[④]。

注释

①范蠡、舌庸：越国两位大夫。

②王子友：夫差的太子。姑熊夷：地名，在吴国国都姑苏城的郊外。

③郛 fú：城郭。

④徙：取。大舟：王舟。

译文

越王勾践趁机命令范蠡和舌庸率兵沿海北上行至淮河，溯流而上去切断吴军的归路。越军在姑熊夷打败了王子友。越王勾践率领中军逆江而上袭击吴国，攻陷姑苏外城，烧毁姑苏台，运走吴王的大船。

吴、晋争长未成，边遽乃至[①]，以越乱告。吴王惧，乃合大夫而谋曰："越为不道，背其齐盟[②]。今吾道路修远，无会而归，与会而先晋，孰利？"王孙雒曰[③]："夫危事不齿[④]，雒敢先对。二者莫利。无会而归，越闻章矣，民惧而走，远无正就。齐、宋、徐、夷曰[⑤]：'吴既败矣！'将夹沟而廖我[⑥]，我无生命矣。会而先晋，晋既执诸侯之柄以临我，将成其志以见天子。吾须之不能，去之不忍。若越闻愈章，吾民恐叛。必会而先之。"

注释

①边遽：指边关警报。遽，驿车。

②齐：同。

③王孙雒：吴国大夫。

④齿：年龄。

⑤齐、宋、徐、夷：四者皆国名。

⑥庝chǐ：从两侧攻击。

译文

吴、晋两国争盟主之位未见分晓，吴国边境的驿车就到了，报告越国入侵的消息。吴王恐惧，便召集大夫们商讨对策，说："越国不守信用，背弃同盟。如今我们远离故国，不去参加盟会就归国，或参加盟会而让晋国做盟主，哪个有利？"王孙雒说："情况紧急，可以不必讲究长幼顺序，我冒昧地先来回答。两种方案都不利。不参加盟会就回国，越国听到后气焰会更加嚣张，百姓就会因惊恐而逃亡，乃至远走他方、无所适从。齐、宋、徐、夷这些国家也会说：'吴国已经失败了！'将从沟渠两侧对我们发动攻击，我们就没有生还的希望了。如果参加盟会但让晋国做盟主，晋国掌握诸侯之长的权柄之后就会居高临下地对付我们，就会志得意满地带领我们一起朝见周天子。我们既没有时间逗留，别国又无法容忍我们离开。如果越国听到后会越发张狂，我国百姓恐怕会背叛。一定要参加盟会并且争当盟主。”

王乃步就王孙雒曰：“先之，图之将若何？”王孙雒曰：“王其无疑，吾道路悠远，必无有二命，焉可以济事。”王孙雒进，顾揖诸大夫曰：“危事不可以为安，死事不可以为生，则无为贵智矣。民之恶死而欲贵富以长没也[①]，与我同。虽然，彼近其国，有迁；我绝虑[②]，无迁[③]。彼岂能与我行此危事也哉？事君勇谋，于此用之。今夕必挑战，以广民心。请王励士，以奋其朋势[④]。劝之以高位重畜[⑤]，备刑戮以辱其不励者，令各轻其死。彼将不战而先我，我既执诸侯之柄，以岁之不获也，无有诛焉[⑥]，而先罢之，诸侯必说。既而皆入其地，王安挺志[⑦]，一日惕[⑧]，一日留[⑨]，以安步王志[⑩]。必设以此民也，封于江、淮之间，乃能至于吴。”吴王许诺。

注释

① 长没：终老，指寿终正寝。

② 绝虑：指道远。

③迁：退路。

④朋：群，众人。

⑤重畜：财宝。

⑥诛：指责。

⑦挺：放宽。

⑧惕：快。

⑨留：慢。

⑩步：进行，实行。

译文

吴王走到王孙雒面前说："要当盟主，用什么办法？"王孙雒回答说："您不能犹豫，我们归国路途遥远，只有孤注一掷，才能成功。"王孙雒上前一步，环视众位大夫并作揖说："面对危局不能转危为安，在死亡面前不能找到生路，要智慧还有何用？晋国百姓怕死而希望富贵长寿，与我们是一样的。尽管如此，晋军离祖国近，有退路；我们距祖国遥远，毫无退路可言。他们怎么舍得与我们进行危险的争斗呢？事奉君王的勇气和谋略，这时就用得上了。今天晚上一定要向晋国挑战，以安定人心。请您激励士卒，振奋大家的气势，用爵位和财宝来勉励大家，同时准备用刑戮惩罚那些不努力作战的人，让大家都不畏惧死亡。晋国将会不战而把盟主地位让给我们，我们掌握了诸侯之长的权柄，就以年成不好为由，不苛责诸侯，让他们先回国，诸侯们一定开心。等他们各回其国，您就可以安下心来，一天快，一天慢，有条不紊地实行您的回国计划。一定要许诺出过力的将士，把江淮一带的土地封赐给他们，这样我们才能安然回到吴国。”吴王同意了。

7. 吴王昏乃戒[①]，令秣马食士[②]。夜中，乃令服兵擐甲[③]，系马舌，出火灶，陈士卒百人，以为彻行百行[④]。行头皆官师[⑤]，拥铎拱稽[⑥]，建肥胡[⑦]，奉文犀之渠[⑧]。十行一嬖大夫[⑨]，建旌提鼓，挟经秉枹[⑩]。十旌一将军，载常建鼓[⑪]，挟经秉枹。万人以为方阵，皆白裳、白旂、素甲、白羽之矰[⑫]，望之如荼[⑬]。王亲秉钺，载白旗以中陈而立[⑭]。左军亦如之，皆赤裳、赤旟[⑮]、丹甲、朱羽之矰，望之如火。右军亦如之，皆玄裳、玄旗、黑甲、乌羽之矰，望之如墨。为带甲三万，以势攻，鸡鸣乃定。既陈，去晋军一里。昧明，王乃秉枹，亲就鸣钟鼓、丁宁、錞于[⑯]，振铎，勇怯尽应，三军皆哗钔以振旅[⑰]，其声动天地。

注释

① 吴王：指夫差。

②秣马：喂马。

③服：手执。擐：身穿。

④彻：通。

⑤官师：士一级的官员。

⑥拥：抱。拱：拿，手持。稽：棨戟，有缯衣或油漆的木戟，用作出行的仪仗。一说指士兵的名籍。

⑦肥胡：长条形的旗子。

⑧文犀：有纹理的犀牛皮。渠：盾牌。

⑨嬖大夫：下大夫。

⑩经：兵书。枹：鼓槌。

⑪常：画着日月的旗子。

⑫旂 qí：画着交龙图案并坠有铃铛的旗子。矰：一种系着丝绳、可以反复使用的短箭。

⑬荼：茅草的白花。

⑭陈：通“阵”。

⑮旟 yú：画着鸟隼的军旗。

⑯丁宁：钲。錞于：军中用的青铜乐器。

⑰哗钔：欢呼。

译文

吴王夫差黄昏时分传令，让喂马吃饭。半夜，下令全军拿上兵器穿好铠甲，缚住马舌，把灶里的火挪出来照明，一百名士卒为一行，共排成一百行。每行排头都是官师，怀抱金铎手持木戟，旁边树立幡旗和犀牛皮做的盾牌。每十行设一名下大夫，旁竖旌旗手提战鼓，挟着兵书手持鼓槌。每一万人设一名将军，旁竖日月旗并支起战鼓，将军挟着兵书手持鼓槌。一万人组成一个方阵，都穿着白色下衣，打着白色旗帜，披着白色铠甲，带着白羽之箭，远看像一片白色的茅草花。吴王亲自持钺，战车上插着白色军旗，站在方阵中央。左军也像中军一样列阵，但都穿着红色下衣，打着红色旗帜，披着红色铠甲，带着红羽之箭，远看像一片火海。右军也像中军一样列阵，但都穿着黑色下衣，打着黑色旗帜，披着黑色铠甲，带着黑羽之箭，远看像一团墨迹。三军顶盔挂甲的将士共三万人，准备凭气势进攻，鸡叫时分就摆好阵势，距晋军一里。天未大亮，吴王拿起鼓槌，亲自擂鼓，敲响铜钲和錞于，摇动金铎，三军将士勇敢者与胆怯者全部响应，齐声呐喊，士气大振，杀声震动天地。

晋师大骇不出，周军饬垒[①]，乃令董褐请事[②]，曰：“两君偃兵接好，日中为期。今大国越录[③]，而造于弊邑之军垒，敢请乱故。”吴王亲对之曰：“天子有命，周室卑约，贡献莫入，上帝鬼神而不可以告，无姬姓之振也④。徒遽来告⑤，孤日夜相继，匍匐就君。君今非王室不平安是忧，亿负晋众庶⑥，不式诸戎、狄、楚、秦，将不长弟，以力征一二兄弟之国。孤欲守吾先君之班爵，进则不敢，退则不可。今会日薄矣⑦，恐事之不集⑧，以为诸侯笑。孤之事君在今日，不得事君亦在今日。为使者之无远也，孤用亲听命于藩篱之外。”

注释

① 周：围绕。饬：整治。

② 董褐：晋国大夫司马寅。

③ 录：次第。

④ 振：同“赈”，救。

⑤ 徒：步行。遽：传令之车。

⑥ 亿：安然。负：仗恃。

⑦ 薄：迫近。

⑧ 集：成。

译文

晋军大惊，不敢出兵应战，环绕军营加强营垒，然后派董褐前去问话，说：“两国之君息兵和好，以中午为期。现在贵国违反约定，来到敝国军营之外，请问扰乱次序所为何故？”吴王亲自回答说：“周天子有命令，如今王室衰微，无人纳贡，无法告祭天帝鬼神，又没有姬姓之国前来赈救。步行或乘车来告诉我这个命令的人络绎不绝，所以我日夜兼程，赶来与晋君相见。如今晋君不但不为王室的困境担忧，却自恃晋国兵众，不去征讨藐视王室的戎、狄、楚、秦等国，反而不讲长幼之节攻打同姓的兄弟之国。我想捍卫我们先君规定的爵位，超越先君我不敢，不及先君我也不愿。如今盟会时间将至，我恐怕事情不成功而被诸侯耻笑，我是臣服晋君，还是战胜晋君，都在今天。使者往返并不遥远，我将亲自在军营外听候晋君的决定。”

董褐将还，王称左畸曰[①]：“摄少司马兹与王士五人[②]，坐于王前。”乃皆进，自刭于客前以酬客[③]。董褐既致命，乃告赵鞅曰[④]：“臣观吴王之色，类有大忧，小则嬖妾、嫡子死，不则国有大难；大则越入吴。将毒，不可与战。主其许之先，无以待危，然而不可徒许也。”赵鞅许诺。

注释

①称：呼。左畸：吴国军官的职称，即军队的左部统领。

②摄：执。少司马：吴国军官的职称，即军队的副统

帅。兹：人名。

③ 刭yā：刎颈自杀。

④ 赵鞅：晋国正卿，赵简子。

译文

董褐准备返回，吴王召左部统领说：“把少司马兹和五位王士带上来，坐到我跟前。”六人便一齐近前，在董褐面前自杀以谢客。董褐向晋君复命之后，私下对赵鞅说：“我观察吴王的气色，似乎有大的忧患，往小的方面说也许是他的宠妾或嫡子死了，不然就是国内有叛乱；从大的方面说也许是越国攻入吴国。吴国将做困兽之斗，不可与他们作战。您还是答应让他先歃血，不要去冒风险，但也不能白白答应他们。”赵鞅点头同意。

晋乃令董褐复命曰：“寡君未敢观兵身见[①]，使褐复命曰：‘曩君之言，周室既卑，诸侯失礼于天子，请贞于阳卜[②]，收文、武之诸侯。孤以下密迩于天子[③]，无所逃罪，讯让日至[④]，曰：昔吴伯父不失春秋[⑤]，必率诸侯以顾在余一人[⑥]。今伯父有蛮荆之虞，礼世不续，用命孤礼佐周公，以见我一二兄弟之国，以休君忧[⑦]。今君掩王东海[⑧]，以淫名闻于天子[⑨]，君有短垣，而自逾之，况蛮、荆则何有于周室？夫命圭有命[10]，固曰吴伯，不曰吴王，诸侯是以敢辞。夫诸侯无二君，而周无二王，君若无卑天子以干其不祥[11]，而曰吴公，孤敢不顺从君命长弟！’许诺。”

注释

①观兵：操演军队。观，示。

②贞：正。阳卜：以炭火炙烤龟甲，通过龟甲裂纹的走向预测吉凶。

③密迩：亲近。

④讯：告。让：责备。

⑤吴伯父：指吴国先君泰伯。同姓诸侯之间尊称伯父。

⑥余一人：天子自称。

⑦休：息，停止。

⑧掩：盖。

⑨淫名：指名号僭越礼制。

⑩命圭：天子授命诸侯时所赐的玉圭。

⑪干：触犯。

译文

晋国于是派董褐前去复命说：“敝国国君不敢显示军威并亲自现身，而是派我来复命说：‘诚如之前您所言，周室已经衰微，诸侯对天子失礼，贵国请求用龟甲占卜以正视听，恢复文王、武王时期诸侯侍奉天子的义务。晋国同为臣下但邻近天子，没有办法逃避罪责，频频听到天子的批评，说：从前吴国先君一年到头从未失了礼数，必定率领诸侯朝见朕。如今吴伯父受蛮荆的威胁，世代不能继续先君的朝聘之礼，所以天子命晋国以礼辅助周太宰，来与兄弟国家举行会盟，以平息您对天子的忧虑。如今您权倾东海，僭越礼制的名声早已上闻于天子，如同您有一堵短墙，却自己跳了过去，更何况蛮荆之人对周室的礼制还有什么可顾忌呢？天子赐命圭时早有明命，本来就是称吴伯，而不是称吴王，所以诸侯才敢不尊事吴国。诸侯不能有两个盟主，周室也不能有两个天子，您如果不藐视天子且不干犯不祥之称号，而以吴公自称，我怎敢不顺从您的命令让您先歃血呢！’希望同意。”

吴王许诺，乃退就幕而会[①]。吴公先歃，晋侯亚之。吴王既会，越闻愈章，恐齐、宋之为己害也，乃命王孙雒先与勇获帅徒师[②]，以为过宾于宋，以焚其北郛焉而过之[③]。

注释

① 幕：大帐。

② 勇获：吴国大夫。徒师：步兵。

③ 郛：外城。

译文

吴王同意，于是退兵并进入大帐举行盟会。吴王先歃血，晋侯次之。吴王参加盟会之后，听闻越国的声威更加浩大，怕齐、宋两国会危害自己，便派王孙雒先与勇获率领步兵，以回国为名借道宋国，焚烧了宋国国都北面的外城，然后才敢过境。

卷二十　越语上

1. 越王勾践栖于会稽之上[①]，乃号令于三军曰："凡我父兄昆弟及国子姓[②]，有能助寡人谋而退吴者，吾与之共知越国之政。"大夫种进对曰："臣闻之贾人，夏则资皮，冬则资絺[③]，旱则资舟，水则资车，以待乏也。夫虽无四方之忧，然谋臣与爪牙之士，不可不养而择也。譬如蓑笠，时雨既至必求之。今君王既栖于会稽之上，然后乃求谋臣，无乃后乎？"勾践曰："苟得闻子大夫之言，何后之有？"执其手而与之谋。

注释

① 栖：山居为栖。会稽：山名，在今浙江省绍兴市东南。

② 国子姓：指国君之同姓者。

③ 资：囤积，储备。絺：葛布，即细麻布。

译文

越王勾践兵败退守会稽山，于是向三军传令说："凡是我的父老兄弟以及同姓宗人，有能帮助我谋划击退吴军的，我愿同他共同执掌越国国政。”大夫文种进前回答说：“微臣从商人处听闻，夏天应该储备皮货，冬天应该储备麻布，旱季应该储备舟船，雨季应该储备车辆，以待急需时出售。平时虽然没有四方侵扰，但谋臣和干将却不能不预先选拔培养。譬如蓑笠，雨季到来后一定能派上用场。如今您退守会稽山，然后才想到求贤，不是太晚了吗？”勾践说：“只要能听到您的高论，有什么晚的呢？”拉起他的手便和他商讨起来。

遂使之行成于吴，曰：“寡君勾践乏无所使，使其下臣种，不敢彻声闻于天王[①]，私于下执事曰：寡君之师徒不足以辱君矣，愿以金玉、子女赂君之辱，请勾践女女于王，大夫女女于大夫，士女女于士。越国之宝器毕从，寡君帅越国之众，以从君之师徒，唯君左右之。若以越国之罪为不可赦也，将焚宗庙，系妻孥，沈金玉于江[②]，有带甲五千人将以致死，乃必有偶[③]，是以带甲万人事君也。无乃即伤君王之所爱乎？与其杀是人也，宁其得此国也，其孰利乎？”

注释

① 彻：通，达。

②沈：同“沉”。

③偶：对。

译文

于是派文种前往吴国求和，说：“我国国君勾践无人可派遣，派下臣文种前来，不敢当面向天王禀告，私下对他的办事人员说：我国国君的军队不值得屈辱您亲自前来讨伐，我们愿意用金玉、美女献给您以补偿天王的屈辱，请允许勾践的女儿给天王做女奴，大夫的女儿给吴国大夫做女奴，士的女儿给吴国的士做女奴。越国的财宝重器全都献上，我国国君率领越国的军队，跟随天王的军队，听凭天王调遣。如果您认为越国罪不可恕，我们将焚烧宗庙朝堂，与妻儿同生共死，把金玉沉入江中。我们有武装将士五千人准备拼死抵抗，必定能以一敌二，等于有武装将士一万人侍奉天王啊。这不是会伤到天王所爱的部下吗？与其杀了这些越国将士，还不如得到这个国家的臣服，哪个更有利呢？”

夫差将欲听与之成，子胥谏曰：“不可。夫吴之与越也，仇雠敌战之国也。三江环之[①]，民无所移，有吴则无越，有越则无吴，将不可改于是矣。员闻之，陆人居陆，水人居水。夫上党之国[②]，我攻而胜之，吾不能居其地，不能乘其车。夫越国，吾攻而胜之，吾能居其地，吾能乘其舟。此其利也，不可失也已，君必灭之。失此利也，虽悔之，必无及已。”

注释

① 三江：指吴淞江、钱塘江、浦阳江。

② 上党之国：指北方中原诸国。

译文

夫差准备听从文种的话与越国讲和，伍子胥劝谏说：“不行。吴国和越国之间是天生的敌国。我们这里是三江环绕之地，百姓无处迁移，有吴就没有越，有越就没有吴，这是无法改变的事情。伍员听闻：旱地上生活的人习惯住在旱地，水边生活的人习惯住在水边。北方中原各诸侯国，我们即使进攻并战胜他们，也不能居住在他们的土地上，不能乘坐他们的车辆。而越国不同，我们进攻并战胜他们，就能居住在他们的土地上，乘坐他们的舟船。这是有利的事情，不可错失良机啊，您一定要灭了越国。失掉这次有利时机，以后即使后悔，也必定来不及了。”

越人饰美女八人纳之太宰嚭[1]，曰："子苟赦越国之罪，又有美于此者将进之。"太宰嚭谏曰："嚭闻古之伐国者，服之而已。今已服矣，又何求焉？"夫差与之成而去之。

注释

① 太宰嚭：吴国正卿伯嚭，原楚国大夫伯州犁之子，后避祸奔吴，为太宰。

译文

越人精心打扮了八位美女进献给太宰嚭，说："您只要能让吴王宽赦越国之罪，我们还有比这些更美的女子进献给您。"太宰嚭劝谏吴王说："伯嚭听闻古代讨伐别国，只要降服就可以了。如今越国已经服从，还求什么呢？"夫差与越国讲和，然后让文种回国。

勾践说于国人曰[1]："寡人不知其力之不足也，而又与大国执雠，以暴露百姓之骨于中原，此则寡人之罪也。寡人请更。"于是葬死者，问伤者，养生者，吊有忧，贺有喜，送往者，迎来者，去民之所恶，补民之不足。然后卑事夫差，宦士三百人于吴[2]，其身亲为夫差前马。

注释

①说：解释，说明。

②宦士：指越国之士到吴国做低贱的粗活儿。

译文

勾践对国人说："我不知道我们国力不够，反而与大国结仇，连累百姓尸骨暴露于荒野之中，这是我的罪过。我请求改正。"于是埋葬战死的将士，慰问受伤的将士，教养活着的人，慰问有丧事的人，祝贺有喜事的人，给离去的人送行，欢迎迁来的人，废弃百姓所厌恶的政策，弥补百姓认为不够好的政策。然后卑躬屈膝侍奉夫差，派遣三百名士人到吴国为奴仆，并亲自走在夫差马车前边为他开路。

勾践之地，南至于句无①，北至于御儿②，东至于鄞③，西至于姑蔑④，广运百里⑤。乃致其父母昆弟而誓之曰："寡人闻，古之贤君，四方之民归之，若水之归下也。今寡人不能，将帅二三子夫妇以蕃⑥。"令壮者无取老妇，令老者无取壮妻。女子十七不嫁，其父母有罪；丈夫二十不娶，其父母有罪。将免者以告，公令医守之。生丈夫，二壶酒，一犬；生女子，二壶酒，一豚。生三人，公与之母[7]；生二人，公与之饩[8]。当室者死[9]，三年释其政；支子死，三月释其政。必哭泣葬埋之，如其子。令孤子、寡妇、疾疹[10]、贫病者，纳宦其子。其达士，絜其居，美其服，饱其食，而摩厉之于义[11]。四方之士来者，必庙礼之。勾践载稻与脂于舟以行，国之孺子之游者，无不餔也，无不歠也[12]，必问其名。非其身之所种则不食，非其夫人之所织则不衣，十年不收于国，民俱有三年之食。

注释

① 句无：山名，在今浙江省诸暨市南部。

② 御儿：地名，在今浙江省嘉兴市境内。

③ 鄞 yín：地名，在今浙江省宁波市境内。

④ 姑蔑：地名，在今浙江省衢州市。

⑤ 广运：指土地面积，东西为广，南北称运。

⑥ 蕃：繁衍生息。

⑦ 母：指乳母。

⑧ 饩 xì：食物。

⑨ 当室：指嫡子。

⑩ 疹：多指皮肤类疾病。

⑪ 摩厉：砥砺，切磋。

⑫歠 chuò：饮。

译文

勾践的国土，南到句无，北到御儿，东到鄞，西到姑蔑，方圆百里。勾践召集父老兄弟前来并发誓说："我听闻，古代的贤君，四方的百姓都愿意归附他，就像水往低处流一样自然。现在我还做不到，但我会带领你们各家繁衍生息。"越王下令壮年男子不准娶老妇，老年男子不准娶壮年妻子。女子十七岁还不嫁人，她的父母就要论罪；男子二十岁不娶妻，他的父母也要论罪。有生孩子人家要汇报，公家派医生守护。生了男孩，赏两壶酒，一条狗；生了女孩，赏两壶酒，一头小猪。生三胞胎，公家配给乳母；生双胞胎，公家供给食物。嫡子死，免除三年徭役；庶子死，免除三个月的徭役。勾践一定会亲自哭着参加葬礼，如同对待自己的儿子。下令凡是鳏夫、寡妇、有病和贫弱的家庭，由公家供应其子女衣食。对待贤才，为他们提供整洁的住房，华美的衣服，充足的食物，并以义切磋砥砺他们。对于各地来投奔的贤士，必定在宗庙以礼接待。勾践还经常坐着装载粮食和肥肉的船出行，遇到流浪的年轻人，无不供给吃喝，并记下他们的姓名。不是他亲自种出的粮食就不吃；不是他夫人亲自织成的布就不穿。十年不收国内赋税，百姓家里都有三年的存粮。

国之父兄请曰："昔者夫差耻吾君于诸侯之国，今越国亦节矣[①]，请报之。"勾践辞曰："昔者之战也，非二三子之罪也，寡人之罪也。如寡人者，安与知耻？请姑无庸战。"父兄又请曰："越四封之内，亲吾君也，犹父母也。子而思报父母之仇，臣而思报君之雠，其有敢不尽力者乎？请复战。"勾践既许之，乃致其众而誓之曰："寡人闻古之贤君，不患其众之不足也，而患其志行之少耻也。今夫差衣水犀之甲者亿有三千[②]，不患其志行之少耻也，而患其众之不足也。今寡人将助天灭之。吾不欲匹夫之勇也，欲其旅进旅退[③]。进则思赏，退则思刑，如此则有常赏。进不用命，退则无耻，如此则有常刑。"果行，国人皆劝，父勉其子，兄勉其弟，妇勉其夫，曰："孰是君也，而可无死乎？"是故败吴于囿[④]，又败之于没[⑤]，又郊败之。

注释

①节：有节度，指初具规模。

②亿：十万曰亿。有：又。

③旅：俱，共。

④ 囿：地名，即笠泽。

⑤ 没：吴国地名。

译文

越国的父老兄弟向勾践请求说："过去夫差让您在诸侯面前蒙受耻辱，如今越国已兵强马壮，请允许我们报复吴国！"勾践辞谢说："过去战争失败，不是你们的过错，而是我的罪过。像我这样的人，哪里有资格谈及耻辱，请你们暂且不要言战。"父兄们又请求说："越国四境之内无不亲附我们的国君，就像爱戴自己的父母一样。儿子想为父母报仇，臣下想为国君雪耻，哪有敢不竭尽全力之理！再次请求与吴国交战。"勾践答应了他们的请求，然后召集国人发誓说："我听闻古代的贤君，不担忧他的军队不够用，而担忧他的志节操行不够好。如今夫差拥有身穿水牛皮铠甲的军队十万三千人，不担忧自己的志节操行不够好，却担忧他的军队不够用。如今我将顺应天意去剿灭他。我不想要只会逞匹夫之勇的士兵，而希望大家步调统一。前进时就想到奖赏，后退时要想到刑罚，这样才能经常受到赏赐。前进时不听号令，后退时不知羞耻，这样就会经常受到惩罚。"大军出动，国人都彼此勉励。父亲勉励儿子，哥哥勉励弟弟，妻子勉励丈夫，都说："谁有我们这样好的国君啊，还能不拼死作战吗？”所以在囿地打败吴军，又在没地打败吴军，最后在吴国国都郊外再次打败吴军。

夫差行成，曰：“寡人之师徒，不足以辱君矣。请以金玉、子女赂君之辱。”勾践对曰：“昔天以越予吴，而吴不受命；今天以吴予越，越可以无听天之命，而听君之令乎！吾请达王甬句东[①]，吾与君为二君乎。”夫差对曰：“寡人礼先壹饭矣[②]，君若不忘周室，而为弊邑宸宇[③]，亦寡人之愿也。君若曰：‘吾将残汝社稷，灭汝宗庙。’寡人请死，余何面目以视于天下乎！越君其次也[④]。”遂灭吴。

注释

① 甬：指甬江。句：地名，句章。二者都在越国境内。

② 先壹饭：指年龄稍长。

③ 宸宇：屋檐，比喻荫庇。

④ 次：舍，驻扎。

译文

夫差派人前往讲和，说：“我的军队已经不值得屈辱您亲自征讨，请允许我以金玉、美女为礼物向您赔罪。”勾践回答说：“过去上天把越国赐给吴国，而吴国没有接受天命；如今上天又把吴国赐予越国，越国难道可以不听上天之命，而听您的命令吗？请允许我把您送到甬句东，我和您共同做越国之君吧。”夫差回答说：“从礼上讲，我年龄稍长，您如果不忘周王室的情面，而给吴国留屋檐下的一点立足之地，那也是我的愿望。您如果说：‘我将摧毁你的社稷，灭掉你的宗庙。’我只求一死，还有什么脸面让天下人看笑话呢！您尽管进占吴国吧。”于是越国灭掉吴国。

卷二十一　越语下

2. 四年，王召范蠡而问焉，曰："先人就世[①]，不穀即位。吾年既少，未有恒常，出则禽荒，入则酒荒。吾百姓之不图，唯舟与车。上天降祸于越，委制于吴。吴人之那不穀[②]，亦又甚焉。吾欲与子谋之，其可乎？"对曰："未可也。蠡闻之，上帝不考[③]，时反是守，强索者不祥。得时不成，反受其殃。失德灭名，流走死亡。有夺，有予，有不予，王无蚤图[④]。夫吴，君王之吴也，王若蚤图之，其事又将未可知也。"王曰："诺。"

注释

①先人：指勾践之父允常。就世：去世。

②那：于。

③考：成全。

④蚤：通"早"。

译文

从吴国回来的第四年，越王召见范蠡，问道："先王去世，我继承王位。我年纪轻，没有定性，出外则沉迷于田猎，在内则沉迷于饮酒。我从不考虑百姓的事，只顾坐车乘船四处游逛。上天给越国降下灾祸，使越国被迫受制于吴国。吴国对我，也太过分了。我想同您商讨复仇之事，可以吗？”范蠡答道：“现在还不行。范蠡听闻，上天不肯成全，应该好好守护家业以等待天意转变，强求的人不祥。没有等到合适的时机就行动，反而会后患无穷。结果是威德丧失、身败名裂，流亡在外以致死亡。上天有时会夺回所赐，有时会赐福，有时又不肯赐福，请君王不要过早地图谋灭吴。吴国，迟早会是您的吴国，您若是过早图谋，事情反而更加难以预料。”越王说：“我同意。”

5. 又一年，王召范蠡而问焉，曰：“吾与子谋吴，子曰：‘未可也’。今其稻蟹不遗种，其可乎？”对曰：“天应至矣，人事未尽也，王姑待之。”王怒曰：“道固然乎，妄其欺不榖邪？吾与子言人事，子应我以天时；今天应至矣，子应我以人事。何也？”范蠡对曰：“王姑勿怪。夫人事必将与天地相参[①]，然后乃可以成功。今其祸新民恐[②]，其君臣上下，皆知其资财之不足以支长久也，彼将同其力，致其死，犹尚殆。王其且驰骋弋猎，无至禽荒；宫中之乐，无至酒荒；肆与大夫觞饮，无忘国常。彼其上将薄其德，民将尽其力，又使之望而不得食，乃可以致天地之殛[③]。王姑待之。”

注释

①参：三。天、地、人三种因素相合，才能成就大功。

②祸新：指吴国稻蟹不遗种的天灾还没过去。

③殛：诛灭。

译文

又过了一年，越王召见范蠡，问道：“前次我与您商讨灭吴大计，您说：‘还不行’。如今吴国天灾严重，田中稻和蟹几乎不见剩余，您看时机到了吗？”范蠡回答道：“天意已经从吴国转向越国，但人事方面吴国气数未尽，您暂且静观其变吧。”越王发怒道：“天道本来就是这样的吗？还是您在妄言天道欺骗我呢？我跟您谈人事，您用天时应付我；现在天意降临，您又用人事应付我，是何道理？”范蠡回答道：“您先不要责怪。人事一定要与天地相互配合起来，然后才可以成功。如今吴国天灾刚发生不久，百姓都有戒惧之心，君臣上下都深知本国物资不能持久，他们将同心合力，拼死抵抗，现在打起来我们还有危险。您不妨驾车外出田猎，但不要沉湎其中；在宫中饮酒取乐，但不要沉湎于酒色；和大臣们纵情宴饮，但不要忘记国家政事。吴国君上将会放松警惕而不思修德，百姓将精疲力尽，心怀怨恨又得不到粮食，那时我们就可以替天行道消灭吴国。您暂且再忍耐一下吧。”

6. 至于玄月[①]，王召范蠡而问焉，曰：“谚有之曰：‘觥饭不及壶飧[②]。’今岁晚矣，子将奈何？”对曰：“微君王之言[③]，臣故将谒之[④]。臣闻从时者，犹救火、追亡人也，蹶而趋之[⑤]，唯恐弗及。”王曰：“诺。”遂兴师伐吴，至于五湖。

注释

① 玄月：指九月。

② 觥饭：指丰盛的酒宴。壶飧：指普通饮食。

③ 微：无。

④ 谒：请求。

⑤ 蹶 guì：飞跑。

译文

到了这年九月，越王召见范蠡，问道：“俗话说得好：‘盛宴不如粗米饭’。如今一年将尽，您看该怎么办？”范蠡说：“您不说这话，我也要请求发兵攻打吴国。微臣听闻，捕捉时机好比救火、追捕逃犯，拼命追赶唯恐不及。”越王说：“好。”于是起兵攻打吴国，军队到达五湖。

吴人闻之，出而挑战，一日五反。王弗忍，欲许之。范蠡进谏曰：“夫谋之廊庙①，失之中原，其可乎？王姑勿许也。臣闻之，得时无怠，时不再来，天予不取，反为之灾。赢缩转化②，后将悔之。天节固然，唯谋不迁。”王曰：“诺。”弗许。

注释

①廊庙：祖庙。

②赢缩：进退。

译文

吴人听说越军来犯，出兵挑战，一天之内往返五次。越王按捺不住，准备答应交战。范蠡进谏说：“在祖庙里费心谋划，到战场就改弦更张，这行吗？您暂且不要答应交战。微臣听闻，看准时机就不能怠慢，时机错失就不会再来。上天赐予而不接受，反而会有后患。进退失据变化无常，将来一定会后悔。天道变化本来如此，既定的策略不能更改。”越王说：“好吧。”没有同意交战。

范蠡曰：“臣闻古之善用兵者，赢缩以为常，四时以为纪[①]，无过天极[②]，究数而止[③]。天道皇皇，日月以为常，明者以为法，微者则是行。阳至而阴，阴至而阳；日困而还[④]，月盈而匡[⑤]。古之善用兵者，因天地之常，与之俱行。后则用阴，先则用阳；近则用柔，远则用刚。后无阴蔽，先无阳察，用人无艺，往从其所。刚强以御，阳节不尽，不死其野。彼来从我，固守勿与。若将与之，必因天地之灾，又观其民之饥饱劳逸以参之，尽其阳节，盈吾阴节而夺之。宜为人客[⑥]，刚强而力疾，阳节不尽，轻而不可取。宜为人主，安徐而重固，阴节不尽，柔而不可迫。凡陈之道[⑦]，设右以为牝[⑧]，益左以为牡[⑨]，蚤晏无失，必顺天道，周旋无究。今其来也，刚强而力疾，王姑待之。”王曰：“诺。”弗与战。

注释

①纪：法。

②极：极限，极致。

③究：穷尽。

④困：穷，达到极点。

⑤匡：亏。

⑥客：指战争主动的一方，强行进入敌国领土。

⑦陈：同“阵”，行兵布阵。

⑧牝 pìn：雌兽，代指阴。右军为阴，主要负责防守。

⑨牡：雄兽，代指阳。左军为阳，主要负责进攻。

译文

范蠡又说：“微臣听闻：古代善于用兵的人，以进攻退守为自然规律，以四季转换为行动准则，凡事不超过天道的极限，到了天数的极致就停止。天道堂皇显明，以日月的运行为常规，日月盛满之时可以作为进攻的法则，日月晦亏之时又可以作为退守的准则。阳到极点就会转为阴，阴到极点就会转为阳。太阳落了又升，月亮圆了又缺。古代善于用兵的人，顺应天地的常规，根据天地的规律采取行动。防守时采用阴之道，进攻时采用阳之道。敌人逼近时采用柔之道，敌人远遁时采用刚之道。防守时不能过于阴柔被动，进攻时不能过于阳刚显露。用兵没有固定的模式，需要根据当时敌情来决定。如果敌方顽强抵抗，说明他们阳气尚未耗尽，就不能同他们硬碰硬进行殊死战斗。当敌方前来与我方交战，我们就坚守不出。如果准备出战，一定要乘敌方遭遇天灾的时候，还要根据他们民众的饥饱、劳逸等情况进行综合判断。耗尽敌方的阳气，蓄满我方的阴气，方能克敌制胜。如果适合采取攻势，就应该刚强、勇猛而迅速行动。但在敌方阳气没有耗尽之前，不要轻易发动进攻。如果需要采取守势，就应该舒缓、稳妥而坚守防线。但在我方阴气没有耗尽之前，虽然采取守势也不能被逼入绝境。排兵布阵之道，右翼要严阵以待负责防守，左翼应该整装待发负责进攻，时刻保持警惕不能疏忽大意，攻守必须顺应天道，才能在进退周旋之间变化无穷。如今吴军来势汹汹，您还是暂且忍耐一下吧。”越王说：“好吧。”没有答应与吴军交战。

7. 居军三年，吴师自溃。吴王帅其贤良[①]，与其重禄[②]，以上姑苏。使王孙雒行成于越，曰：“昔者上天降祸于吴，得罪于会稽。今君王其图不穀，不穀请复会稽之和。”王弗忍，欲许之。范蠡进谏曰：“臣闻之，圣人之功，时为之庸[③]。得时不成，天有还形。天节不远[④]，五年复反，小凶则近，大凶则远。先人有言曰：‘伐柯者其则不远。’今君王不断，其忘会稽之事乎？”王曰：“诺。”不许。

注释

①贤良：指贤才之士。

②重禄：指吴国重臣。

③庸：用。

④节：期限。

译文

越王出兵围困吴国三年，吴军自行溃散。吴王带着他的谋士和重臣退守姑苏台，派王孙雒向越国求和，说："过去上天降祸给吴国，害得您栖居会稽山。如今君王您如肯怜悯于我，请允许我重复当年会稽讲和的历史。"越王心有不忍，准备答应讲和。范蠡进谏说："微臣听闻，圣人之所以能够成功，是他善于利用天时。得天时而不能成功，天意就会转回到原来的局面。天意循环为期并不很远，五年一个轮回，小的凶险来得快，大的凶险来得较慢。前人有句话说：'砍斧柄的人手里拿的就是现成的式样。'现在君王犹豫不决，难道忘了当年会稽山上蒙受的耻辱了吗？"越王说："我答应你。"就没有答应吴国的讲和。

使者往而复来，辞愈卑，礼愈尊，王又欲许之。范蠡谏曰："孰使我蚤朝而晏罢者，非吴乎？与我争三江、五湖之利者，非吴耶？夫十年谋之，一朝而弃之，其可乎？王姑勿许，其事将易冀已[①]。”王曰：“吾欲勿许，而难对其使者，子其对之。”范蠡乃左提鼓，右援枹[②]，以应使者，曰：“昔者上天降祸于越，委制于吴，而吴不受。今将反此义以报此祸，吾王敢无听天之命，而听君王之命乎？”王孙雒曰：“子范子，先人有言曰：‘无助天为虐，助天为虐者不祥。’今吴稻蟹不遗种，子将助天为虐，不忌其不祥乎？”范蠡曰：“王孙子，昔吾先君固周室之不成子也[③]，故滨于东海之陂，鼋鼍鱼鳖之与处[④]，而蛙黾之与同渚[⑤]。余虽靦然而人面哉[⑥]，吾犹禽兽也，又安知是谖谖者乎[⑦]？”王孙雒曰：“子范子将助天为虐，助天为虐不祥。雒请反辞于王。”范蠡曰：“君王已委制于执事之人矣。子往矣，无使执事之人得罪于子。”使者辞反。范蠡不报于王，击鼓兴师以随使者，至于姑苏之宫，不伤越民，遂灭吴。

注释

① 冀：希望。

② 援：引，拽。枹：鼓槌。

③ 子：子爵。

④ 鼋鼍 yuántuó：指巨鳖和猪婆龙（扬子鳄）。

⑤蛙黾 měng：蛙类动物。

⑥觍 tiǎn 然：羞愧、惭愧的样子。

⑦谖 jiàn 谖：巧言诡辩。

译文

吴国使者去而复返，措辞越发谦卑，礼节也越发恭敬，越王又准备答应他。范蠡进谏说："是谁让我们一早就上朝，很晚才罢朝呢？难道不是吴国吗？与我们争夺三江、五湖利益的人，难道不也是吴国吗？我们十年的辛苦谋划，如今却要一朝抛弃，这怎么能行呢？您暂且不要答应，胜利就在眼前。"越王说："我也不想答应，但难以面对吴国的使者，还是您去答复他吧。"范蠡于是左手提战鼓，右手执鼓槌，回复吴国使者说："过去上天曾给越国降下灾祸，使越国举国受制于吴国，而吴国却不接受。如今上天用吴国这场灾祸让我们报复吴国，我们君王怎敢不听从上天之命，而听从吴王的命令呢？"王孙雒说："尊敬的范大夫，古人有句话说：'不要助天为虐，助天为虐之人不祥。'如今我们吴国田中的稻和蟹都吃得精光，您还要助天为虐，就不怕自己成为不祥之人吗？"范蠡说："尊敬的王孙大夫，从前越国先君本来连做周朝子爵的资格都没有，所以只能住在东海岸边，和鼋鼍鱼鳖相处，同水边的田蛙共生。我们虽然表面上像人的模样，实际上和禽兽相差不大，又如何懂得您这些花言巧语呢？”王孙雒说：“尊敬的范大夫一定要助天为虐，助天为虐者乃不祥之人。请允许我向越王当面辞行。”范蠡说：“我们君王已经全权委托执事处理此事。您请回吧，免得执事得罪您。”吴国使者告辞而去。范蠡没有回报越王，就擂起战鼓，挥师尾随吴国使者，一直追到姑苏城下，越军没有任何伤亡就灭掉了吴国。

8. 反至五湖，范蠡辞于王曰：“君王勉之，臣不复入越国矣。”王曰：“不穀疑子之所谓者何也？”对曰：“臣闻之，为人臣者，君忧臣劳，君辱臣死。昔者君王辱于会稽，臣所以不死者，为此事也。今事已济矣，蠡请从会稽之罚。”王曰：“所不掩子之恶，扬子之美者，使其身无终没于越国。子听吾言，与子分国。不听吾言，身死，妻子为戮。”范蠡对曰：“臣闻命矣。君行制[①]，臣行意[②]。”遂乘轻舟以浮于五湖，莫知其所终极。

注释

① 制：法令，法规。

② 意：志向。

译文

灭吴返回，途中走到太湖，范蠡向越王告辞说："君王努力治国吧，微臣不再返回越国了。"越王说："我不明白您这样说是什么意思？"范蠡回答道："微臣听闻，为人臣子，君王心怀忧虑，臣子就应该辛勤操劳；君王身受耻辱，臣子就应该以死谢君。过去君王兵败困守会稽受到屈辱，微臣之所以没有去死，为的就是一雪国耻。如今大仇已报，我请求接受君王会稽受辱时就应受的惩罚。"越王说："越国如果有不原谅您的过失、不颂扬您的美德的人，我会让他不得善终。您如果听我的话，我会和您分管越国之政。您若不听我的话，将被处死，妻子儿女也一同受死。"范蠡回答说："微臣敬听君命。您行使您的法令，微臣践行自己的意志。"于是就乘着小船泛游太湖，没有人知道他的最终去向。

王命工以良金写范蠡之状而朝礼之[①]，浃日而令大夫朝之[②]。环会稽三百里者以为范蠡地，曰："后世子孙，有敢侵蠡之地者，使无终没于越国，皇天后土、四乡地主正之。"

注释

①写：指模拟范蠡形容状貌铸造金像。

②浃 jiā 日：十天。古代以干支纪日，自甲至癸一周为十日，称“浃日”。

译文

越王命令工匠用上等的黄铜铸造范蠡的雕像，每天以礼相拜，每十天也要让大夫们礼拜一次。同时，把会稽山周围三百里的土地封给范蠡，誓命说：“后代子孙，如有敢侵占范蠡这块封地的人，让他在越国不得善终，皇天后土、四邻官长都要为此作证。”

图书在版编目（CIP）数据

国语译注 /（春秋）左丘明著；张永祥译注．
—北京：北京联合出版公司，2015.7（2023.8重印）
ISBN 978-7-5502-3869-5

Ⅰ.①国… Ⅱ.①左… ②张… Ⅲ.①中国历史－春秋时代－史籍②《国语》－译文③《国语》－注释
Ⅳ.①K225.04

中国版本图书馆CIP数据核字（2015）第143336号

国语译注

作　　者：(春秋) 左丘明
译　　注：张永祥
出 品 人：赵红仕
选题策划：梁明德　邵鹏军
责任编辑：王　巍
特约编辑：刘文硕
封面设计：格林文化
版式设计：格林文化

北京联合出版公司出版
(北京市西城区德外大街83号楼9层　100088)
天津丰富彩艺印刷有限公司　新华书店经销
字数166千字　960毫米×640毫米　1/16　印张27.5
2015年9月第1版　2023年8月第3次印刷
ISBN 978-7-5502-3869-5
定价：64.00元